Septième Art

David Aldstadt
Southern Methodist University

Jean-Louis Hippolyte
Rutgers University Camden

THOMSON

HEINLE

Australia   Brazil   Canada   Mexico   Singapore   Spain   United Kingdom   United States

THOMSON ™

HEINLE

Septième Art
Aldstadt • Hippolyte

Senior Acquisitions Editor: Lara Semones
Assistant Editor: Morgen Murphy
Senior Content Project Manager: Esther Marshall
Editorial Assistant: Catharine Thomson
Executive Marketing Manager: Stacy Best
Marketing Assistant: Marla Nasser
Advertising Project Manager: Stacey Purviance
Managing Technology Project Manager: Wendy Constantine

Senior Print Buyer: Mary Beth Hennebury
Composition & Project Management: Pre-Press Company, Inc.
Senior Permissions Account Manager, Images: Sheri Blaney
Photo Researcher: Francelle Carapetyan
Senior Art Director: Cate Rickard Barr
Text & Cover Designer: Joyce Weston
Cover Printer: Phoenix Color Corp.

Text Printer: Thomson West
Cover image: © Key Color/INDEX STOCK LIBRARY

Printed in the United States of America
1 2 3 4 5 6 7   11 10 09 08 07

Library of Congress Control Number: 2006936449

Student Edition: ISBN 1–4130–1644–8
978-1-4130-1644-4

Thomson Higher Education
25 Thomson Place
Boston, MA 02210-1202
USA

For more information about our products, contact us at:
Thomson Learning Academic Resource Center
1-800-423-0563

For permission to use material from this text or product, submit a request online at
http://www.thomsonrights.com.
Any additional questions about permissions can be submitted by email to **thomsonright@thomson.com**.

Contents

To the Student

Dear Students,

We hope you will enjoy discovering *Septième Art,* which is not only the nickname in French for "cinema" but also the title of this textbook designed for intermediate and upper-level courses in French cinema, culture, and conversation.

What makes *Septième Art* unique is its dual insistence on cinema as both an international cultural phenomenon and as a specific art form. On the one hand, as we trace the history of French film, we stress the historical context, i.e. the political events, social changes, and cultural movements, during which the films were produced. On the other hand, we examine how the formal and stylistics elements of this visual art form allow directors to tell stories in new and dynamic ways that are different from other artistic genres.

This text specifically concentrates on the rich history, stylistic diversity, and vast thematic range of French cinema while including discussions of multiple identities and social groups within France and the Francophone world. With *Septième Art,* we will explore cinematic trends and movements such as early documentary and narrative film shorts, silent classics, avant-garde films, poetic realism, golden-era sound films, popular cinema, the New Wave, post-68 cinema, feminist films, **cinéma du look,** neo-realism, gay cinema, **la mode rétro,** heritage films, **cinéma de banlieue,** postmodern films, African cinema, postcolonial cinema, and post-national cinema.

While the text focuses on metropolitan French cinema, we have included a chapter on Francophone cinema as well. We have chosen films that address the complexities of Francophone identities in both the geographic contexts of Sub-Saharan Africa and continental France. Moreover, we have stressed how African cinema negotiates positionality and consciously provides alternatives to European models of filmmaking with regard to thematic content, narrative structure, language use, character development, and other elements.

Organization

The book is organized into thirteen chapters that present an overview of French cinema from its invention to the present. The introductory chapter will familiarize you with the practical vocabulary of cinema. Each of the chapters 1 through 12 covers approximately a decade of French film history and/or a significant movement or theme.

The chapters start with a reading passage providing background information about the time period and/or filmmaking trend under discussion. Then, two **Dossier** sections provide pre-viewing, guided viewing, and post-viewing activities for two sample films representative of that era or style. For the **Dossier** sections, we have chosen classic films of both scholarly and popular interest.

Each chapter contains the following elements:

- An introductory text summarizing French cultural issues and cinematic trends for the decade or period in question. The text is followed by comprehension and analytical questions in the form of a mini-quiz or in-class conversational activity.

- A mini-biography of the director and a short plot summary of the film.

- Two film **Dossier** sections, one treating a popular film of the period and the other treating a film associated with "high art" and visual sophistication. Instructors may choose one, or both, of the films to work on in class; the exclusion of a specific **Dossier** will not affect the other activities in the chapter.

  - Each **Dossier** contains pre-viewing, viewing, and post-viewing tasks in the form of comprehension, conversation, and analytical questions, in-class debate topics, viewing journals, composition topics, and more.

  - In addition, the **Dossier** sections contain shot and sequence analysis activities requiring you to focus on the links between the film's thematic content as presented through the formal language of film.

- A **Réflexion** section at the end of each chapter gives suggestions for further study of similar films, styles, and directors. This section includes comprehensive analysis and comparison of both films, as well as ideas for class projects, term papers, and oral presentations. There are also suggestions for student filmmakers to recreate selected scenes from these films or for the class to act out various scenes in class.

- A "fold-over" bookmark at the back of the book noting major directors in French cinematic history and their works. A glossary which contains a list of terms needed to analyze film, e.g., **metteur en scène, fondu enchaîné, plan américain**, etc. These terms are initially explained and demonstrated through images in the **Chapitre préliminaire.**

Throughout *Septième Art* you will be asked to think critically in French about the reception and interpretation of the films. To that end, the text includes numerous activities emphasizing the four basic language skills of listening, reading, writing, and speaking.

Each chapter includes activities of the following types, which may be completed in class with your professor and classmates and/or as individual writing assignments:

- **Vrai ou faux** (true/false with corrections)
- **Activités de compréhension** (reading comprehension)
- **Pour commencer** (pre-viewing, cultural advanced organizer)
- **A votre avis** (personalized opinion questions)
- **Les mots justes** (vocabulary)
- **Etude des personnages** (analysis of film characters)
- **Regardons de près** (scene analysis)
- **Questions d'analyse** (integration of film style and cultural content)
- **Discutons** (class discussion and debate)
- **Autour d'une image** (shot analysis)
- **Synthèse** (comparing/contrasting films and genres)
- **Rédaction** (composition topics)
- **Exposé** (class presentation, often involving online research)
- **Mise en scène** (class projects/creative writing, scripting and filming short scenes)
- **Exploration DVD** (incorporating ancillary electronic materials)

Website

In addition to the text, the *Septième Art* website (www.thomsonedu.com/french/septiemeart) provides supplementary cultural and language activities related to the **Dossier** sections and chapter themes, as well as opportunities for you to explore related films and cinematic trends through links to sites worldwide. The *Septième Art* Web activities are carefully correlated with the textbook to engage you in cognitively challenging, interactive extension exercises developing listening, reading, and writing skills. On this complete website, you will have the opportunity to:

- Consult reference material designed specifically for *Septième Art,* e.g., film terms, lists of films and directors, historical timelines, etc.
- Engage in close film analysis
- Read and review external film critiques
- Gain a greater understanding of the historical background on different French films and filmmakers, including the actors and directors
- Compare and contrast different websites related to French cinema
- Discover new vocabulary words and phrases used in the films (lists of salient vocabulary from the films are provided with definitions)
- Assess your understanding of new vocabulary from the film using the self-correcting vocabulary quizzes

Finally, we believe one can learn a great deal about French and Francophone culture through the discussion and analysis of its cinema and that film has become the most dominant mythmaker in contemporary culture, standing at the intersection between high art and popular entertainment. *Septième Art* encourages you to explore this pioneering, central role of cinema as you improve your French language skills and critical thinking abilities.

Merci et bon courage!
Les Auteurs

Hints for Success When Using this Book

We hope these practical hints can help you have a more productive experience as you pursue your studies of French film and as you work in the different sections of each chapter.

- **Introduction:** Note the **Sujets** and **Objectifs du chapitre** for each chapter before you begin the cultural reading passage. Then, as you read, take short notes on each of those main items. After completing the readings, use the **Activités de comprehension** to test your knowledge. You may even wish to quiz yourself further by giving short explanations of the importance of each of the subject items and/or objectives.

- **Dossiers:**

  - **Avant de regarder:** Before you view a film, complete the pre-viewing activities and reading sections (**Mini-biographie, Le film,** etc.). This will help you to place the film in its historical and artistic contexts, and encourage you to think about the themes and ideas that the film will treat.

  - **En regardant:** Familiarize yourself with this section before you begin your screening and keep these questions in mind as you watch the film. As the movie progresses, jot down quick notes in these sections that will help you answer the questions more fully later and that will jog your memory about certain key details from the film that struck you as important.

  - **Après avoir regardé:** Use the notes you took during the screening to help answer these questions. Also, remember that the questions usually address form and content, i.e., how the visual elements of the film help serve the story, and vice-versa.

- **Synthèse:** Plan ahead for **Rédactions, Exposés, Mises en scène,** and other projects. Coordinate your French work and due dates in conjunction with your other classes, extra-curricular activities, job, social life, etc.

- **Web activities:** Take advantage of the resources of the Internet as you complete these activities. Much has been written online about the history of French and Francophone cinema, but not everything is completely accurate! So use your critical judgment for each new site and crosscheck facts from site to site. In addition, follow the instructions on the *Septième Art* Web pages as best as you can; they were created to help guide your online experience.

Finally, as you view these films, keep in mind that they were created by a different culture, for a different audience, at a different historical time period, and in different political and social contexts. They must therefore be approached with the appropriate critical distance; instead of imposing expectations and pre-conceived notions upon these works, let the "filmic text" speak for itself and address its concerns and preoccupations in its own language. While we all agree it's impossible for viewers to lose their own "cultural baggage" completely, the more open-minded your point of view as you enter the screening room, the more you will likely appreciate these popular French and Francophone classics of the *Septième Art.*

Acknowledgments

We especially wish to thank Julie Huntington of Clemson University for her outstanding contributions to the manuscript in the area of Francophone cinema, and also, Dr. Rebecca Bias of Ohio State University for writing the excellent, creative, and well coordinated website for *Septième Art.*

The authors also wish to thank the following colleagues who reviewed the manuscript and provided us with insightful and invaluable feedback:

Eileen Angelini	Canisius College
Robert Chumbley	Louisiana State University
Wade Edwards	Longwood University
Mary Ellen Higgins	Pennsylvania State University
Andrew Irving	University of Wisconsin
Anne Lair	University of Northern Iowa
Judith Mayne	Ohio State University
Ali Nematollahy	Baruch College City University of New York
Ariane Pfenniger	College of New Jersey
Laurie Ramsey	Sewanee: The University of the South
Todd Reeser	University of Pittsburgh
Deb Reisinger	Duke University
Kelly Sax	Indiana University
Thibault Schilt	Ohio State University
Alan Singerman	Davidson College
Karin Tarpenning	Oakland Community College
Jacqueline Thomas	Texas A & M

We would also like to express our appreciation to the many people at Thomson/Heinle who guided and supported us on this project: Lara Semones, Morgen Murphy, Esther Marshall, Catharine Thomson, and Sheri Blaney. Our thanks also go to Sev Champeny, native reader and proofreader; to Joyce Weston, interior and cover designer; and to Roberta Peach, the project manager on behalf of Pre-Press Co., compositor.

Le langage du cinéma et le vocabulaire technique

*Il faut se souvenir qu'en parlant des éléments formels—
c'est-à-dire liés à la forme—du cinéma, les critiques
doivent aussi analyser en quoi la forme influence le
contenu d'un film, et vice-versa.*

Sujets

- Le langage du cinéma
- Les métiers du cinéma et le tournage d'un film
- Le vocabulaire technique pour l'analyse d'un film

Objectifs du chapitre

Dans ce chapitre, vous étudierez l'invention du cinéma et le
vocabulaire technique nécessaire pour bien analyser le langage du film. A la fin du chapitre, vous pourrez discuter:

- La notion d'un langage filmique
- Les différents métiers associés à la production d'un film
- Les éléments de la mise en scène (échelle des plans,
  composition de l'image, transitions, acteurs, accessoires,
  décors, etc.)
- Les angles et les mouvements de la caméra

Pour faire les activités en ligne sur les parties
Introduction et *Réflexion*, rendez-vous au site Web
www.thomsonedu.com/french/septiemeart

Pour commencer...

1. Pour vous, qu'est-ce que l'expression «langage visuel» signifie? Dans quelles formes d'art est-ce que cette sorte de «langage» joue un rôle?

2. Avez-vous déjà été sur le plateau pendant le tournage d'un film? Qu'est-ce que vous avez remarqué? Quelles étaient les différentes tâches des personnes présentes? Avez-vous participé au projet? Si oui, quel était votre travail?

3. Avec un autre membre de la classe, faites une liste de tous les mots techniques que vous connaissez concernant le cinéma. Comparez votre liste avec celles des autres étudiants. Ensuite, essayez de donner une définition complète pour chaque mot mentionné.

Introduction

Le langage du cinéma

Le langage du cinéma est relatif, un peu comme le langage de l'être humain. Par exemple, dans nos langues parlées, pour indiquer un animal domestique de la famille des canidés, on dit «chien» en français et *dog* en anglais. Ces deux mots suffisent pourvu qu'on ne confonde pas les langues; l'élève français qui explique que «son petit *dog* a mangé ses devoirs» va créer de la confusion. De la même façon, au cinéma, on dispose de plusieurs façons de «dire» la même chose, ou plus précisément de la montrer. Par exemple, pour indiquer le passage du temps entre deux scènes d'un film, le cinéaste possède plusieurs techniques: le fondu au noir, un titre sur l'écran qui dit «dix ans plus tard», un fondu enchaîné dans lequel un même personnage semble vieillir, etc. Et pourvu que le cinéaste ne les emploie pas de façon maladroite, chacune de ces techniques suffit, d'où l'aspect relatif du langage cinématographique.

Cependant, l'industrie du cinéma a établi certaines pratiques systématiques, comme une sorte de langue commune ou *lingua franca,* que l'on peut reconnaître d'un film à un autre, ce qui n'est pas surprenant pour un art qui existe maintenant depuis plus de cent dix ans. Par exemple, on s'attend à un plan général au début du film pour nous montrer le décor, et sans cela, on risque de mal comprendre la géographie fictive. Ces pratiques sont devenues presque invisibles aux yeux du spectateur moderne car il a l'habitude de regarder des films. On peut dire que de nos jours, les spectateurs comprennent tellement bien le langage d'un film qu'ils ne remarquent plus les nombreuses techniques qui les aident à suivre l'action d'un film. Et au lieu de dégager ces pratiques du «texte filmique», on préfère parfois suivre l'histoire et regarder les belles images. C'est surtout le cas pour ce qu'on appelle «le cinéma de samedi soir», où on va voir un film pour se distraire et non pas pour analyser une œuvre.

Mais dans ce chapitre, nous allons étudier les techniques qui forment le langage du cinéma pour nous aider à analyser, ou «lire», un film. En reconnaissant les choix formels du cinéaste, on peut mieux voir le rapport entre la forme et le contenu, c'est-à-dire entre les images et l'histoire. Comme nous le verrons, la forme va avoir une influence sur le contenu et vice-versa. Prenons le cas d'une séquence typique de plusieurs genres filmiques: la poursuite en voitures du «gangster» par le héros. Le cinéaste peut créer une scène plus dynamique et plus sensationnelle en accélérant le rythme avec l'usage de plusieurs plans de courte durée qui sont montés les uns après les autres sans transitions formelles. De plus, s'il ajoute une musique rapide et quelques mouvements brusques de la caméra, il peut accentuer l'effet. Maintenant, imaginons cette même scène filmée de loin en plans larges et montée sans musique; l'action serait difficile à voir et une grande partie de l'émotion chez les spectateurs serait perdue.

Questions de compréhension

1. Pourquoi est-ce qu'on dit que le cinéma a un «langage»? Pourquoi ce langage est-il «relatif»?

2. Après avoir lu le texte sur le langage du cinéma, expliquez comment vous pensez qu'on va «lire» un «texte filmique». Quels deux aspects d'un film est-ce qu'il va falloir considérer en particulier?

A votre avis

Répondez aux questions suivantes en donnant vos opinions sur le septième art.

1. Quelles techniques cinématographiques remarquez-vous quand vous regardez un film?

2. Pensez au dernier film que vous avez vu. Avez-vous remarqué les techniques cinématographiques formelles ou avez-vous plutôt suivi l'intrigue? Pouvez-vous citer quelques techniques cinématographiques utilisées dans ce film? Quels effets ces techniques ont-elles eus sur vous?

Le vocabulaire technique

Pour pouvoir parler le langage du cinéma, il faut clarifier son vocabulaire. D'abord, considérons non seulement comment on fait un film, mais aussi les différentes personnes et métiers associés à l'industrie cinématographique.

Avant **le tournage,** ou action de faire ou de «tourner» un film, **le scénariste,** ou écrivain, écrit **le scénario,** c'est-à-dire le document écrit qui contient les dialogues, les gestes des acteurs et la description de chaque scène. Le scénariste peut utiliser son imagination pour créer une nouvelle histoire ou bien il peut faire **une adaptation** pour l'écran d'une histoire ou d'un roman qui existe déjà. Avec une adaptation, il s'agit souvent de mettre en valeur les éléments visuels de l'histoire et de simplifier l'intrigue pour ne pas avoir un film trop long. Ensuite, **le producteur** va s'occuper de l'argent nécessaire pour financer le projet. Mais la personne qui se trouve au centre du projet est **le metteur en scène,** que l'on appelle aussi **réalisateur (réalisatrice)** ou **cinéaste.** Cette personne est responsable de tout: de la composition des plans, de la direction des acteurs et du travail de l'équipe de réalisation. En principe, le cinéaste est «l'auteur» du film; il garantit une unité artistique car c'est sa vision qui définit le projet. C'est pour cette raison qu'en France on donne toujours le nom du cinéaste quand on mentionne le titre d'un film. Parfois, c'est justement le style du cinéaste qui attire les spectateurs plus que les acteurs principaux.

Pendant le tournage, l'équipe se divise en deux groupes: ceux qui travaillent devant la caméra et ceux qui travaillent derrière la caméra. Le premier groupe se compose de différents types d'**acteurs** ou d'**actrices,** que l'on appelle aussi **comédiens** ou **comédiennes.** Les acteurs jouent des rôles, c'est-à-dire qu'ils incarnent des **personnages** fictifs, dans le film. Le personnage peut être une invention du scénariste ou bien il peut être basé sur un personnage connu ou historique. La personne qui joue le rôle le plus important, **le rôle principal,** et qui généralement a le plus de répliques et de scènes, est **l'acteur principal,** qu'on appelle aussi **la vedette** ou **la star** du film. D'autres acteurs jouent des rôles moins importants; d'autres encore restent dans le fond et ne parlent pas; ils font ce qu'on appelle de **la figuration.** Il est à noter que, par rapport aux acteurs de théâtre, les acteurs de cinéma sont censés jouer beaucoup plus avec les yeux et avec les expressions et les émotions du visage. Donc, en analysant le jeu d'un acteur, il faut considérer en quoi ses moindres gestes et ses propres choix aident à faire avancer l'intrigue; dans la plupart des films, rien n'est laissé au hasard, même le mouvement le plus simple d'un acteur.

Le deuxième groupe de personnes sur **le plateau** travaille derrière la caméra. Le cinéaste dirige le projet, les acteurs et **l'équipe de réalisation.** Il y a également des producteurs et des assistants qui organisent les détails pratiques du projet. Les tech-

Lisez le texte sur la création d'un film et répondez aux questions qui suivent.

niciens consacrent leur temps aux tâches techniques, à l'électricité, à la construction du plateau, etc. **Le décorateur** dessine les décors et assure leur fabrication en studio ou en extérieur. **L'accessoiriste** ajoute les petits objets quotidiens que les acteurs vont manipuler. Pour préparer les acteurs, **le costumier** dessine ou achète les vêtements qu'on va porter, et **le maquilleur** et **le coiffeur** s'occupent de l'apparence physique des comédiens. Finalement, quand on va tourner, **les électriciens** allument les différents éléments de **l'éclairage**, c'est-à-dire les lumières, **le preneur de son** place les micros (souvent sur une perche au-dessus des acteurs) et **l'opérateur** contrôle la caméra. On entend ensuite **le clap** et on tourne!

Après le tournage de tous les plans, les images arrivent au laboratoire où le négatif est créé. **Un monteur (une monteuse)** fait le montage du film, c'est-à-dire, qu'il ou elle organise les différentes scènes selon l'ordre établi dans le scénario, ce qu'on appelle **le découpage technique**, en consultant souvent le cinéaste. **Le mixeur de son** ajoute les différentes **bandes sonores**, par exemple les dialogues, **le bruitage** (ou bruits de fond qui émanent du monde fictif du film), **les effets sonores**, etc. Finalement, **les effets spéciaux**, ou **trucages**, et **les transitions** et autres éléments visuels sont ajoutés. De nos jours, ce travail se fait de plus en plus à l'aide d'un ordinateur. Enfin, le film est prêt pour son **exploitation**, ce qui veut dire sa distribution et sa présentation en salles de cinéma ou son passage à la télévision.

Les mots justes

Pour chacun des métiers donnés, trouvez autant de synonymes que possible dans le texte ci-dessus ou à l'aide d'un dictionnaire.

1. cinéaste _____

2. acteur _____

3. écrivain _____

4. caméraman _____

Jeu de mémoire

Avec un(e) camarade de classe, essayez de faire une liste des personnes qui font partie de l'équipe de réalisation. Fermez votre livre et donnez-vous deux minutes seulement! Comparez vos résultats avec ceux des autres membres de la classe.

Les métiers du cinéma

Expliquez le rôle de chacun des métiers suivants lors du tournage d'un film.

1. producteur _____

2. réalisateur _____

3. décorateur _____

4. monteur _____

A votre avis

1. Pourquoi est-ce qu'on dit que le réalisateur est «l'auteur» d'un film?
2. Selon vous, comment faut-il évaluer le jeu d'un acteur?
3. Parmi les métiers mentionnés dans le texte, lesquels aimeriez-vous le plus et le moins pratiquer? Expliquez vos choix.

Le vocabulaire technique (suite)

Après avoir considéré le rôle des différentes personnes qui participent au tournage d'un film, nous allons maintenant étudier le vocabulaire utilisé pour décrire les éléments formels, ou liés à la forme, d'un film. Mais il ne faut pas oublier que la forme va influencer le contenu et vice-versa. De plus, quand on voit ces éléments à l'écran, ils créent des effets différents chez divers spectateurs.

Les éléments de base

- Le générique: l'ouverture d'un film où l'on présente le nom et la fonction des personnes qui y ont collaboré. Le générique peut établir le ton d'un film. Par exemple, un générique sous forme de dessins animés fait moins sérieux et il est plus léger qu'un générique qui présente les noms et les fonctions en blanc sur un fond noir.
- Le plan: une série d'images filmées pendant une seule prise. Le plan commence quand on met la caméra en marche et finit lorsqu'on l'arrête, ou lors du montage, quand on fait une coupe. Le plan est aussi l'élément de base du langage du cinéma car tout film est composé de plans montés les uns après les autres.
- La séquence: une série de plans qui forme un ensemble cohérent dans le film. La séquence ne raconte qu'un élément de l'intrigue et elle a une cohésion visuelle.
- La scène: une partie de l'intrigue ou de l'histoire qui forme un ensemble logique.
- Le plan-séquence: une scène entière qui est filmée en un seul plan, sans montage. Ce type de plans demande beaucoup d'organisation à l'avance à cause de sa longue durée.
- La première scène d'un film: la scène d'ouverture d'un film. Elle demande une observation attentive car on y trouve des indices sur le genre du film, sur le style visuel du cinéaste, sur les thèmes du film, sur les décors, etc.

Lisez le texte suivant sur les différents éléments du langage cinématographique et complétez les activités qui suivent.

Questions de compréhension

1. A votre avis, combien de plans est-ce qu'il y a dans une séquence, typiquement? Et dans un film entier? Pourquoi est-ce que le nombre de plans peut varier?

   _____

   _____

2. Expliquez la différence entre une scène et une séquence. Lequel de ces mots associez-vous le plus à la forme d'un film? Et au contenu?

   _____

   _____

Discutons

1. Citez un film, ou une série de télévision, qui est monté(e) avec beaucoup de plans de courte durée. Ensuite, citez un film, ou une série de télévision, qui est monté(e) avec beaucoup de plans de longue durée et de plans-séquences. Quel style de montage préférez-vous? Pourquoi? Quels sont les avantages et les inconvénients de chaque style?
2. Pensez à la première scène, après le générique, d'un film que vous connaissez bien. Quelles informations est-ce que les éléments de cette scène donnent sur le film entier? Donnez des détails spécifiques pour justifier votre argumentation.
3. Comment est-ce qu'un générique peut aider à établir le ton d'un film? Citez des exemples de films que vous connaissez bien.

L'échelle des plans

L'échelle des plans est la distance perçue entre le point de vue du spectateur à travers la caméra et les éléments de la mise en scène. Chaque type de plan nous influence de par le sens de proportion qu'il nous offre vis-à-vis de l'action du film.

- Le plan général: plan large, plan de grand ensemble. Ce plan montre une fraction importante de l'espace; on l'utilise surtout pour présenter les décors car l'homme y est souvent trop petit et à peine visible.
- Le plan d'ensemble: plan large qui montre une fraction importante de l'espace et où l'homme est visible, souvent de tête en pied. Ce plan place l'homme dans le décor.
- Le plan moyen: plan où l'homme occupe plus de place dans le cadre que les décors. Ces plans sont souvent utilisés pour présenter les conversations entre les personnages.
- Le plan américain: plan moyen qui montre l'homme jusqu'à la mi-cuisse. Ce type de plan était souvent utilisé dans les premiers films américains qui sont sortis en France, d'où le nom.

- Le plan rapproché: plan moyen qui montre l'homme jusqu'à la taille ou jusqu'à l'épaule. Avec ces plans, le spectateur entre de plus en plus dans les sentiments du personnage car on peut bien discerner les gestes et les émotions de l'acteur.
- Le plan subjectif: plan où la caméra assume le point de vue d'un personnage. Ce plan est d'habitude, et logiquement, à l'échelle de l'homme. Le spectateur ne voit que ce que le personnage voit à travers ses «yeux», c'est-à-dire à travers la caméra.
- Le gros plan: plan qui cadre uniquement le visage. Il est utilisé pour souligner les sentiments d'un personnage qui sont importants pour l'histoire.
- Le très gros plan: plan qui ne cadre qu'un seul détail et attire notre attention. Par exemple, on peut montrer une partie du visage de l'acteur ou bien un objet très signifiant pour l'intrigue. Ce plan est peu utilisé car il peut provoquer une désorientation chez le spectateur car il n'a pas l'habitude de voir les choses de si près.

Jeu: On s'approche!

En les numérotant de 1 à 7, mettez les plans dans le bon ordre, du plus large (1) au plus proche (7). Ensuite, soulignez tout plan qui est considéré moyen.

___ plan rapproché épaule

___ plan général

___ gros plan

___ plan américain

___ plan d'ensemble

___ très gros plan

___ plan rapproché taille

Questions de compréhension

1. Quelles sont les différences entre les trois plans moyens que vous avez soulignés ci-dessus?

_____

2. A votre avis, pourquoi est-ce qu'on utilise les plans moyens et les gros plans pour montrer les conversations et les sentiments des personnages? Comment serait-il possible de montrer ces mêmes éléments en utilisant des plans larges?

_____

3. Selon vous, pourquoi les gros plans et les très gros plans attirent-ils si rapidement l'attention du spectateur? Y en a-t-il beaucoup en général dans un film? Pourquoi ou pourquoi pas?

_____

Discutons

1. Dans un film, quels types de plans préférez-vous voir? Pourquoi? Décrivez un type de plan que vous n'aimez pas beaucoup et expliquez pourquoi.

2. Décrivez un plan que vous avez vu dans un film et qui vous a particulièrement plu. En quoi est-ce que la distance de ce plan a contribué à la beauté de la composition de l'image? Expliquez la façon dont la distance de ce plan a aidé à faire avancer l'intrigue.

L'angle

Au lieu de mettre toujours la caméra au même niveau que les acteurs, on choisit parfois un angle différent. Cet angle risque d'influencer la réaction du spectateur à l'objet ou au personnage filmé.

- La plongée: la caméra est placée en dessus et filme de haut en bas. Cet angle nous donne une supériorité sur le personnage ou objet photographié; c'est un peu comme le point de vue des dieux qui regardent leurs sujets depuis le ciel.

- La contre-plongée: la caméra est placée en dessous et filme d'en bas. Cet angle donne la supériorité au personnage ou à l'objet filmé; c'est un peu comme le point de vue des enfants qui regardent les grandes personnes.

Questions de compréhension

1. Quelle est la différence entre une plongée et une contre-plongée?

_____

2. Décrivez les effets de ces deux angles sur le spectateur.

_____

Discutons

1. A votre avis, quels vont être les conséquences d'exagérer ou d'amoindrir l'angle?

2. Selon vous, est-ce que la plupart des plans sont filmés au niveau des acteurs ou bien avec un angle? Pourquoi? Citez des exemples de films que vous connaissez pour justifier votre réponse.

Les mouvements de la caméra

Lors du déplacement de la caméra, un dynamisme est ajouté qui peut manquer dans un plan fixe. Cependant, chaque type de mouvement a un effet sur l'interprétation de l'histoire.

- Le travelling: la caméra est déplacée, souvent sur un petit chariot, pendant une prise. Il y a trois types de travelling qui sont souvent utilisés; le travelling avant donne l'impression de suivre un personnage qui marche ou un objet qui se déplace dans un film; le travelling arrière donne l'impression de reculer; le travelling latéral, où la caméra se déplace le long d'un objet ou à côté des personnages, est utilisé pour montrer, ou «décrire», un décor ou bien pour accompagner les personnages qui se déplacent dans le film.

- Le panoramique: la caméra se déplace sur son axe. Ce mouvement sert aussi à montrer, ou à «décrire», un décor, mais on en voit une plus grande fraction. Ce plan place le spectateur au centre du décor et lui permet de voir l'action dans toutes les directions pendant qu'on tourne.

- La trajectoire: c'est la combinaison d'un travelling et d'un panoramique. Ce plan est utilisé souvent au début ou à la fin d'un film pour nous faire entrer dans le décor ou nous en faire sortir de façon dynamique.

- Le zoom: c'est un travelling optique. La caméra elle-même n'est pas déplacée, mais la focale est variée pendant la prise de vues. Un zoom avant nous rapproche des personnages ou des objets filmés; un zoom arrière nous en éloigne. Ce même effet peut être effectué après le tournage à l'aide d'un ordinateur ou d'autres appareils au laboratoire.

- La prise de vue avec Steadycam: une scène filmée à l'aide d'une caméra portable articulée sur un bras de grue qui reste stable malgré les mouvements de l'opérateur. Ce type de mouvement amplifie le dynamisme d'une scène.

Questions de compréhension

1. Quelle est la différence la plus importante entre un travelling et un panoramique? Comment est-ce que ces deux types de travellings aident à raconter l'histoire d'un film?

2. Quel «mouvement» de la caméra n'est pas un «vrai» mouvement? Pourquoi?

3. A votre avis, quel mouvement de la caméra doit être effectué à l'aide d'une grue ou d'un hélicoptère par exemple? Expliquez.

Discutons

1. Décrivez les différentes réactions provoquées chez le spectateur par les trois types de travellings: avant, arrière et latéral. Citez des exemples de films que vous connaissez pour justifier vos réponses.

2. Identifiez les risques artistiques ou stylistiques pour le cinéaste qui emploie trop de mouvements de la caméra; et pour celui qui n'en emploie pas suffisamment? Comment le cinéaste peut-il trouver un bon équilibre entre les deux? Expliquez vos réponses.

3. Avec la création de la chaîne américaine MTV et la popularité des clips musicaux, un nouveau style de mouvement s'est développé. La caméra semble y «flotter» et les bords du cadre changent constamment. A votre avis, quels sont les aspects positifs et négatifs de ce style?

Les transitions

Le montage est l'assemblage des différents éléments du film (plans, sons, effets spéciaux, etc.) pour créer l'œuvre finale. Le montage établit non seulement le rythme d'un film, mais il aide aussi à raconter et à faire avancer l'histoire. Le monteur, ou la monteuse, doit organiser les séquences à partir des plans individuels, puis monter le film entier à partir des différentes séquences. Entre chaque plan, et entre chaque séquence, une transition doit lier les deux éléments. Souvent, il ne s'agit que d'une simple coupe, mais pour une impression plus dramatique, les monteurs emploient les effets suivants.

- Le champ / Le contre-champ: on coupe d'un personnage à un autre, puis on revient au premier personnage, puis de nouveau au deuxième, etc.

Ces transitions sont souvent utilisées pour présenter des conversations. Des coupes multiples permettent de mieux comparer les deux personnages présentés pendant qu'on écoute leurs répliques (apparence, façon d'être cadrés, angles utilisés, etc.).

- Le fondu enchaîné: une image disparaît tandis qu'une autre apparaît. Pendant la transition, les deux images sont superposées. Cet effet associe les deux images et peut suggérer un lien dans l'histoire entre les deux éléments présentés.

- Le fondu au noir: l'image disparaît progressivement et l'écran passe au noir. Cet effet indique souvent le passage du temps ou un autre type de séparation importante entre les deux scènes.

- Le jump cut: une coupe rapide qui semble illogique sur le plan stylistique comme sur le plan dramatique. Cette transition choque le specta-teur qui s'attendait à une succession plus logique et plus sereine entre deux plans. Quelquefois, on voit même des jump cuts à l'intérieur de ce qui est normalement un seul plan et l'image semble «sauter» un peu. On trouve souvent des jump cuts dans les films d'avant-garde.

- Le volet: une image est «poussée» hors du champ par une nouvelle image qui arrive d'en haut, d'en bas, de la droite ou de la gauche du cadre. Le volet suggère deux actions qui ont lieu en même temps, mais dans des endroits différents.

Questions de compréhension

1. Quelle est la différence technique entre les deux types de fondus mentionnés?

_____

2. Quelle transition semble s'effectuer au hasard et sans avoir de sens vis-à-vis de l'intrigue?

_____

3. Quelle transition semble utiliser une image pour en «balayer» une autre hors champ? Dans quels sens est-ce que la première image peut être poussée?

_____

_____

Jeu: Les effets sur le spectateur

Associez chaque transition avec l'effet souhaité par le cinéaste.

_d_ fondu enchaîné   _a._ séparer deux éléments dans l'espace

_c_ jump cut (faux raccord)   _b._ inviter la comparaison

_e_ fondu au noir (fade black)   _c._ choquer

_a_ volet   _d._ lier deux éléments

_b_ champ / contre-champ   _e._ séparer deux éléments dans le temps

Discutons

1. Comment est-ce que le champ / le contre-champ peut établir des relations de pouvoir entre les deux personnages montrés? Expliquez.
2. Le texte sur les transitions mentionne les effets «classiques» sur le spectateur de chaque type de transition. Avec les autres membres de la classe ou en petits groupes, essayez de suggérer d'autres effets possibles pour chaque type de transition.

La mise en scène

La mise en scène est composée de tout ce qui est placé devant la caméra: les décors, les personnages, les accessoires, les costumes, l'éclairage, etc. En principe, rien n'apparaît dans la mise en scène qui n'a pas été examiné et considéré scrupuleusement par le metteur en scène, car chaque élément a un effet non seulement sur l'histoire et sur le look du film, mais aussi sur les spectateurs.

- Le décor: le lieu où l'action se déroule. Le décor peut être un plateau en studio ou un lieu naturel quand on tourne en extérieur. Le décor peut fonctionner comme un autre personnage dans le film s'il exerce une influence sur les personnages ou sur l'intrigue. De nos jours on peut substituer un écran vert (ou bleu) devant lequel jouent les personnages; en post-production on rajoute un décor numérique (digital).
- Les accessoires: les objets quotidiens qui remplissent le décor. Un accessoire peut être là pour rendre le décor plus réaliste ou bien il peut jouer un rôle symbolique, surtout s'il est souvent manipulé par les acteurs où s'il est filmé de très près.
- L'éclairage: les différents types de lumières utilisées par le cinéaste. L'éclairage peut non seulement créer le ton d'un film, mais il peut aussi diriger notre regard sur certains objets ou personnages à l'écran, car les spectateurs ont tendance à remarquer d'abord ce qui est le plus éclairé.
- Les personnages: interprétés par les comédiens, ce sont les personnes fictives qui évoluent dans le monde fictif du film. Parfois, les spectateurs s'identifient avec un personnage qui leur ressemble et ils suivent le film en «empruntant» le point de vue du personnage en question. Il arrive aussi que le cinéaste lui-même s'identifie à l'un de ses personnages et qu'il raconte l'histoire du point de vue de ce personnage. Dans ce cas, le film peut devenir presque autobiographique.
- Le jeu des acteurs: les dialogues et les gestes des comédiens. En principe, les spectateurs font semblant de croire au monde fictif du film et aux personnages qui y évoluent. On peut ainsi dire qu'ils «confondent» l'acteur avec le personnage joué, mais en réalité, et surtout lorsqu'il s'agit d'une grande star, on sait tellement de choses sur la vie de l'acteur et sur ses autres rôles qu'on en arrive à interpréter certains gestes et certains dialogues à travers la personnalité de l'acteur d'abord, puis à travers celle du personnage qu'il joue. Ceci est rarement le cas avec des acteurs moins connus.
- Les costumes: les vêtements portés dans le film. Comme dans la vie, les costumes définissent non seulement le rôle d'un personnage, mais ils peuvent aussi distinguer la vedette du film des autres acteurs, qui portent souvent des vêtements moins raffinés.
- Le son: tout ce qui fait partie de la bande sonore d'un film, y compris les dialogues, le bruitage, la musique et les effets spéciaux sonores. Le choix des sons et de la musique ajoute généralement à l'émotion d'une scène.
- Le hors-champ: un endroit qui existe dans le monde fictif du film, mais qui n'est pas montré à l'écran ou qui est fixé juste en dehors du cadrage. Le hors-champ nous invite à l'imagination et il peut créer du mystère, du suspens, etc. Parfois, il ne sert tout simplement qu'à faire avancer l'intrigue en expliquant où va un personnage qui sort de la scène.
- La profondeur de champ: la perspective. C'est la représentation des objets du monde réel, en trois dimensions, sur une surface plane à deux dimensions, comme un écran de cinéma. Cette représentation vise à nous donner l'impression de voir cette troisième dimension quand on regarde le film. Pour le cinéaste, cette profondeur permet de composer des plans plus dynamiques avec des éléments au premier plan, au milieu et au fond de l'image, ce qui crée un monde assez riche et proche de la réalité. Par contre, une image plate est plus austère, bien que parfois plus stylisée.
- Le cadrage: la composition de l'image. Avec les bords de l'écran, le cinéaste délimite ce que le spectateur peut voir. Le cadrage peut constamment changer à cause des mouvements de la caméra pendant la prise.

Jeu: Quelle catégorie?

Pour chaque élément de la mise en scène ci-dessous, expliquez s'il s'agit plutôt d'un objet réel, d'une personne réelle ou d'un élément technique. Indiquez vos réponses en mettant une petite croix dans la case qui correspond le mieux.

Elément	Objet réel	Personne réelle	Elément technique
	Catégorie		
accessoire	✗		
profondeur de champ			
son			
personnage			
costume			
hors-champ			
acteur			
cadrage			
éclairage			
décor			

Questions de compréhension

1. Comment un décor peut-il faire partie non seulement de la mise en scène, mais aussi de l'histoire du film? Et un costume? Un accessoire? Un certain éclairage?

   _____

   _____

2. Quelle est la différence entre le cadrage et la profondeur de champ?

   _____

   _____

3. A votre avis, dans un film d'horreur, comment un «monstre» qui se trouve hors champ, c'est-à-dire qui n'est pas visible dans la mise en scène d'un plan particulier, peut-il quand même inciter la peur?

   _____

   _____

Discutons

1. Est-ce qu'on peut dire que certains éléments de la mise en scène sont plus «importants» que d'autres? Pourquoi ou pourquoi pas? Comment est-ce que l'importance d'un élément de la mise en scène peut changer au cours d'une scène ou au cours du film entier? Expliquez. Citez une scène ou un film que vous connaissez pour justifier vos arguments.

2. Citez un film qui contient un élément dans la mise en scène qui a été placé là par erreur? Expliquez. Comment saviez-vous que l'élément n'était pas censé apparaître dans le film?

Les genres

L'analyse d'un film commence par l'identification de son genre. Cependant, même s'ils appartiennent à des genres différents, tous les films ont non seulement des thèmes en commun, mais aussi des techniques.

- **La comédie:** film qui cherche à faire rire le spectateur avec des chutes, des gags, des blagues, des jeux de mots, etc. La comédie fonctionne bien grâce au jeu de l'acteur, mais aussi au montage qui doit être rythmé de façon précise, surtout pour les gags visuels. La comédie mérite une analyse particulièrement attentive en ce qui concerne sa façon de présenter les normes et les valeurs d'une société.

- **La comédie musicale:** film qui raconte son histoire à travers le chant et la danse. Les décors et les costumes sont souvent de couleurs vives et le but du film est de plaire au spectateur. L'intrigue présente souvent un problème qui n'est pas trop grave et qui est vite résolu; la fin heureuse rétablit l'ordre moral.

- **Le film d'aventure:** style populaire où un héros part à l'aventure dans des circonstances hasardeuses. Pleins d'action, ces films emploient beaucoup d'effets spéciaux et de scènes qui sont visuellement dynamiques, mais les personnages restent souvent des stéréotypes. De plus, ces films mettent rarement en question les normes d'une société.

- **Le film fantastique:** film d'horreur ou film qui présente des éléments surnaturels. Avec ses vampires et ses monstres, ce type de film cherche à faire peur au spectateur et il a souvent recours à l'usage d'effets spéciaux. Beaucoup d'éléments des films fantastiques peuvent être analysés comme des métaphores; par exemple, le «monstre» peut représenter un personnage ou un élément problématique de la vie réelle.

- **Le film noir:** style développé dans les années 30 et 40. Il s'agit souvent d'un détective qui cherche à identifier l'auteur d'un crime. Ce genre est très stylisé: scènes urbaines, femmes fatales, narration en voix off par le personnage principal, etc. Dans ce type de film, l'énigme est souvent élucidée à la fin, mais les personnages continuent à souffrir et ils restent imparfaits.

- **Le film de science-fiction:** genre qui explore les mondes futuristes à l'aide de trucages et d'autres effets spéciaux. La technologie joue un grand rôle dans ces films. Quand on analyse les films de science-fiction, on y trouve souvent des allégories qui critiquent la société contemporaine. A travers une société fictive de l'avenir, ces films traitent donc fréquemment de sujets contemporains difficiles à discuter.

- **Le mélodrame:** genre populaire et codifié dans lequel les problèmes moraux des personnages sont résolus à la fin du film. Souvent, il s'agit d'un problème de société ou d'amour. Le «mélo» contient beaucoup de scènes de conversation où les plus profonds sentiments des personnages sont explorés, mais il s'agit souvent de personnages stéréotypés et de clichés.

- **Le policier:** film dans lequel le héros, un policier, cherche l'auteur d'un crime. Le film invite le spectateur à essayer de résoudre le mystère en regardant le film. Une tournure dramatique ou un choc nous attend souvent à la fin. Ces films ont tendance à renforcer les normes morales de la société.

Jeu: Listes

Faites une liste des genres de films que vous associez à chaque tendance. Un même genre peut se trouver dans plus d'une liste.

Tendance	Critique la société	Renforce l'ordre moral	Emploie beaucoup de trucages	Contient souvent des clichés	Met en scène des crimes	Valorise la «légèreté»
Genres						*comédie*

Questions de compréhension

1. Quelle est la différence entre un film noir et un policier?

   _____

2. Quelle est la différence entre un film fantastique et un film de science-fiction?

   _____

3. Dans les comédies, quelle est la différence entre un gag et un jeu de mots? Lequel des deux demande le plus de réflexion?

   _____

4. A votre avis, pourquoi est-ce qu'on trouve souvent beaucoup de transitions du type champ / contre-plan dans les mélodrames?

   _____

5. Qu'est-ce que la comédie et la comédie musicale ont en commun?

   _____

Discutons

1. Avec les autres membres de la classe, donnez le titre d'un film (français) qui est un exemple de chaque genre mentionné. Citez des éléments de chaque film pour justifier vos décisions.

2. Quel genre de film préférez-vous? Quel type de film est-ce que vous n'aimez pas beaucoup? Expliquez vos opinions en donnant des exemples de films que vous aimez et de films que vous n'aimez pas.

Le vocabulaire technique (fin)

Comme nous l'avons déjà dit, le langage du cinéma est relatif. Cela veut dire qu'il ne faut pas s'attendre à ce que tous les cinéastes emploient toujours toutes les techniques de la même façon. Au contraire, il se peut très bien, par exemple, qu'un cinéaste décide de ne pas utiliser un fondu au noir pour montrer le passage du temps, mais plutôt pour une toute autre raison: pour suggérer la tristesse après la mort d'un personnage, pour suggérer une distance thématique entre deux événements, etc. Il y a même des films où on emploie certaines techniques de façon peu habituelle pour choquer le spectateur ou pour créer un effet visuel qui est particulièrement sensationnel. Donc, en analysant un film, il faut non seulement tenir compte des normes techniques de l'industrie cinématographique, mais aussi des choix artistiques des réalisateurs. Cela dit, une chose reste vraie: pour bien analyser un film, il ne suffit pas de simplement identifier les éléments techniques du film; il faut aussi expliquer leurs effets sur les spectateurs.

Lisez le texte suivant sur les différents éléments du langage cinématographique et complétez les activités qui suivent.

A votre avis

1. Maintenant que vous avez lu ce chapitre, en quoi vos idées sur ce qui doit faire partie de l'analyse d'un film ont-elles changé?

2. Quels mots techniques de ce chapitre est-ce que vous connaissiez déjà avant de lire le texte? Quelles nouvelles expressions avez-vous apprises?

 *Réflexion*

Synthèse

Thèmes de discussion en classe ou de mini-composition selon les instructions de votre professeur

1. Identifiez plusieurs films où le rapport entre la forme et le contenu est facile à repérer. Citez plusieurs films où le rapport entre la forme et le contenu n'est pas facile à repérer. Comment expliquez-vous ces différences?

2. Est-ce possible pour «l'auteur» d'un film, c'est-à-dire le metteur en scène, de contrôler tous les éléments d'un film? Expliquez.

Rédaction

Choisissez l'une des questions suivantes et écrivez une rédaction pour y répondre en détail.

1. Dans le dernier film français que vous avez vu, quels sont les trois éléments techniques qui vous ont frappé(e) le plus? Quelle a été votre réaction en remarquant ces techniques? Décrivez ces éléments en utilisant le vocabulaire technique de ce chapitre. Ensuite, expliquez pourquoi ces éléments sont facilement identifiables et décrivez aussi leur rôle dans l'histoire.

2. Ecrivez un scénario de deux pages pour un film très court. Indiquez autant d'éléments techniques que possible en utilisant le vocabulaire de ce chapitre: rôles des différentes personnes qui ont collaboré au film, genres, types de plans, séquences, transitions, cadrage, mouvements de la caméra, mise en scène, dialogues, acteurs, accessoires manipulés, etc. Votre connaissance du vocabulaire technique, votre imagination et votre vision artistique vous guideront.

Exposé

Choisissez le sujet qui vous intéresse le plus dans la liste ci-dessous. Préparez un exposé selon les instructions données et présentez vos idées à la classe.

1. En ligne, lisez des critiques de plusieurs de vos films français préférés. Notez le nombre de commentaires sur les différents éléments du film: personnages, intrigue, trucages, etc. Prêtez une attention particulière au nombre de commentaires sur les éléments techniques. Présentez ces chiffres à la classe. Qu'en déduisez-vous?

2. En ligne, comparez des critiques en français avec des critiques en anglais de plusieurs de vos films préférés. Si possible, trouvez des commentaires sur les mêmes films pour chaque langue. Notez le nombre de commentaires sur les différents éléments du film: personnages, intrigue, trucages, etc. Prêtez une attention particulière au nombre de commentaires sur les éléments techniques. Présentez ces chiffres à la classe. Y a-t-il des différences entre les commentaires en français et ceux en anglais? Qu'en déduisez-vous?

3. Montrez un petit extrait (quelques minutes) d'un film français en classe sans le son. En même temps, faites-en un commentaire, comme ceux qu'on entend souvent dans les parties bonus des DVD de nos jours. Mentionnez autant d'éléments techniques que possible ainsi que les effets qu'ils sont censés créer chez le spectateur.

Mise en scène

Avec un ordinateur et un logiciel de montage qui offre des effets optiques, faites un petit film d'une minute ou deux dans lequel chaque transition joue un rôle dans votre «histoire». Présentez votre film en classe pour voir si vos camarades peuvent deviner le «sens» de chaque effet optique que vous avez choisi.

Parlez-vous le langage du cinéma?

Etudiez chaque image et répondez aux questions. Notez en particulier comment les éléments formels de l'image (composition, cadrage, éclairage) contribuent au contenu thématique (personnages, sentiments exprimés, rapports humains) de chaque plan, et vice-versa. Comparez votre interprétation des images avec celle des autres membres de la classe. Après avoir étudié ces plans, imaginez les différents types de sujets que l'on traite dans *Orphée* (Jean Cocteau, 1949) et dans *Une Partie de campagne* (Jean Renoir, 1936). Ces images vous donnent-elles envie de regarder ces films? Pourquoi ou pourquoi pas?

Le cadrage: quel effet est produit ici? Orphée *(Jean Cocteau, 1949)*

Le gros plan: quels sont les sentiments du personnage? Une Partie de campagne *(Jean Renoir, 1936)*

La poésie de cinéma: comment est-ce que deux éléments de la mise en scène—un accessoire (le masque) et l'éclairage—peuvent créer un effet «poétique»? Orphée *(Jean Cocteau, 1949)*

La contre-plongée: qu'est-ce que l'angle nous apprend sur le personnage? Orphée *(Jean Cocteau, 1949)*

Le plan moyen (en pied): quel est le rapport entre le personnage et le décor? Orphée *(Jean Cocteau, 1949)*

Le plan américain: esthétiquement, est-ce beau de cadrer les personnages à mi-cuisse? Expliquez. Une Partie de campagne *(Jean Renoir, 1936)*

Le plan rapproché: comment est-ce que ce plan nous invite à suivre le drame? Une Partie de campagne *(Jean Renoir, 1936)*

Du cinéma «spectacle» aux séries

Entre 1885 et 1915, le cinéma français connaît un succès mondial, que ce soit sur le plan commercial ou artistique, mais ce cinéma, comme vous le verrez, est menacé par la Première Guerre mondiale.

Sujets

- Le 19e siècle et la Belle Epoque
- L'invention du cinéma
- Les premiers films, les cinéastes et les studios
- L'établissement de l'industrie du cinéma
- Le cinéma «spectacle»
- Les séries (les policiers à épisodes)
- Le cinéma et la Première Guerre mondiale

Objectifs du chapitre

Dans ce chapitre, vous étudierez les vingt premières années du cinéma français et leur rôle dans la culture et dans la politique de l'époque. A la fin du chapitre, vous pourrez discuter:

- L'invention du cinéma
- L'établissement de l'industrie du cinéma
- Les différents genres du cinéma «spectacle» (gags, féerique, séries, tableaux, reconstitutions)

 Pour faire les activités en ligne sur les parties *Introduction, Dossier 1, Dossier 2* et *Réflexion*, rendez-vous au site Web **www.thomsonedu.com/french/septiemeart**

Pour commencer...

1. Quelle est votre définition du mot «cinéma»?

2. Quelles technologies sont nécessaires pour que le cinéma existe?

3. A votre avis dans quel(s) pays est-ce qu'on a inventé le cinéma?

4. Qu'est-ce que l'expression «cinéma muet» évoque pour vous?

5. Avez-vous déjà vu un film muet? Décrivez-le. Comment avez-vous réagi en le regardant?

6. Aimez-vous les vieux films en noir et blanc? Pourquoi ou pourquoi pas?

7. A votre avis, comment une guerre peut-elle influencer le cinéma d'un pays et vice-versa?

Dans l'introduction, vous allez lire un texte sur la culture et le cinéma français de la fin du 19e siècle et du début du 20e siècle. Après avoir lu le texte, faites les activités qui suivent.

Introduction

Une nouvelle forme d'art

Les origines du cinéma—la France de la Belle Epoque

Bien que le cinéma représente peut-être *la* forme d'art par excellence du 20e siècle, ses origines sont fortement ancrées dans les préoccupations et dans la culture du 19e siècle.

Après la Révolution française, qui prend fin sous le règne de l'empereur Napoléon I (1804–1815), la France avance doucement vers une société moderne, capitaliste et républicaine, qui respecte les valeurs de la révolution: «Liberté, égalité, fraternité».

En 1871, avec l'établissement du gouvernement de la IIIe République, commence une période de paix et de stabilité économique, qui sera interrompue en 1914 par la Grande Guerre. La IIIe République marque la fin définitive d'une monarchie absolue et le début d'une société de plus en plus égalitaire dans laquelle les individus de toutes les classes sociales vivent de mieux en mieux. En effet, les prix des biens baissent et on assiste à des réformes sociales, comme par exemple l'établissement d'un système éducatif gratuit et laïque (1905), l'essor du syndicalisme et la semaine de travail réduite avec un jour de repos par semaine.

La fin de cette période, de 1880 à 1914, s'appelle la «Belle Epoque» et la France, surtout Paris, connaît une explosion culturelle dans tous les domaines artistiques. En peinture, les impressionnistes et les mouvements qui ont suivi, avec leurs scènes de la vie de tous les jours, leurs couleurs pures, et leur style de touches papillotantes sur la toile qui captent la lumière, bouleversent complètement la notion d'une peinture officielle et réaliste qui s'intéressait aux thèmes de l'antiquité et aux portraits des nobles. Au théâtre, le classicisme du 18e siècle,

où la scène était vide et où un public aisé venait pour écouter les paroles des comédiens, est concurrencé par le théâtre romantique qui attire un public plus large. Dans ces nouveaux spectacles, une mise en scène (avec décors et accessoires) accueille les spectateurs, qui voient pour la première fois sur la scène des batailles, des duels, des scènes de mort, des gags et des scènes de séduction piquantes. En musique, le romantisme domine aussi, surtout avec l'œuvre de Debussy. En littérature, le naturalisme examine cette nouvelle société de façon «scientifique» et, avec un engagement politique, expose les problèmes (violence, pauvreté, etc.), ainsi que les rêves de la classe ouvrière. En poésie, les «symbolistes», comme Stéphane Mallarmé, Arthur Rimbaud et Paul Verlaine, changent le langage poétique. Quant aux arts populaires, ils continuent leur essor pendant cette période: les vaudevilles, les music-halls, les fêtes foraines, la prestidigitation ainsi qu'une nouvelle invention qui s'appelait la cinématographie...

C'est aussi pendant la Belle Epoque que, pour la première fois, presque tous les Français, même les plus démunis, ont le temps et les moyens nécessaires pour apprécier des distractions, qui, auparavant, étaient réservées aux classes supérieures.

Mais cette période n'est pas sans problèmes. A la pauvreté et aux crises fiscales s'ajoutent les autres excès et les injustices qui vont de pair avec le capitalisme: les faillites des banques, les scandales économiques—surtout celui du canal de Panama en 1892—et la violence entre travailleurs et patrons lors des grèves. Bien que la vie des plus pauvres s'améliore, les conditions des plus démunis restent déplorables par rapport à celles des bourgeois. En politique, une série d'«affaires» expose la corruption des politiciens et la rancœur entre la gauche républicaine et la droite monarchiste; mais c'est l'Affaire Dreyfus qui marque surtout la période. Le capitaine Alfred Dreyfus, un officier juif de l'armée française, est accusé d'espionnage et mis en prison.

Soupçonnant qu'il s'agit d'une charge antisémite, un mouvement de gauche cherche à prouver l'innocence de Dreyfus et à exposer l'hypocrisie de la droite. Emile Zola le défend dans son célèbre article «J'Accuse», dans le journal *L'Aurore* en 1898. Dreyfus est reconnu innocent en 1906; le vrai coupable était un officier français «de souche». L'affaire divise l'opinion publique et souligne la double menace du racisme et du nationalisme, ce qui annonce déjà le fascisme du 20e siècle. D'ailleurs, «l'affaire» devient aussi le sujet de plusieurs films muets.

Il est presque «naturel» que le cinéma naisse à cette époque. La nouvelle société de consommation cherche le divertissement au moment où le monde artistique s'intéresse au visuel et où la révolution industrielle arrive enfin en France. Les nouvelles technologies, comme les trains et l'électricité, changent la vie de tous les jours et créent un public fasciné par le mouvement et la lumière. Une autre technologie, la photographie, avait été inventée en France par Josef Niepce dans les années 1820, et sa méthode améliorée dix ans plus tard avec l'invention du Daguerréotype. Bientôt, une société en mouvement commence à réclamer du mouvement dans ses images. Depuis le début du siècle, des jouets d'enfants proposent des images en mouvement, comme le zootrope, qui consistait en un disque circulaire sur lequel on posait un cylindre avec des petites fentes coupées à intervalles réguliers sur la surface, et à l'intérieur duquel on attachait une série d'images; en tournant le cylindre un petit «film» apparaissait dans les interstices. Les dessins animés deviennent populaires aussi vers la fin du siècle. Les magiciens de l'époque fabriquaient des décors remplis d'images dessinées qu'ils manipulaient avec des miroirs et grâce à d'autres techniques mécaniques pour simuler le mouvement. Mais le public se lassait vite de ces différents trucages; il fallait quelque chose de plus impressionnant.

Vers la fin des années 1880, le photographe anglais Edouard Muybridge et l'inventeur français Jules Marey essaient d'analyser le mouvement des animaux; à l'aide d'un «chronophotographe», ils créent des séries d'images prises rapidement et en succession qui démontrent chaque étape du mouvement. Marey va même jusqu'à monter sa pellicule sur un fusil modifié pour prendre les photos vite! L'idée de l'Américain Thomas Edison d'enregistrer les images sur une pellicule Eastman (Kodak) du format 35 millimètres perforée permet de projeter ses films dans une caisse de bois qu'il appelle son «kinétoscope». C'est le précurseur de ce qu'on appelle le cinéma. Mais, le spectateur est obligé de rester debout devant la boîte pour observer la présentation. Le défi, en France, c'est de faire sortir l'image de la boîte.

Les frères Lumière

Pour ce faire, Antoine Lumière, industriel lyonnais, et ses deux fils, Louis et Auguste, ont l'idée d'appliquer les mécanismes utilisés pour les machines à coudre au concept de l'image. Mais, au lieu de faire avancer un morceau de tissu, les dents de l'appareil rentrent dans les perforations. Ils font alors passer la pellicule, à un rythme régulier de 16 images par seconde, entre une source de lumière électrique et une focale. Ceci a pour résultat de projeter les images sur un écran au fond d'une salle. Leur appareil—le cinématographe—était de petite taille et ne contenait qu'une vingtaine de mètres de pellicule, de sorte que tous les films que les Lumière appelaient encore des «vues», duraient moins d'une minute. Lumière décide de présenter un programme de ses vues, prises la même année, le 28 décembre 1895 à 21h00 au Salon Indien dans le sous-sol du Grand Café (14 boulevard des Capucines) à Paris; les journalistes et les spectateurs arrivent et payent un franc la place. En créant ce contexte social, c'est-à-dire la projection en salle, une séance publique et un tarif à l'entrée, le cinéma est né.

Et que voient les premiers observateurs de cette nouvelle forme d'art? Avec leur caméra légère, les Lumière filment d'abord leurs employés, et ensuite les rues de leur ville natale de Lyon. Puis ils envoient des photographes partout dans le monde pour renvoyer des films de tous genres: scènes de la vie contemporaine, trains en gare, monuments, panoramas, expositions, ouvriers, sports, faits divers, reconstitutions historiques, films comiques, films familiaux, mini-documentaires, etc. Par conséquent, un style «Lumière» se développe. Celui-ci donne beaucoup d'importance à la composition de l'image, souvent organisée autour des lignes diagonales, ainsi qu'à l'organisation de l'action qui a toujours un début, un point culminant et une fin nettement marqués. Cependant, il y a très peu de mouvements de la caméra, sauf quand celle-ci est montée sur un bateau ou un train par exemple; le montage n'existe presque pas et chaque vue représente un seul plan, dont la plupart sont larges mais avec quelques plans moyens, surtout pour les scènes familiales.

Le public est impressionné, ému et, à en croire les récits de témoins, certains ont même peur d'être écrasés quand ils voient arriver un train sur l'écran. Après le succès des séances Lumière au Grand Café, on commence à montrer des films partout en France et à les exporter dans le monde. A l'époque, on les projetait dans des cafés, sous des tentes pendant les fêtes foraines et dans d'autres endroits.

Puis, on commence la construction des «palais», qui sont des salles somptueuses construites uniquement pour le cinéma. Bientôt, les vues des Lumière et leur style «documentaire» ne satisfont plus; il faut élargir le vocabulaire du langage cinématographique et trouver d'autres innovations sur le plan narratif. Un homme va s'en charger.

Méliès

Assis dans la salle le 28 décembre 1895 est l'illusionniste Georges Méliès, directeur du petit Théâtre Robert-Houdin à Paris, où il propose des tours de magie et d'autres trucages. Méliès emploie des images dans ses spectacles, mais il n'arrive pas à recréer un mouvement naturel. Ce futur rival des Lumière est inspiré par le cinématographe et un an plus tard, il acquiert un appareil pour tourner ses propres films. En 1897, il ouvre un studio à l'extérieur de Paris, à Montreuil. On peut dire que c'est le premier studio de cinéma en France prévu seulement à cet effet car Méliès comptait l'utiliser uniquement pour tourner des films. Les murs et le toit du bâtiment sont en acier et en verre, pour permettre le plus de lumière possible quand on tourne. La caméra est placée dans une petite alcôve au fond de la pièce et «la scène» occupe le centre. Une trappe au plancher permet aux acteurs d'entrer sur la scène non seulement de chaque côté, mais aussi en montant ou en descendant. Au mur derrière la scène, Méliès suspend d'énormes tableaux peints qui servent de toiles de fond. Le cinéaste bouge peu sa caméra et il utilise des plans larges comme les Lumière, mais la spécialité de Méliès était les trucages.

Tournant pour la plupart des comédies et des films féeriques, Méliès crée un monde fantastique, bizarre et surtout magique. De plus, il joue dans ses propres films en animant un personnage diabolique ou comique. Son monde fictif dépend d'effets spéciaux. Par exemple, pour faire apparaître ou disparaître un personnage, il arrête puis rouvre la caméra; ou pour jouer plusieurs rôles dans un même film, il filme d'abord le premier personnage, il rembobine la pellicule, puis il joue le deuxième personnage en repassant le film une deuxième fois à travers l'appareil. Il se sert de cette même technique pour avoir des fantômes qui flottent au-dessus des personnages. Méliès engage aussi des techniciens pour construire les décors, coudre les costumes, manipuler les trucages et quelquefois, pour colorier les images directement sur le celluloïd. Il emploie aussi le montage pour créer des films plus longs. Son chef-d'œuvre, *Le Voyage dans la lune* (1902), qui connaît un succès mondial et qui inspire de nombreuses copies, a une durée de quatorze minutes, inouïe auparavant.

Le film muet

Deux ans après son invention, le cinéma n'est plus une nouveauté et il devient une industrie. La famille Lumière ne tourne plus de films et se consacre à la production. La société de Méliès, Star Films, connaît une popularité mondiale, surtout à cause de la vision artistique de Méliès. Mais, dès 1906, les goûts du public changent et la société est liquidée en 1913. Méliès termine sa vie en vendant des jouets d'enfants dans un kiosque. L'industrie sera alors dominée par deux compagnies: Pathé Frères et Gaumont. Calquées sur le modèle capitaliste, ces sociétés dominent la production et la distribution en France, et elles concurrencent avec succès les films d'outre-atlantique. En 1901, Pathé Frères engage Ferdinand Zecca, ancien acteur, pour produire et diriger jusqu'à une dizaine de films par mois. Chez Pathé, le style des films ressemble d'abord aux «vues» des Lumière, puis prend peu à peu une forme plus narrative avec plusieurs séquences montées pour raconter une histoire entière. Gaumont engage Alice Guy, son ancienne secrétaire et la première femme cinéaste, pour diriger la production. Elle crée une œuvre importante mais jusqu'à maintenant peu documentée, dont son célèbre film *La Fée aux choux,* avant de partir tourner des films aux Etats-Unis comme *A House Divided* (1913).

C'est pendant la première décennie que l'industrie évolue. Le cinéma «spectacle» des Lumière ou de Méliès par exemple, que le public fréquentait pour être impressionné par une nouvelle technologie, est lentement remplacé par le cinéma narratif que nous connaissons de nos jours. Ce type de cinéma s'intéresse à l'intrigue et à l'art de l'expression visuelle. Dès l'établissement de Pathé Frères, les films deviennent plus longs, le montage joue un rôle de plus en plus important, les différents genres se développent et on améliore les techniques et les éléments de base du langage cinématographique inventés par les tous premiers cinéastes.

A cette époque, on voit aussi émerger un système de vedettes. Max Linder, le précurseur de Charlot (Charlie Chaplin), est la première vedette du cinéma français. Il joue le rôle de «Max», un brave jeune homme à la recherche du plaisir, dans une série de comédies entre 1905 et 1914, après quoi, il va tourner le même genre de films aux Etats-Unis. Une autre tradition se met en place, l'acteur-enfant; Bébé et 'bout de Zan, par exemple, jouent dans des comédies qui exploitent une formule typique: la naïveté des enfants masquant une sagesse qui échappe aux personnages adultes. Mais, malgré ces développements, le cinéma reste un art du peuple, qui cherche surtout à amuser ou à impressionner un public peu sophistiqué avec des comédies, des gags, des films à scandales, des scènes religieuses, des poursuites, etc.

La Société des Films d'Art est fondée en 1908 dans le but d'attirer des spectateurs plus «cultivés». Ses films, dont l'un des plus célèbres est *L'Assassinat du duc de Guise* (1908), imitent le théâtre classique avec des scènes en tableaux. Pendant chaque séquence, la caméra reste figée devant une toile de fond; les acteurs entrent sur la scène, jouent leurs pantomimes et leurs répliques puis en sortent. Le plan les cadre en pied et la figuration reste plus ou moins immobile. Les producteurs essaient de donner plus de richesse aux images et des caractéristiques psychologiques aux personnages, et pour cela, ils engagent des scénaristes parmi les auteurs célèbres de l'époque et aussi des acteurs connus des troupes théâtrales prestigieuses, dont la Comédie-Française.

Le cinéma et la Grande Guerre

L'année 1910 marque l'apogée de l'hégémonie de l'industrie cinématographique française; les Français tournent et distribuent les deux tiers des films vus dans le monde entier. Quand la guerre commence en 1914, le cinéma français en souffre immédiatement. Sur le territoire ennemi de l'Europe centrale, les productions françaises sont interdites et vite remplacées par des films américains. La mobilisation touche le corps des acteurs et des techniciens, qui partent pour le front, et la production baisse. En 1915, Pathé Frères et Gaumont produisent des films de propagande, genre peu apprécié dans la culture française. Deux autres événements marquent cette période. L'auteur et journaliste Louis Delluc invente la critique cinématographique dans laquelle on analyse les éléments d'un film et leur effet sur l'histoire racontée. Avant, les agents de publicité des studios décrivaient les films dans les catalogues bien évidemment dans le but de vendre. Et une deuxième femme cinéaste, Germaine Dulac, commence à produire des actualités, des documentaires et plus tard, de la critique et des films d'avant-garde.

En pleine guerre, la population va au cinéma non plus seulement pour se distraire, mais aussi pour oublier la situation politique ou, pour les futurs soldats, en attendant de partir pour le front et les tranchées. A cette époque, les séances incluent un programme de courts métrages en plus du titre principal; on pouvait s'attendre à des actualités, des bandes dessinées, des annonces publicitaires et peut-être aussi un épisode de sa série préférée. Les séries de cette époque traitaient souvent du crime, dans le style polar ou policier, et le producteur le plus connu de ce genre était Louis Feuillade.

Avec ses deux grands succès pendant la guerre, *Fantômas* (5 épisodes, 1913–1914) et *Les Vampires* (10 épisodes, 1915–1916), Feuillade joue surtout sur les peurs des bourgeois parisiens pendant un conflit mondial qui menace de changer l'ordre social de la société européenne. Fantômas, un bandit en cagoule, et les Vampires, un gang de criminels habillés en maillots noirs, terrorisent les citoyens la nuit en grimpant sur les toits des beaux hôtels parisiens et en commettant des vols et des meurtres pendant que la «bonne société» dort tranquillement en dessous. L'œuvre de Feuillade surprend et rend mal à l'aise le spectateur car il filme les crimes les plus abominables et les coïncidences les plus impossibles et les plus horribles de façon directe, logique et réaliste. Les décors restent simples, la caméra bouge rarement et les acteurs entrent en scène et procèdent avec confiance. Feuillade présente les vols, les meurtres, les empoisonnements et les enlèvements comme des actes tout à fait banals, ce qui est sûrement le cas pour ses personnages criminels. Mais, puisque les victimes sont surtout les autorités corrompues, des bourgeois français aisés ou des Américains richissimes, au fil des épisodes, le spectateur «moyen» s'identifie de plus en plus avec les criminels. C'est d'ailleurs pour cette raison que ces films étaient populaires aussi chez certains membres de l'*intelligentsia* qui rejetaient les valeurs bourgeoises. De plus, l'un des leaders des Vampires, Irma Vep (anagramme de «Vampire»), interprétée par Musidora, devient l'une des premières femmes libérées du cinéma à cause de ses nombreux déguisements qui lui permettent d'entrer dans n'importe quel secteur de la société; elle devient aussi le premier sex-symbol à cause de son maillot noir serré.

Pendant la guerre, la France perd 5 millions d'hommes, soit un homme sur dix de la population active; il y a des millions de soldats mutilés ou traumatisés par les horreurs de la guerre. L'hégémonie militaire française de l'Ancien Régime n'est plus. Mais au delà du dommage physique, la structure économique du pays demande que l'on reparte à zéro. La France cherche à se reconstruire, à se redéfinir et à retrouver sa place parmi les grands pays du monde. Situation difficile pour un pays vainqueur...

L'industrie cinématographique française reflète la situation politique: les films anglo-saxons dominent le marché et les studios français sont en désarroi. La production doit se restructurer et les réalisateurs se préparent à concurrencer les étrangers en se basant sur trois aspects fondamentaux du cinéma français: qualité, style, esprit inventif.

Activités de compréhension

Les mots justes

Pour chaque mot de la liste suivante, trouvez une définition dans la colonne à droite.

1. laïque
2. papillotant
3. la prestidigitation
4. «de souche»
5. une fente
6. se lasser
7. un appareil
8. une pellicule
9. l'hégémonie
10. une séance
11. le plancher
12. féerique
13. une toile de fond
14. un programme
15. une actualité
16. bourgeois
17. aisé
18. un enlèvement
19. vainqueur
20. un bonimenteur

a. une machine
b. un trou
c. tient au monde fantastique des fées
d. le sol
e. une nouvelle
f. victorieux
g. riche
h. une projection
i. un présentateur
j. un kidnapping
k. se fatiguer
l. indépendant de l'église
m. derniers plans du décor
n. la magie
o. habitant d'une ville ou personne des classes aisées (peut être péjoratif)
p. d'origine (peut être péjoratif)
q. effet du mouvement d'objets brillants
r. la suprématie
s. une série de films prévus
t. un film

J'ai compris!

Répondez aux questions suivantes avec une phrase complète.

1. Qu'est-ce que la IIIᵉ République apporte à la société française?

   _____

2. Décrivez la préoccupation avec le visuel au 19ᵉ siècle. Comment cette préoccupation se manifeste-t-elle dans les arts?

   _____

3. Quelles sont les distractions d'un ouvrier parisien vers 1900?

   _____

4. En quoi est-il logique que l'invention du cinéma ait eu lieu pendant la Belle Epoque?

   _____

5. Quels sont deux ou trois problèmes sociaux de la Belle Epoque?

   _____

6. Est-ce qu'on peut dire que l'invention du cinéma est une affaire internationale? Expliquez.

   _____

7. Nommez deux ou trois précurseurs du cinématographe. Quelle est la différence essentielle entre ces appareils et le cinématographe?

_____

8. Comment étaient les films des frères Lumière? Parlez de leur forme et de leur contenu.

_____

9. Comment étaient les films de Méliès? Parlez de leur forme et de leur contenu. A votre avis, en quoi est-ce que les activités professionnelles de Méliès d'avant 1895 ont influencé son cinéma?

_____

10. Tracez l'évolution du cinéma «spectacle» au cinéma narratif en citant des détails du texte.

_____

11. Pourquoi est-ce qu'on dit que l'année 1910 représente l'apogée du cinéma français d'avant-guerre? Qui dominait l'industrie à cette époque? Quelles sortes de films produisaient-ils?

_____

12. Comment étaient les séries de Feuillade? Parlez de leur forme et de leur contenu.

_____

13. Quels ont été les effets de la guerre sur le cinéma français?

_____

Le premier cinéma en chiffres

Complétez les phrases avec le chiffre correct.

1. Le cinéma est né le _____ décembre _____ à _____ heures.
2. Les premiers cinéastes utilisent une pellicule de _____ millimètres de largeur comme aujourd'hui.
3. Méliès ouvre son studio à Montreuil en _____.
4. Au début du 20ᵉ siècle, les Français produisent les _____ tiers des films vus dans le monde.
5. La série *Les Vampires* contient _____ épisodes.
6. Mettant le cinéma français en désarroi, la Grande Guerre a lieu entre _____ et _____; la France y perd _____ millions d'hommes.

Chronologie

Mettez les inventions dans le bon ordre, de la première (1) jusqu'à la plus récente (5). Puis, décrivez chaque chose de la liste et nommez son inventeur.

___ cinématographe _____

___ cinéma _____

___ kinétoscope _____

___ fusil photographique _____

___ photographie _____

Les premiers films

Associez le mot avec le concept qui lui correspond le mieux dans la liste à droite.
Expliquez le lien entre les deux en citant des détails du texte.

1. tableau	a. cinéma sophistiqué
2. montage	b. cinéma «spectacle»
3. série	c. théâtre filmé
4. film d'art	d. cinéma à épisodes
5. vue	e. cinéma narratif

_____

_____

_____

Les précurseurs du septième art

Associez le nom avec l'élément qui convient le mieux. Expliquez vos choix en citant
des détails du texte.

1. Delluc	a. critique
2. Méliès	b. personnage libéré
3. Guy	c. hégémonie
4. Irma Vep	d. diagonales
5. Pathé Frères, Gaumont	e. effets spéciaux
6. les frères Lumière	f. première réalisatrice

_____

_____

_____

Discutons

1. Est-ce qu'on peut dire que le cinéma a été «inventé» en France? Pourquoi ou
   pourquoi pas? Est-ce qu'on peut dire que le cinéma est «né» en France?
   Expliquez.

2. Prouvez la véracité de la phrase suivante en vous basant sur des détails du texte:
   Dès son invention, le cinéma est à la fois technologie, divertissement populaire,
   forme d'art et industrie.

3. En quoi est-ce que les goûts du public ont influencé l'évolution du cinéma
   d'avant-guerre? En quoi est-ce qu'ils continuent à influencer le cinéma même de
   nos jours?

4. Le cinéma était la nouvelle forme d'art du 19ᵉ siècle. Citez une nouvelle forme
   d'art du 20ᵉ ou du 21ᵉ siècle? Est-ce que son invention a suivi des étapes
   analogues à l'invention du cinéma? Expliquez pourquoi ou pourquoi pas.

■ Mini-biographie des frères Lumière

Antoine Lumière (1840–1911), industriel et distributeur d'équipement photographique, emploie ses deux fils, Auguste Lumière (1862–1954) et Louis Lumière (1864–1948), dans ses fabriques à Lyon; Auguste s'occupe de la gestion et Louis des techniques chimiques. Dans les années 1890, les frères s'intéressent de plus en plus au mouvement de l'image, surtout pour les bénéfices que l'usine espérait en dégager. En inventant le cinématographe, appareil qui servait à la fois pour la photographie et la projection des films, qu'ils appelaient des «vues» et qui ne duraient qu'une cinquantaine de secondes chacune, les frères se consacrent à la production des vues et à la location de leurs œuvres. Ils présentent leurs films à Paris en 1895 pour la première fois et le succès est immédiat

(voir Introduction à la page 21). Au début du 20e siècle, leur catalogue propose déjà un millier de films disponibles; en réalité, très peu de ces titres étaient tournés par les frères eux-mêmes, mais par les photographes qu'ils envoyaient partout en France et dans le monde. Bien que conçus au départ pour un but lucratif, ces premiers films des frères Lumière font preuve d'un optimisme séduisant, d'un sens de l'humour, d'une composition de l'image très étudiée, souvent en lignes diagonales, et d'un souci de bien capter la vie, la mode, les loisirs, la technologie et les attitudes de l'époque. Les frères abandonnent bientôt la production cinématographique, n'y voyant pas d'avenir pour un public qui s'en lasserait sûrement vite et ils poursuivent leurs activités commerciales dans d'autres domaines.

■ Le film

L'arrivée des trains en gare était un sujet souvent filmé par les premiers cinéastes car les trains symbolisaient à la fois le progrès et la possibilité de voyager et de découvrir le monde. Cette version est composée selon les fameux axes diagonaux des

frères Lumière et se concentre sur le mouvement du train vers la caméra placée juste à côté des rails. Cette perspective va-t-elle faire peur aux spectateurs? La peur d'être écrasés?

Autour d'une image. Décrivez la composition de cette image en détail. Y voyez-vous les lignes diagonales qui marquent le style Lumière? Quel objet est mis en valeur par cette composition? Quel va être le mouvement principal dans cette «vue»? En regardant la position du train dans le plan, croyez-vous qu'il s'agisse plutôt du début ou de la fin du film? Pour vous, est-ce une image dramatique? Pourquoi ou pourquoi pas? Et à votre avis, est-ce que cette image était impressionnante pour le spectateur du 19e siècle? Expliquez.

N.B.: Ce dossier est basé sur la version Kino «The Lumière Brothers' First Films», disponible en vidéocassette, avec commentaire en anglais, ou en DVD, avec commentaire en anglais ou en français. Les activités sont conçues pour un visionnement <u>avec</u> commentaire (anglais ou français). Le programme dure 1h01 mais il n'est pas nécessaire de regarder tout le programme pour compléter la majorité des activités suivantes.

■ Savez-vous?

Est-ce que les phrases suivantes sur les frères Lumière et leurs films sont vraies ou fausses? Pour chaque phrase, expliquez pourquoi elle est vraie ou fausse. Si la phrase est fausse, corrigez-la.

1. La production des frères Lumière montre que le cinéma est à la fois art et industrie.

   _____

2. Les frères Lumière ont tourné plus de mille vues.

   _____

3. Les vues Lumière offrent peu d'intérêt sur le plan stylistique.

   _____

4. Les frères Lumière produisent des films jusqu'à la fin de leurs vies.

   _____

5. On filmait souvent les trains dans les premières vues cinématographiques.

   _____

Avant de regarder

A votre avis

Répondez aux questions suivantes en donnant vos opinions sur le septième art.

1. On dit souvent que les vues Lumière ressemblent à des films familiaux. Quels types de sujets est-ce qu'on voit normalement dans ce genre de film?

2. Que vous attendez-vous à voir dans des films tournés en 1895? Nommez plusieurs sujets.

3. Qu'est-ce qui impressionne le public contemporain au cinéma? A votre avis, qu'est-ce qui impressionnait le public de la Belle Epoque dans un film? S'agit-il des mêmes éléments? Expliquez.

En regardant

L'invention des genres

Les vues des Lumière représentent les premiers exemples de différents genres filmiques. Associez les titres suivants avec le «genre» qui lui correspond le mieux. Soyez prêt(e) à justifier vos choix en classe après le visionnement des vues.

Titre	C'est le premier (la première)…
1. *Sortie d'usine*	a. comédie (gag)
2. *Repas de bébé*	b. film d'horreur
3. *L'Arroseur arrosé*	c. film fantastique
4. *Partie d'écarté*	d. *remake*
5. *L'Arrivée d'un train à La Ciotat*	e. film de suspense
6. *Démolition d'un mur*	f. film familial (personnel)
7. *Premiers Pas de bébé*	g. publicité

Les personnages Lumière

Bien que d'un style dit «documentaire», les vues Lumière contiennent quand même des «personnages», ou «proto-personnages», qui reviennent d'un film à un autre. Associez la description avec le personnage qui lui correspond. Ensuite, notez dans quelles vues vous les trouvez et exactement ce qu'ils font pour mener à bien leur tâche dans le film, le cas échéant. (Vous n'êtes pas obligé[e] de donner le titre exact de la vue.)

Descriptions	«Personnage»	Notes de l'étudiant(e)
a. personnage devant la caméra qui dirige les autres	_e_ 1. le commentateur	
b. gens pas au courant qu'ils sont filmés	___ 2. le directeur de l'action	
c. personnage, au rôle central dans le film, qui se comporte de manière ostentatoire	___ 3. le personnage / l'acteur	
	___ 4. la figuration	
d. personne qui sait qu'elle joue dans un film, bien qu'elle y fasse une activité quotidienne	___ 5. la vedette	
e. personnage qui montre au public comment il faut réagir au film		

Regardons de près

Les frères Lumière, et leurs photographes, ont inventé et défini bien des techniques qui font maintenant partie du langage cinématographique. Pour chacune des techniques ci-dessous, notez son rôle visuel et thématique: Expliquez comment elle rend l'image plus intéressante et pourquoi la technique est appropriée au sujet. Indiquez aussi la vue dans laquelle vous notez chaque technique. (Vous n'êtes pas obligé[e] de donner le titre exact.) Après le visionnement, soyez prêt(e) à justifier vos choix et à expliquer la réaction que chaque technique provoque chez le spectateur.

Technique	Titre d'une vue qui utilise cette technique	Rôle visuel et/ou thématique	Réaction du spectateur
1. la diagonale			
2. la profondeur de champ			
3. l'angle (plongée ou contre-plongée)			
4. le travelling (avant, latéral ou arrière)			
5. le hors-champ			

Après avoir regardé

Réaction personnelle

Répondez aux questions suivantes en donnant vos opinions et en parlant de vos réactions aux vues Lumière. Vous pouvez répondre à l'oral ou à l'écrit selon les instructions de votre professeur.

1. Quelles sont les différentes réactions provoquées chez le spectateur par les cinq techniques notées dans l'activité précédente?

2. Qu'est-ce que vous avez appris sur la France et les Français de la Belle Epoque en regardant les vues? Parlez de leurs activités, de leurs intérêts, de leurs mœurs, du rôle de la famille, etc. Est-ce que ces découvertes vous ont surpris(e)? Pourquoi ou pourquoi pas?

3. Qu'est-ce qui vous plaît et qu'est-ce qui ne vous plaît pas dans les vues? S'agit-il d'un élément technique, visuel et/ou thématique? Expliquez.

Etude des personnages

Regardez la liste des «personnages» Lumière de l'activité **Les personnages Lumière** à la page 29 et les notes que vous avez prises. Maintenant, expliquez ce que chaque personnage nous apprend sur la vie quotidienne, les attitudes françaises et la culture de la France de la Belle Epoque.

1. le commentateur _____

2. le directeur de l'action _____

3. le personnage / l'acteur _____

4. la figuration _____

Thématique

D'après les vues, quelles sont les attitudes des Français de la Belle Epoque envers les sujets suivants? S'agit-il d'une attitude positive ou négative? D'une fascination, d'une admiration ou d'une critique sociale? Expliquez. Est-ce que le spectateur contemporain partage ces mêmes attitudes? Pourquoi ou pourquoi pas? Justifiez vos analyses en citant des détails des vues.

1. la famille _____

2. la classe ouvrière _____

3. la bourgeoisie _____

4. la ville _____

5. la campagne _____

6. la technologie _____

7. les loisirs _____

8. l'humour _____

9. les pays étrangers (soyez spécifique) _____

10. la colonisation _____

11. le rôle de la France dans le monde _____

■ Mini-biographie de Georges Méliès

Fils d'une famille de fabricants de chaussures, Georges Méliès (1861–1938) est, très jeune, impressionné par les illusionnistes et la prestidigitation. Adulte, il achète le Théâtre Robert-Houdin à Paris où il monte ses propres spectacles de magie remplis d'effets spéciaux mécaniques. Présent pour la première projection des vues Lumière le 28 décembre 1895, Méliès décide de produire ses propres films. Deux ans après, il construit un studio à Montreuil et y tourne plus de 500 films (avec un effectif important de techniciens, de peintres et de comédiens) jusqu'au début de la guerre, quand sa société fait finalement faillite. Ruiné, il termine sa vie en vendant des jouets à la gare Montparnasse. Dans les années 1930, une société de cinéma bénévole lui apporte son soutien et lui consacre une rétrospective qui honore ses contributions au septième art. Ses films traitent surtout de sujets féeriques ou fantastiques, mais de façon enjouée, et ils dépendent largement des trucages cinématographiques, qu'il invente, pour la majorité, et dont voici des exemples, qui se sont effectués presque de la même façon pendant cent ans, jusqu'à l'introduction des effets digitaux (ordinateurs): expositions multiples, transformations et disparitions par arrêt de la caméra, substitutions, montage, décors peints et animés, fondus, modèles réduits, etc. En plus d'être technicien, illusionniste, photographe, producteur et metteur en scène, Méliès est aussi acteur, et il joue un personnage diabolique ou comique dans beaucoup de ses films. Son chef d'œuvre reste *Le Voyage dans la lune*, film qui annonce le passage définitif du style documentaire des vues Lumière au cinéma moderne et narratif.

■ Le film

Des scientifiques courageux suivent le professeur Barbe-en-fouillis (Georges Méliès) dans son voyage dans la lune où ils rencontrent les Sélénites, les habitants de la lune. Comment vont être les rapports entre les deux peuples? Les premiers spationautes vont-ils parvenir à revenir sur la Terre?

Ce film a connu une popularité internationale— et on l'a souvent copié. Cette distribution a aidé à rentabiliser son énorme budget pour les décors, les miniatures, les costumes et les nombreux acteurs et figurants. En plus, par rapport aux films de l'époque, sa plus longue durée qui demandait un montage logique a aussi fait de lui un film charnière entre le style «spectacle» et le cinéma narratif.

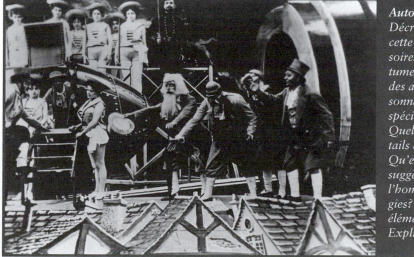

Autour d'une image. Décrivez la composition de cette image en détail: accessoires, angle, cadrage, costumes, décor, distance, jeu des acteurs, lumière, personnages, etc. Quels effets spéciaux y sont présents? Quel est le rôle de ces détails dans l'intrigue? Qu'est-ce que cette image suggère sur la relation entre l'homme et ses technologies? Y voyez-vous d'autres éléments symboliques? Expliquez.

■ Savez-vous?

Répondez aux questions sur Georges Méliès et son film, *Le Voyage dans la lune,* en donnant des renseignements des textes précédents.

1. Quelles similarités et différences notez-vous dans les biographies de Méliès et des frères Lumière (aux pages 27 et 31)?

   _____

2. A votre avis, est-ce que Méliès s'intéressait surtout à l'industrie du cinéma ou à l'art du cinéma? Justifiez votre opinion.

   _____

3. En quoi est-ce que sa carrière d'illusionniste a influencé le cinéma de Méliès?

   _____

4. D'après le texte, comment imaginez-vous l'ambiance au studio à Montreuil?

   _____

5. Pourquoi est-ce que certains historiens du film qualifient *Le Voyage dans la lune* de «chef d'œuvre»? En quoi est-ce que ce film était différent des «vues» de l'époque?

   _____

   _____

Avant de regarder

A votre avis

Répondez aux questions en donnant vos opinions sur la Belle Epoque et sur le septième art.

1. A votre avis, est-ce que les gens de la Belle Epoque considéraient un voyage dans la lune comme une véritable possibilité technologique? Si oui, quels moyens de transport seraient utilisés et qui seraient les spationautes? Sinon, pourquoi pas?

2. Comment un cinéaste peut-il transmettre le dialogue ou les sentiments d'un personnage dans un film muet? Citez plusieurs techniques.

3. En plus de l'accompagnement musical, un bonimenteur (une personne qui racontait l'histoire à haute voix pour aider les spectateurs à comprendre l'intrigue) était toujours présent lors des séances des films de Méliès. A votre avis, quelle sorte d'informations est-ce que le public voulait entendre?

En regardant

Les trucages

Pour chacun des trucages suivants, essayez de trouver un exemple dans le film. Comment le trucage avance-t-il l'intrigue? Décrivez l'effet que le trucage évoque chez le spectateur: humour, peur, choc, surprise, admiration ou autre chose.

Trucage	Rôle dans l'intrigue	Effet
disparitions par arrêt de la caméra		
expositions multiples		
décors animés		
gros plan		
mouvements de la caméra		
décors peints		
modèles réduits		

Le jeu des acteurs

Dans ce film, le jeu des acteurs tient beaucoup à la pantomime et aux gestes exagérés. Notez-en deux ou trois exemples. Décrivez ce que l'acteur fait exactement avec son corps. Qu'est-ce qu'il veut indiquer de par ses actions? A votre avis, est-ce que le geste est un bon choix pour faire avancer l'histoire? Si oui, pourquoi? Sinon, comment auriez-vous changé le geste?

Geste (mouvements exacts)	Scène dans le film	But du geste	Réussi?
			oui non
			oui non
			oui non

Après avoir regardé

Réaction personnelle

Répondez aux questions en donnant vos opinions sur *Le Voyage dans la lune*. Vous pouvez répondre à l'oral ou à l'écrit selon les instructions de votre professeur.

1. Décrivez ce que vous avez le plus et le moins aimé dans le film. Comparez votre réaction avec celle des autres membres de la classe. Qu'est-ce que ces réactions révèlent sur vous et sur vos contemporains?

2. Le sens de l'humour peut varier d'une culture à une autre, et d'une époque à une autre. Citez des scènes dans *Le Voyage dans la lune* qui restent comiques pour le spectateur contemporain. A votre avis, quels gags ou blagues du film ne sont plus drôles de nos jours? Expliquez.

Regardons de près

Dans la boîte ci-dessous, dessinez une mise en scène typique d'un film de Méliès. Avec des petites flèches, indiquez au moins **cinq** détails. Comparez votre dessin avec ceux des autres membres de la classe. Quels éléments voyez-vous répétés dans la plupart des dessins?

Ecrivez une mini-rédaction d'une seule page ou suivez les instructions de votre professeur.

Analyse de scène

Faites une analyse culturelle de la scène où le professeur Barbe-en-fouillis et ses collègues rencontrent les habitants de la lune, les Sélénites. Que révèle cette scène sur les valeurs des Français de l'époque? De nos jours, comment peut-on considérer cette séquence comme une métaphore? Expliquez.

Réflexion

Synthèse

Thèmes de discussion en classe ou de mini-composition selon les instructions de votre professeur

1. Est-ce que les films des Lumière et ceux de Méliès sont toujours intéressants pour la société contemporaine? Si oui, dans quels contextes et pour quelles raisons? Sinon, comment expliquer ce manque d'intérêt?

2. On appelle souvent le cinéma de Méliès, des frères Lumière et celui de cette époque en général, un cinéma «primitif». Pensez-vous que cette appellation soit juste? Expliquez.

3. Certaines analyses de l'histoire du cinéma affirment que les films des frères Lumière et ceux de Méliès ont engendré deux styles cinématographiques bien distincts: documentaire (réaliste) et narratif (stylisé). En quoi est-ce que cette théorie est valable? En quoi est-ce qu'il faut réviser cette opposition en la nuançant?

4. Qu'est-ce que les vues Lumière et *Le Voyage dans la lune* de Méliès ont en commun sur le plan culturel? Expliquez comment ces films présentent de façon similaire la technologie, le travail, la colonisation, la bourgeoisie, etc.

Rédaction

Choisissez une des questions suivantes et écrivez une rédaction pour y répondre en détail.

1. Choisissez une séquence du *Voyage dans la lune* de Méliès et faites-en l'analyse technique en détail: mise en scène, plans, mouvements de la caméra, distance, angle, décors, lumière, personnages, jeu des acteurs, etc. Ensuite, expliquez comment ces détails fonctionnent ensemble pour raconter l'histoire et explorer les thèmes du film.

2. Imaginez que vous êtes journaliste au Salon Indien le 28 décembre 1895 pour la première projection des vues Lumière. D'abord, décrivez en détail l'aspect technique de deux ou trois vues différentes: mise en scène, plans, mouvements de la caméra, distance, angle, décors, lumière, personnages, jeu des «acteurs», etc. Ensuite, expliquez l'importance culturelle de ces documents cinématographiques pour les citoyens de l'avenir en citant des détails des vues.

3. Sur le site Web de ce chapitre, regardez le clip vidéo «Tonight, Tonight» du groupe américain The Smashing Pumpkins. Expliquez tous les éléments du style Méliès qui y sont présents, que ce soit sur le plan visuel, thématique, culturel, etc. A votre avis, est-ce que ce clip capte bien l'esprit de Méliès et de son époque? Justifiez votre opinion en citant des plans ou des séquences spécifiques du clip et du film *Le Voyage dans la lune*.

Exposé

Choisissez le sujet qui vous intéresse le plus dans la liste. Préparez un exposé selon les instructions suivantes et présentez vos idées à la classe.

1. **A vous les commentaires**: Choisissez une séquence du *Voyage dans la lune* ou bien trois ou quatre vues que vous n'avez pas étudiées en classe. Faites-en le commentaire, comme on entend sur les DVD de nos jours. Coupez le son du film pendant votre présentation et commentez les aspects techniques et les aspects culturels qui définissent les scènes choisies. Vous pouvez diviser vos remarques par thème ou par scène si vous travaillez avec un(e) partenaire.

2. **Le duel des bonimenteurs**: Imaginez que vous êtes un bonimenteur en France vers 1900. Ecrivez un texte original que vous lirez pendant la projection de quatre ou cinq vues Lumière ou pendant une séquence de quatre ou cinq minutes du *Voyage dans la lune* ou encore pendant une courte séquence d'un autre film muet de l'époque. Il faut penser à clairement expliquer ce qui se passe à l'écran, à ajouter de l'intérêt au film, à adopter une expression animée et surtout, à divertir les spectateurs! Lisez votre texte à la classe. La classe peut vous donner un score sur 10 et une critique de votre style. Comparez votre score avec celui d'un autre étudiant-bonimenteur.

3. **Recherche Internet**: Faites des recherches en ligne sur les frères Lumière ou sur Georges Méliès. Essayez de trouver des sites en français et en anglais. Ensuite, présentez les renseignements que vous avez trouvés, surtout des détails qui n'ont pas été mentionnés dans ce chapitre ou en classe. Finalement, comparez les sites français et les sites anglais. Quelles différences et quelles similarités y voyez-vous?

Mise en scène

Choisissez un des scénarios de la liste suivante et présentez votre travail à la classe.

1. D'abord, faites un *remake* exact, plan par plan, d'une vue Lumière. Montrez votre vue en classe. Est-ce que la classe peut deviner le titre de la vue Lumière que vous avez choisie? Ensuite, expliquez à la classe pourquoi vous avez choisi cette vue et comment vous avez réussi à la copier: techniques, éléments clés, respect du style Lumière, durée d'une minute, caméra, choix de mise en scène, direction des acteurs, etc.

2. D'abord, faites une version contemporaine d'une vue Lumière de votre choix dans un contexte moderne qui lui correspond bien. Vous devez respecter le style Lumière tout en traitant d'une préoccupation contemporaine qui est similaire. Montrez votre vue en classe. Est-ce que la classe peut deviner la vue qui vous a inspiré(e)? Ensuite, expliquez à la classe pourquoi vous avez choisi cette vue et comment vous avez réussi à en imiter le style: techniques, éléments clés, durée d'une minute, caméra, choix de mise en scène, direction des acteurs, etc.

Les années 20: Le cinéma muet et l'avant-garde

On appelle ce siècle l'âge d'or du cinéma muet, mais cette forme d'art, comme vous le verrez, est menacée par l'invention du son.

Sujets

- Le cinéma et la politique
- Le cinéma narratif et les genres populaires
- L'avant-garde
- La photogénie
- La menace du son

Objectifs du chapitre

Dans ce chapitre, vous étudierez le cinéma français des années 20 et son rôle dans la culture et dans la politique de l'époque. A la fin du chapitre, vous pourrez discuter:

- Les liens entre les différents courants politiques des années 20 (nationalisme, bolchévisme, colonisation) et l'industrie cinématographique de l'époque
- Les genres filmiques populaires
- Les mouvements avant-gardistes (impressionnisme, surréalisme)
- La «photogénie»

Pour faire les activités en ligne sur les parties *Introduction, Dossier 1, Dossier 2* et *Réflexion*, rendez-vous au site Web www.thomsonedu.com/french/septiemeart

Pour commencer…

1. Qu'est-ce que les années 20 évoquent chez vous? Sur quoi basez-vous votre réponse: les arts, la musique, la mode, les voitures, l'architecture, la politique, des questions de société ou autre chose?

2. Quels mouvements artistiques dits «modernes» est-ce que vous associez avec les années 20? A votre avis, lesquels de ces mouvements seraient les plus faciles à adapter de façon cinématographique? Expliquez.

Dans l'introduction, vous allez lire un texte sur la culture et le cinéma français des années 20. Après avoir lu le texte, complétez les activités qui suivent.

Introduction

Le cinéma des années 20: entre la droite et la gauche, entre le cinéma du samedi soir et l'avant-garde

En France, les années 20 sont marquées par une lutte intérieure entre la droite nationaliste, basée surtout sur la peur d'une prise de pouvoir des Bolchévistes, comme en Russie, et la gauche qui s'intéresse aux droits des ouvriers. Au centre, le gouvernement de Poincaré procède à la reconstruction du pays après la guerre et à la stabilisation du franc. En politique extérieure, la France cherche à se faire dédommager par les vaincus selon les conditions du traité de Versailles pour rétablir son prestige et son pouvoir à l'étranger. Cependant, la droite continue de presser l'Allemagne, qui elle, souffre économiquement et socialement; cette situation prépare déjà la Deuxième Guerre mondiale. En même temps, le gouvernement continue sa politique coloniale en Afrique et en Indochine bien que, pour le Français moyen, ces pays lointains restent des endroits exotiques plutôt évoqués dans la presse ou dans les films, mais qui n'ont que peu à voir avec la vie quotidienne dans l'hexagone.

Et même si la population essaie de retrouver une vie normale, les effets de la guerre persistent. D'abord, sur le plan de la géographie humaine, la mort de presque 1,3 million de soldats a profondément altéré la situation démographique du pays et a affaibli les rangs de la jeunesse et des ouvriers. Psychologiquement, la tuerie violente à la chaîne, surtout dans les tranchées, avait marqué l'esprit des Français; les nouvelles technologies de l'armée—telles que les mitrailleuses, les chars, les avions et les bombes chimiques—paraissent inhumaines en appliquant les principes mécaniques de la révolution industrielle à la vie et à la mort des êtres humains. Pour l'économie, comme la guerre avait nuit à l'infrastructure du pays, il s'agit d'une période de reconstruction pendant laquelle on démantèle certaines institutions de guerre pour faire renaître une société civile.

Pour l'industrie cinématographique, cette tâche va s'avérer bien difficile pour plusieurs raisons. C'est surtout la concurrence des Etats-Unis et de l'Allemagne aussi qui menace un cinéma français en déclin. Les Américains ont profité de la guerre pour infiltrer le marché français; la situation du début du siècle est renversée, avec les productions américaines, et non plus françaises, qui sont maintenant exportées sur les écrans du monde entier. En même temps, le public y a pris goût et il apprécie ces films venant d'outre-atlantique. La situation va de mal en pire pour les grandes compagnies françaises, comme Pathé et Gaumont, qui se voient obligées de vendre leurs filiales, parfois même aux Américains. Pour cette raison, on parle du chaos de l'industrie cinématographique des années 20, qui est alors organisée en petits studios indépendants. La difficulté pour de tels studios de financer leurs films est à la base d'une nouvelle tendance vers les coproductions avec des producteurs à l'étranger, une internationalisation du cinéma qui reste une pratique courante de nos jours. Mais malgré cette méthode de financer un film, le nombre de titres produits par an en France continue de baisser.

Néanmoins, la production française connaît une variété de genres et de styles, que l'on peut organiser, en gros, sous deux rubriques: le cinéma commercial et l'avant-garde. Pour la première catégorie, que l'on nomme aussi le cinéma de samedi soir, il s'agit d'un cinéma narratif, avec en général un montage classique à la Hollywood, où le but du cinéaste est de bien raconter une histoire et de divertir les spectateurs. Globalement, on peut placer ce type de production dans un contexte politique de centre-droite représentant les préoccupations de la bourgeoisie, la classe sociale dominante en France depuis le 19e siècle. Toutefois, les sujets de ces films varient autant que les genres et les styles possibles:

• Les drames et les mélodrames montrent la bourgeoisie telle qu'elle voudrait être vue, stable dans ses institutions mais menacée par les faiblesses morales; on cite souvent *Mater Dolorosa* (1917, Abel Gance) qui traite d'une liaison illicite qui se termine, bien sûr, par une mort tragique.

- Les adaptations littéraires abondent et on tourne par exemple des versions filmiques des romans *Nana* (1926, Jean Renoir) et *Au Bonheur des dames* (1929, Julien Duvivier) ainsi que de la pièce de théâtre *Les Trois Masques* (1921, Henry Krauss).

- Les films réalistes, tournés souvent en extérieurs dans les provinces, montrent la vie villageoise ou rurale tout en développant un style pittoresque où la beauté des paysages est mise en valeur. Dans *Visages d'enfants* (1925, Jacques Feyder) et dans *Poil de Carotte* (1926, Julien Duvivier), par exemple, tournés tous les deux à la montagne, l'intrigue suit un drame familial stéréotypé à la campagne, mais les deux films exploitent leur sujet au profit d'une curiosité hypocrite chez le spectateur bourgeois.

- Les films à épisodes continuent mais commencent à disparaître; Feuillade tourne *Tin-Mihn* (1919) et *Barrabas* (1919–1920), qui parlent de crime, tandis que Germaine Dulac réalise *Gosette* (1923), un cinéroman sentimental. Un autre sujet populaire est les colonies, où le colon est souvent présenté de façon héroïque.

- En dehors de cela, le public réclame toujours des reconstructions historiques, comme *Napoléon vu par Abel Gance* (1927, Abel Gance) ou *La Passion de Jeanne d'Arc* (1928, Carl Dreyer), des films féeriques (où il s'agit de magie et de fantômes) et des documentaires ou des films d'actualité. La comédie, elle, ne regagne pas sa popularité d'avant-guerre. Une autre mini-tradition s'installe à Montreuil, près de Paris, avec l'arrivée des artistes russes ayant échappé à la révolution. Ceux-ci apportent au cinéma une sensibilité et un style russes et ils s'intègrent au fur et à mesure dans les productions françaises.

Et comme les séances de cinéma duraient entre deux et trois heures, souvent avec un court métrage, une actualité, une série, un documentaire et ainsi de suite, le public pouvait s'attendre à toute une gamme de courts métrages avant de voir le film principal.

Le deuxième courant cinématographique en France à cette époque est l'avant-garde et il comprend des aspects politiques, thématiques et visuels. Au départ, des cinéastes comme Louis Delluc, Abel Gance, Germaine Dulac et Jean Epstein cherchaient à redéfinir l'art du cinéma en le libérant des contraintes de l'adaptation littéraire et de l'historicité. Dans ce mouvement inspiré par une politique des auteurs, les metteurs en scène écrivaient leurs propres scénarios pour créer un cinéma authentique avec un langage purement visuel et pictural. Cet im-pressionnisme permet au cinéaste de communiquer, en un seul plan, une série d'informations sur, par exemple, l'état d'esprit d'un personnage. Dans *La Souriante Madame Beudet* (1922, Germaine Dulac), il s'agit d'une femme bourgeoise qui ne rêve que de quitter la banalité d'une vie réprimée. Mais, au lieu d'expliquer les sentiments de la femme par des titres ou des éléments de l'intrigue, Dulac montre un plan de la vie quotidienne du personnage, suivi d'un autre plan symbolique, ou impressionniste, de ce qui se passe dans la tête de l'héroïne: un désir d'évasion est évoqué par le plan d'une voiture qui semble avancer vers le ciel. Une technique similaire est aussi employée dans *La Roue* (1923, Abel Gance), où le cinéaste évoque le rythme de la vie des cheminots avec des plans répétés des roues et d'autres parties des trains en mouvement continuel.

Après une première phase de films d'avant-garde, des films plus abstraits et plus politiques commencent à être produits. Ces œuvres sont souvent liées aux autres mouvements artistiques de la France d'entre-deux-guerres, surtout le cubisme, le dadaïsme et le surréalisme. Dans *Ballet mécanique* (1924, Fernand Léger), le cinéaste montre une série d'objets animés ou de courtes scènes d'action répétées au point d'en perdre leur sens organique. Ce faisant, le film cubiste décompose la vie en ces éléments géométriques de base, comme si l'on examinait l'engrenage même d'une machine. Les mouvements dadaïstes, et surtout surréalistes, soulignaient le côté anarchique et cynique de l'art abstrait et cherchaient explicitement à déranger l'ordre social bourgeois en le réduisant au ridicule. Pour les surréalistes, guidés en France par le poète André Breton, il faut se manifester librement aux dépens de la raison. L'écriture automatique, où on compose une œuvre selon les idées qui viennent en tête par association ou par mémoire involontaire, aide à découvrir l'inconscient. Les œuvres surréalistes semblent refléter plutôt le langage des rêves à travers leur étrangeté. Par exemple, dans *Entr'acte* (1924, René Clair) des objets se transforment en d'autres objets, sans logique, et des événements absurdes cherchent à provoquer le spectateur qui attendrait une intrigue cohérente et linéaire. Il n'est pas surprenant d'apprendre que les surréalistes appréciaient les séries de Feuillade, qui elles aussi choquaient la bourgeoisie.

Mais, bien que certains cinéastes de l'avant-garde désirent épater pour épater, la plupart d'entre eux cherchent à exprimer un commentaire social sérieux dans un langage visuel original, impossible dans d'autres formes d'art. Un concept les interpelle en particulier: la photogénie. Pour créer une bonne image photographique ou cinématographique, il faut la rendre plus vraie que la réalité, avec de belles compositions, des poses, des gestes et des costumes dramatiques, et de beaux contrastes de noir, de blanc et de gris qui servent à donner autant de sens visuel et thématique à l'image que le sujet filmé. Par exemple, les gros plans de Jeanne dans *La Passion de Jeanne d'Arc* (1928, Carl Dreyer) font avancer l'histoire en nous communiquant l'isolement d'un individu troublé devant un sort peu réconfortant; le spectateur comprend tout de suite le danger couru par Jeanne en regardant de telles images si minutieusement composées et photographiées. Ainsi, la photogénie accorde au cinéma l'occasion de s'exprimer en lumière, en images et en mouvement, ce qui par définition différencie le septième art de tous les autres.

De nous jours, les historiens du cinéma français insistent sur l'importance des deux courants cinématographiques des années 20 décrits ci-dessus. Mais il faut préciser que souvent, les films d'avant-garde n'étaient pas vus par un large public; ils étaient projetés dans des ciné-clubs indépendants ou privés et peu vus en dehors de Paris et des grandes villes. Certains de ces films avaient même provoqué des réactions de violence, comme pendant les projections de *L'Age d'or* ou d'*Un Chien andalou*. Pourtant, ces films vont exercer une influence sur les jeunes réalisateurs de la Nouvelle Vague vers la fin des années 50, assurant ainsi leur place dans l'histoire de cet art. De plus, la distinction entre ces deux courants devient moins claire quand on voit que, d'une part, plusieurs cinéastes (Dulac, Gance, Epstein) ont travaillé dans les deux styles au cours de leurs carrières et que, d'autre part, un concept tel que la photogénie peut opérer dans un film d'avant-garde aussi bien que dans un film commercial.

A cette époque aussi, la critique cinématographique fait son apparition et les nouveaux magazines de cinéma analysent les films avec la même application que pour n'importe quelle autre œuvre littéraire ou artistique. Au lieu de faire de la publicité pour un film ou un autre, ou pour un genre ou un autre, ces revues mettent en place les principes fondamentaux qui nous permettent d'analyser un film avec une rigueur intellectuelle. Et comme nous le verrons dans les années 50, les critiques des années 20 finissent quelquefois par tourner leurs propres films, ce qui a été le cas pour Delluc et Dulac. De cette façon, la théorie et la pratique se rapprochent.

Finalement, il ne faut pas oublier que les années 20 représentent les derniers moments de cette forme d'art qu'on appelle le cinéma muet. Déjà, en 1927, *Le Chanteur de jazz*, le premier film parlant, sort aux Etats-Unis; le film arrivera en France deux ans plus tard. En même temps, les différents systèmes de sonorisation forcent les studios français à installer un matériel lourd et cher qui oblige les acteurs à rester près des micros; la liberté du mouvement de la caméra ne reviendra que plus tard avec le progrès technologique. En 1930, René Clair tourne son premier film sonore, *Sous Les Toits de Paris*. Les paysages filmiques ténébreux et muets des trente premières années du cinéma ne s'exprimeront plus de façon purement visuelle.

Activités de compréhension

Vrai ou faux?

Est-ce que les phrases suivantes sont vraies ou fausses? Si la phrase est fausse, corrigez-la en rajoutant des détails.

1. En politique, la gauche française poursuit une politique nationaliste depuis les années 20.

   _____

2. La présence, en France, des cinéastes appelés «les Russes de Montreuil» peut s'expliquer pour des raisons politiques.

   _____

3. La Première Guerre mondiale a été vite oubliée en France.

   _____

4. Le cinéma français connaît une prospérité inattendue dans les années 20.

   _____

5. Le cinéma commercial des années 20 ne comprend qu'un ou deux genres et styles.

_____

6. Le premier mouvement d'avant-garde insiste sur l'impressionnisme et la politique des auteurs.

_____

7. Le deuxième mouvement d'avant-garde insiste sur la rationalité.

_____

8. Le surréalisme cherche à soutenir les valeurs bourgeoises.

_____

9. La critique cinématographique a pour but de chanter les louanges du septième art et de lui servir de publicité.

_____

10. Les films sonores mettent fin à l'art du cinéma muet.

_____

Jeu de titres et genres

Devinez le genre des films suivants, d'après leur titre et/ou leur réalisateur. Justifiez votre réponse avec des renseignements du texte.

_____ 1. *La Belle Nivernaise*, Jean Epstein (1923)   a. film d'avant-garde

_____ 2. *Napoléon vu par Abel Gance*, Abel Gance (1927)   b. film féerique

_____ 3. *Le Fantôme du moulin rouge*, René Clair (1925)   c. film réaliste

_____ 4. *Barrabas*, Louis Feuillade (1920)   d. ciné-roman

_____ 5. *L'Age d'or*, Luis Buñuel (1930)   e. adaptation littéraire

_____ 6. *Thérèse Raquin*, Jacques Feyder (1928)   f. reconstruction historique

Discutons

1. Comment est-ce que la politique a influencé le cinéma des années 20 en France? Comment est-ce que la politique actuelle continue d'influencer le cinéma aujourd'hui? Citez des exemples spécifiques pour soutenir vos arguments.

2. En quoi est-ce que la distinction entre «cinéma commercial» et «cinéma d'avant-garde» est valide? En quoi est-ce qu'elle risque de trop simplifier l'histoire du cinéma?

3. Est-ce qu'on a aujourd'hui autant de genres et de styles cinématographiques que dans les années 20? Expliquez.

Mini-biographie de Luis Buñuel

D'origine espagnole, Luis Buñuel (1900–1983) quitte l'université de Madrid, où il a rencontré l'artiste Salvador Dalí et ensemble, ils déménagent à Paris. Là, ils tournent *Un Chien andalou* et *L'Age d'or*. Puis, Buñuel continue seul à travailler dans le cinéma. A partir des années 40, il vit au Mexique et y réalise une vingtaine de films. Les années 60 et 70 marquent la deuxième période «française» du metteur en scène, pendant laquelle Buñuel gagne des prix prestigieux tels que la Palme d'or à Cannes et l'Academy Award à Hollywood. Il travaille aussi avec les plus grandes stars françaises de l'époque: Catherine Deneuve et Jeanne Moreau, entre autres.

Buñuel a toujours développé un style surréaliste, avec des juxtapositions rapides d'images symboliques et freudiennes et des structures chronologiques et narratives qui ressemblent à celles des rêves. Ses personnages semblent être guidés par l'inconscient et non pas par la raison et les valeurs d'ordre et de stabilité de la société bourgeoise. Ses films contiennent des images choquantes et violentes qui approchent de l'absurdité: on tranche l'œil d'une femme avec une lame de rasoir, des gens meurent et reviennent à la vie, des bestioles sortent d'un trou au milieu d'une main, les personnages s'aiment ou se détestent au hasard, etc. Le cinéaste traite des sujets divers mais se concentre sur les rapports entre hommes et femmes, les excès du désir, la religion et les règles de la société bourgeoise.

Chahutés par le public, qui se révolte parfois pendant les séances, et censurés par les autorités, surtout l'Eglise, ses films plaisent tout de même aux autres surréalistes, aux intellectuels, aux étudiants et aux historiens du cinéma ainsi qu'à ceux qui apprécient qu'on critique la «bonne» société de façon mordante, mais toujours avec un sens de l'humour.

Le film

Ecrit par Luis Buñuel et Salvador Dalí, *Un Chien andalou* retrace les rapports troublés entre une femme (Simone Mareuil) et un homme (Pierre Batcheff). N'ayant pas d'«intrigue» à proprement parler, cet œuvre surréaliste est remplie d'images symboliques, de gestes violents et forcenés et de scènes qui s'entresuivent sans logique. Cependant, ce sont ces mêmes éléments qui permettent aux spectateurs d'interpréter pour eux-mêmes ce que le film dit sur l'amour, la sexualité, les sentiments, l'autorité et la violence. De plus, visuellement et formellement, ce film représente une antithèse du cinéma classique et du montage invisible, ou «hollywoodien». Chez Buñuel, c'est au spectateur de déduire le sens d'un film, et non pas simplement de s'amuser en suivant une histoire banale et facile à comprendre.

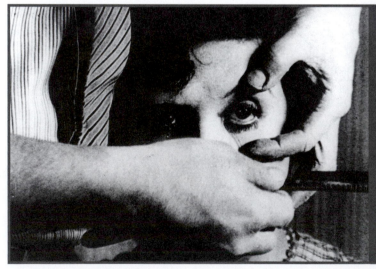

Autour d'une image. Cette image est devenue symbolique du surréalisme cinématographique. Pourquoi, à votre avis? En étudiant les contrastes présents ici (homme / femme, lumière / ombre, beauté / laideur, calme / violence, raison / rêve, ordre / révolte, etc.), qu'est-ce que l'image nous apprend sur les préoccupations artistiques des surréalistes? Est-ce que ces préoccupations, et cette image, continuent de choquer le public contemporain? Expliquez.

Complétez les phrases suivantes avec l'expression appropriée.

1. Buñuel a eu une carrière:
   a. longue et internationale
   b. brève et européenne
   c. traditionnellement espagnole

2. *Un Chien andalou* comporte:
   a. une intrigue cohérente
   b. une série d'événements
   c. une seule séquence avec plusieurs prises

3. La chronologie d'*Un Chien andalou* ressemble à celle:
   a. des rêves
   b. de la vie quotidienne
   c. d'un flash-back

4. Buñuel montre la bourgeoisie avec:
   a. respect et hommage
   b. amour et nostalgie
   c. humour et ridicule

5. Ce film utilise:
   a. un montage en tableaux théâtraux
   b. un découpage classique
   c. un langage visuel unique

Avant de regarder

A votre avis

Répondez aux questions en donnant vos opinions sur le septième art.

1. Est-ce qu'on peut aimer un film dont un des buts est de choquer le public? Expliquez votre réponse en donnant des exemples.

2. Devant une image choquante, décrivez comment le spectateur établit une distance critique vis-à-vis du texte filmique ou décrivez ce que le cinéaste peut faire pour créer seulement des images qui plaisent.

3. Trouvez un poème surréaliste ou un tableau surréaliste. Quelle est votre première réaction devant cette œuvre? Regardez cette œuvre une deuxième fois. Est-ce que votre de opinion de cette œuvre reste la même? Pourquoi ou pourquoi pas?

En regardant

Les éléments surréalistes

Pendant que vous regardez *Un Chien andalou*, trouvez un ou deux exemples dans le film qui correspondent à chacun des principes du surréalisme suivants. Notez-les dans le tableau. Considérez à la fois le contenu et la forme. Vous pouvez travailler avec un(e) partenaire si vous voulez. Familiarisez-vous avec le tableau avant de regarder le film.

Le contenu		La forme	
Éléments thématiques	**Scènes ou images du film**	**Éléments formels**	**Scènes ou images du film**
Critique de l'ordre social	*le costume du prêtre*	Juxtaposition «automatique» des images	*le piano dans le salon*
Critique des conventions morales		Structure narrative non-chronologique	
Critique de la raison et de la logique		Symbolisme (freudien) des objets	
Suprématie du désir et de l'instinct		Représentation du fantastique des rêves	

Après avoir regardé

Discutons

1. Racontez «l'histoire» et/ou résumez «l'intrigue» de ce film en quelques phrases. Pourquoi est-ce que cette tâche est si difficile? Si on vous posait la question «De quoi s'agit-il dans ce film?», comment y répondriez-vous?

2. Considérez les actes et les choix des deux personnages principaux dans le film, l'homme et la femme. A votre avis, est-ce qu'ils sont motivés par une décision consciente ou par un automatisme? Expliquez. Faites le bilan sur les deux personnages. Est-ce que vous gardez d'eux une impression plutôt positive ou plutôt négative? Pourquoi?

3. En quoi est-ce que ce film représente une révolte artistique? Justifiez votre réponse avec des détails du film.

4. Recommanderiez-vous ce film à vos camarades? A vos amis? A votre famille? A un cinéphile? Expliquez.

Analyse de scène

Ecrivez une mini-rédaction d'une seule page ou suivez les instructions de votre professeur.

Choisissez votre scène préférée du film et revisionnez-la. Quelles techniques de mise en scène est-ce que Buñuel emploie pour souligner l'aspect surréaliste du sujet qu'il traite? En quoi est-ce que ces techniques correspondent ou ne correspondent pas au découpage classique? Citez des exemples spécifiques du film pour soutenir vos arguments.

Tous ensemble!

Avec deux ou trois partenaires, sélectionnez un sujet de la liste suivante. Décrivez comment Buñuel traite ce sujet dans *Un Chien andalou*. Parlez des éléments thématiques et narratifs aussi bien que des techniques visuelles et formelles. Travaillez en petits groupes, puis présentez vos résultats à la classe entière.

les objets quotidiens	la vie et la mort
l'autorité	le temps et la chronologie
l'espace (intérieur et extérieur)	les relations hommes / femmes
le mouvement	l'amour et le désir

Mini-biographie de Carl Theodor Dreyer

D'origine danoise, Carl Theodor Dreyer (1889–1968) est journaliste avant de tourner ses premiers films au Danemark vers la fin de la Première Guerre mondiale. Ses films traitent souvent du rôle de la femme dans la société, et surtout de la femme souffrante, un sujet qu'il aborde sur le plan moral, mystique et psychologique à la fois. Ses images se distinguent par un jeu entre le réalisme et l'artificiel. Par exemple, dans un même film, il peut employer des acteurs professionnels ou non-professionnels; il peut demander ou interdire l'usage du maquillage; il peut faire construire des décors réalistes ou stylisés. Auteur qui insiste sur une vision personnelle, il subit les critiques d'un public français hostile à son portrait trop «humain» de Jeanne d'Arc, un personnage historique qui est souvent présenté à cheval en train de défendre son pays. Mais de nos jours, l'interprétation filmique qu'il a donnée du procès de Jeanne d'Arc est considérée comme son chef d'œuvre et son film montre sa façon originale de modifier le langage cinématographique avec l'usage de gros plans, de mouvements de la caméra et de prises de longue durée.

Le film

Vers 1429, une jeune paysanne illettrée, Jeanne d'Arc, entend des voix qui lui disent de délivrer la France par les armes en luttant contre les Anglais et le duc de Bourgogne pendant la Guerre de cent ans. Selon certaines versions de l'histoire, elle aide même à faire sacrer Charles VII roi de France. Elle est faite prisonnière en 1431 et son procès se déroule à Rouen.

Ce film ne suit que le procès de Jeanne d'Arc (Maria Falconetti) devant ses juges tout-puissants et corrompus, dirigés par l'évêque Pierre Cauchon (Eugène Sylvain). Les juges questionnent la foi de Jeanne et essaient de la tromper avec des ruses pour prouver que c'est le diable, et non pas Dieu, qui l'inspire, ce qui a pour but politique de «prouver» que Charles VII n'est pas le roi de France légitime. Jeanne est déclarée «relapse» et elle est brûlée sur la place du Vieux Marché le 30 mai 1431.

Il est intéressant de noter aussi que presque toutes les copies originales de *La Passion de Jeanne d'Arc* ont été perdues; le film que nous regardons aujourd'hui est une version restaurée à partir d'une copie trouvée par hasard en 1981 dans le placard d'un hôpital à Oslo.

La véritable Jeanne d'Arc, elle, a changé le cours de la guerre contre les envahisseurs, qui sont tous chassés du territoire français avant 1453. Elle a été canonisée en 1920.

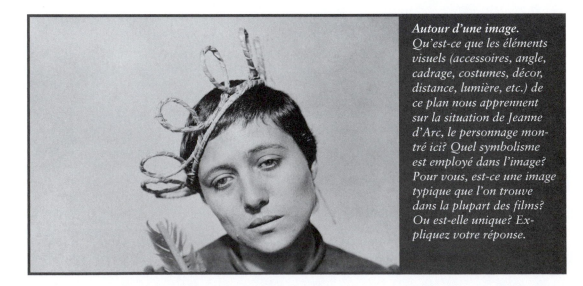

Autour d'une image.
Qu'est-ce que les éléments visuels (accessoires, angle, cadrage, costumes, décor, distance, lumière, etc.) de ce plan nous apprennent sur la situation de Jeanne d'Arc, le personnage montré ici? Quel symbolisme est employé dans l'image? Pour vous, est-ce une image typique que l'on trouve dans la plupart des films? Ou est-elle unique? Expliquez votre réponse.

■ Savez-vous?

Complétez chaque phrase avec les mots ci-dessous.

procès	patriotique	français	artificiel
réalisme	originales	salut	diable
1981	sacre	Charles VII	danois
humain	militaires	relapse	

1. Dreyer est un réalisateur _____ mais son film traite un sujet _____.

2. Le langage filmique de Dreyer joue entre le _____ et l'_____.

3. Dreyer donne un portrait _____ de Jeanne d'Arc au moment où les nationalistes réclamait une image plutôt _____ du personnage.

4. *La Passion de Jeanne d'Arc* suit le _____ de Jeanne et non pas ses exploits _____.

5. Selon la logique superstitieuse du Moyen Age, si l'inspiration de Jeanne vient du _____, alors _____ n'est pas le roi de France légitime parce que son _____ a été initié par Jeanne.

6. Bien que Jeanne soit déclarée _____, elle obtient quand même le _____ de son âme.

7. On pensait que toutes les copies _____ du film avaient été perdues, mais on en a trouvé une en _____ à Oslo.

Avant de regarder

A votre avis

Répondez aux questions suivantes en donnant vos opinions sur le septième art.

1. Que savez-vous de la Guerre de cent ans et du rôle de Jeanne d'Arc entre 1429 et 1431?

2. Au Moyen Age, l'Eglise représentait à la fois l'autorité religieuse et, avec le roi, l'autorité politique. A votre avis, est-ce une situation saine sur le plan moral? Sur le plan juridique? Sur le plan pratique? Pourquoi ou pourquoi pas? Où est-ce que ce type de gouvernement existe de nos jours?

3. Si aujourd'hui quelqu'un se proclamait inspiré par dieu, est-ce que le public le suivrait en guerre comme cela a été le cas avec Jeanne d'Arc? En quoi est-ce que la réaction contemporaine serait différente? Expliquez.

4. A votre avis, combien de gros plans est-ce qu'il y a normalement dans un film typique? Décrivez l'effet de ce type de cadrage sur le spectateur.

En regardant

Etude des personnages

En regardant le film, trouvez les réponses aux questions suivantes. Utilisez vos réponses pour écrire un portrait psychologique de Jeanne d'Arc.

1. Quand est-ce que Jeanne pleure pour la première fois dans le film?

   _____

2. Comment est-ce que Jeanne a appris son *pater*?

   _____

3. Qu'est-ce qui a motivé ses actes militaires?

   _____

4. Quels sont les divers effets provoqués par Jeanne chez les différents juges?

   _____

5. Quelle est l'attitude de Jeanne vis-à-vis de ses propres vêtements?

   _____

6. Pourquoi est-ce que Jeanne change son témoignage la première fois? Et la deuxième fois?

   _____

7. Comment est-ce que Jeanne réagit devant le poteau du bûcher?

   _____

Le réel et l'artifice

En considérant les détails de la mise en scène et de la composition de l'image, classifiez les éléments suivants en disant s'ils contribuent au réalisme du film ou au style artificiel. Soyez prêt(e)s à justifier votre classification.

Elément formel	Réalisme	Artificiel	Justification
1. mouvements de la caméra			
2. gros plans			
3. choix des acteurs			
4. figurants			
5. costumes			
6. manque de maquillage			
7. décors			
8. éclairage			
9. accessoires			
10. cadrage (scènes intérieures)			
11. cadrage (scènes en extérieur)			

Regardons de près

Notez deux ou trois plans du film qui ne sont pas des gros plans. Décrivez ci-dessous leur mise en scène. Décrivez le rôle de ces scènes dans un film rempli de gros plans. Quel est leur effet chez le spectateur?

_____

_____

_____

_____

Après avoir regardé

Discutons

1. Maintenant, faites votre portrait de Jeanne d'Arc. Mentionnez son caractère, sa psychologie, ses valeurs et ses sentiments.

2. Comment est-ce que la société moyenâgeuse est présentée dans le film? Identifez des aspects positifs et négatifs de sa présentation. Citez des scènes du film pour soutenir votre argumentation.

3. Comment ce film fait-il la distinction entre la politique de l'Eglise et la foi personnelle? Mentionnez des scènes spécifiques du film pour justifier votre réponse.

4. Quelle a été votre réaction à la fin du film? Pourquoi et comment est-ce que le film a réussi à provoquer ces sentiments chez vous? Parlez du contenu thématique et des éléments formels.

5. Sur le plan visuel, quelle est l'image la plus forte du film? Décrivez la mise en scène, la composition de l'image, le cadrage, etc., en termes techniques.

Réflexion

Synthèse

1. Un Espagnol, Luis Buñuel, a tourné *Un Chien andalou* et un Danois, Carl Theodor Dreyer, a réalisé *La Passion de Jeanne d'Arc* mais on regroupe ces deux films dans l'histoire du cinéma français. En quoi est-ce que ces films sont «français»? Parlez du sujet, du style, des comédiens, du tournage, etc. Est-ce qu'on a raison de les classifier comme films français? Expliquez votre point de vue.

2. *Un Chien andalou* et *La Passion de Jeanne d'Arc* sont souvent classés parmi les chefs d'œuvre d'un cinéma purement visuel mais ils sont aussi considérés comme des films qui annoncent déjà la fin de cette forme d'art. Etes-vous d'accord avec cette analyse? Pourquoi ou pourquoi pas? Expliquez votre opinion.

3. Pouvez-vous comparer *Un Chien andalou* ou *La Passion de Jeanne d'Arc* avec des films plus récents? Lesquels? Citez des détails spécifiques de ces films pour justifier vos arguments.

Rédaction

Choisissez une des questions suivantes et écrivez une rédaction pour y répondre en détail.

1. Regardez un film de Buñuel tourné vers la fin de sa carrière. Comparez-le à *Un Chien andalou,* un film du début de sa carrière. En quoi est-ce que son style a évolué? Mentionnez des plans spécifiques des deux films. Y a-t-il des aspects de son style qui sont restés plus ou moins les mêmes? Expliquez.

2. A votre avis, est-ce que le cinéma est mieux ou moins bien adapté pour composer une œuvre surréaliste que la peinture, la littérature ou la poésie? Expliquez votre opinion en citant des scènes spécifiques d'un film. Citez aussi des tableaux surréalistes connus ou des passages de textes surréalistes. Quels sont les points forts et les points faibles de chaque genre lorsqu'il s'agit du surréalisme?

3. Regardez un autre film sur Jeanne d'Arc, par exemple *The Messenger: The Story of Joan of Arc* (1999, Luc Besson), ou cherchez une image d'elle dans un livre d'histoire. Comparez le traitement de ce personnage dans l'autre film ou dans l'image, ainsi que le style formel utilisé, avec celui de Dreyer. En quoi est-ce que les deux traitements sont similaires et/ou différents? Est-ce que les deux portraits semblent donner la même vision de l'héroïne et de l'histoire de France?

4. Est-ce qu'il faut considérer *La Passion de Jeanne d'Arc* comme un film commercial ou comme un film d'avant-garde? Expliquez. Considérez des éléments formels et thématiques dans votre réponse.

Exposé

Choisissez le sujet qui vous intéresse le plus dans la liste. Préparez un exposé selon les instructions suivantes et présentez vos idées à la classe.

1. Choisissez: *Un Chien andalou*, *La Passion de Jeanne d'Arc* ou un autre film français des années 20 si vous préférez. Faites des recherches sur votre film en utilisant Internet. Essayez de lire des sites en français si possible. Notez les types de commentaires, les différentes réactions et les mots employés et répétés dans les descriptions de ces films. Quelles différences et similarités trouvez-vous? En analysant vos notes, préparez un résumé des tendances du public et présentez-le à la classe. Peut-on dire qu'il existe une réaction «typique» à votre film? Expliquez.

2. Consultez un livre ou un site Web sur l'interprétation des rêves et trouvez-y quelques descriptions narratives des rêves. Présentez-les à la classe en soulignant les différences et les similarités entre ces descriptions et la logique des rêves présentée dans le cinéma surréaliste.

3. Présentez une scène d'un autre film de Buñuel à la classe. Invitez vos camarades à trouver non seulement les éléments surréalistes, mais aussi à analyser le style du cinéaste pour voir s'il a évolué et si oui, de quelle façon. Comparez votre réaction à la scène avec celles des autres membres de la classe.

Mise en scène

Choisissez un des scénarios ci-dessous. Suivez les directions et présentez vos choix à la classe.

1. Faites un court métrage surréaliste de deux ou trois minutes sur un sujet de votre choix. En présentant votre vidéo à vos camarades, demandez-leur de noter tous les éléments du style surréaliste présents dans votre clip. Ont-ils remarqué tous les éléments? Donnez-leur un score. Est-ce que vos spectateurs ont compris la valeur symbolique de vos images s'il y en a une?

2. Considérez la représentation de Jeanne d'Arc dans le film de Dreyer et pensez à un autre personnage historique français ainsi qu'à un événement important dans sa vie. Ecrivez le scénario, pour un film muet, d'une séquence d'une ou deux minutes qui présenterait cet événement important aux spectateurs. Décrivez la mise en scène de chaque plan en détail en utilisant un vocabulaire technique. Filmez votre scène si vous avez le temps. Limitez l'usage des intertitres pour bien raconter l'histoire en images. Avez-vous développé un style aussi frappant et personnel que celui de Dreyer?

Les années 30: «L'âge d'or» du cinéma parlant

On appelle ce siècle l'âge d'or du cinéma parlant, mais l'industrie cinématographique française, comme vous le verrez, est sous la menace grandissante d'une nouvelle guerre mondiale (la 2e).

Sujets

- La standardisation
- Le théâtre filmé
- Le cinéma personnel
- Le réalisme poétique
- Le cinéma engagé

Objectifs du chapitre

Dans ce chapitre, vous étudierez le cinéma français des années 30 et son rôle dans la culture et dans la politique de l'époque. A la fin du chapitre, vous pourrez discuter:

- L'arrivée des films parlants
- La standardisation des formes et des genres
- Le cinéma populaire des années 30 (acteurs, cinéastes, genres, théâtre filmé)
- les mouvements cinématographiques importants des années 30 (cinéma personnel, cinéma engagé, réalisme poétique)

Pour faire les activités en ligne sur les parties Introduction, Dossier 1, Dossier 2 *et* Réflexion, *rendez-vous au site Web* **www.thomsonedu.com/french/septiemeart**

Pour commencer…

1. Avez-vous déjà vu un film des années 30? Est-ce que c'était un film français? Américain? D'un autre pays? Comment est-ce que ce film présente la société de cette époque? Qu'est-ce qui vous a le plus frappé dans ce film? Pourquoi?

2. Qu'est-ce que c'est que le fascisme? A votre avis, quelles circonstances peuvent entraîner ce type de régime? Expliquez.

Dans l'introduction, vous allez lire un texte sur la culture et le cinéma français des années 30. Après avoir lu le texte, complétez les activités qui suivent.

Introduction

L'âge d'or entre deux crises

Au cours des années 30, la France connaît une série de crises économiques et politiques. D'abord, les effets du krach à Wall Street atteignent l'Hexagone pendant cette période difficile; la production industrielle baisse et le chômage augmente. En même temps, le gouvernement gère mal le déficit budgétaire, ce qui encourage l'extrême droite à exprimer son mécontentement. L'agitation tourne à la violence en 1934 quand une manifestation mène à la mort de quinze personnes et à des centaines de blessés. Craignant le fascisme de l'extrême droite, la gauche s'organise. En 1936, le Front populaire, une alliance centre-gauche, entre au pouvoir; il a pour but de dire «non» au fascisme en France et surtout d'éviter le sort de l'Allemagne, où le régime d'Hitler ne cache pas son dédain pour le communisme et vante les valeurs de l'antisémitisme (qui va mener au génocide). Le Front populaire soutient aussi le système syndical, réduit la semaine de travail à 40 heures et accorde deux semaines annuelles de congé payé à tous les employés français. Même si ce gouvernement n'a duré que deux ans, sa résistance à la menace fasciste a encouragé la gauche et les Français associent toujours ce régime avec l'importance grandissante des droits sociaux et politiques pour les plus démunis.

Le temps libre que le Front populaire a gagné pour les ouvriers crée une nouvelle industrie, le tourisme de masse, qui continue à avoir un rôle économique important en France de nos jours. A l'écran, les destinations préférées des Français pour les vacances sont souvent évoquées, même si les ménages modestes ne peuvent pas encore se permettre de tels luxes. Les films de Marcel Pagnol ont presque tous lieu à la campagne. Dans *Hôtel du Nord* (1936, Marcel Carné) les personnages principaux, des ouvriers, parlent sans cesse d'aller à la mer. Dans *Une Partie de campagne* (1936, Jean Renoir), une famille bourgeoise parisienne quitte la ville pour un pique-nique à la campagne. En outre, l'identité française est désormais liée non seulement au statut social ou au métier, mais aussi à la façon dont on organise ses vacances et ses loisirs, dont le cinéma fait partie aussi.

A l'étranger, la France est entourée de gouvernements fascistes: Mussolini en Italie, Hitler en Allemagne et Franco en Espagne. Les alliés semblent s'y résigner, et en 1938, Daladier et Chamberlain, l'Anglais, signent les Accords de Munich qui reconnaissent l'annexion d'une partie de la Tchécoslovaquie par Hitler. Ce traité provoque une grève générale qui marque la fin du Front populaire et de sa politique antifasciste. L'année suivante, en 1939, Hitler continue l'expansion du IIIe Reich en envahissant la Pologne, un autre allié de la France. La guerre est aussitôt déclarée contre l'Allemagne et la France mobilise ses troupes. Mais l'ennemi n'arrive pas tout de suite aux frontières et pendant dix mois il s'agit d'une «drôle de guerre» où les Français attendent l'armée allemande. Cette inaction démoralise les soldats français qui sont ensuite surpris par une attaque soudaine des divisions allemandes au printemps de 1940. La France tombe alors sous le contrôle des Nazis et une période de sévère répression, l'Occupation, commence.

Quoique les événements politiques des années 30 représentent un triste chapitre dans l'histoire de la France, son cinéma traverse une période d'essor, que certains qualifient d'âge d'or. La crise économique du début de la décennie a entraîné la faillite des grands studios français, mais elle a laissé la place aux producteurs indépendants qui vont prendre plus de risques et qui vont accepter de travailler avec de jeunes réalisateurs. Ce groupe de metteurs en scène va dominer l'industrie pendant presque vingt ans: Becker, Carné, Clair, Pagnol, Renoir, etc. En même temps, les compagnies américaines, telles que la compagnie Paramount, construisent des studios en banlieue parisienne où elles tournent des films doublés en plusieurs langues à la fois pour les distribuer dans tous les pays d'Europe.

Entre temps, la nouvelle technologie du son s'avère être un phénomène qui bouleverse l'industrie entière. Depuis les années 20, la durée du grand film n'a cessé de varier, mais dans les années 30, elle est fixée entre une heure et demie et deux heures. Les films plus longs ne permettent pas autant de séances par soir et les courts métrages attirent moins le public qui commence à prendre l'habitude de cette durée que nous conservons aujourd'hui.

Un autre effet du son est l'apparition d'un nouveau groupe de stars. Auparavant, la qualité de la voix et de la diction n'était pas importante pour les acteurs des films muets qui jouaient uniquement du geste et du regard. Mais dans les années 30, il faut commencer à prononcer des paroles devant un micro et à maîtriser un autre instrument artistique, ce qui n'est pas à la portée de toutes les vedettes. De plus en plus, le cinéma va engager des acteurs venant de la tradition théâtrale qui savent bien dire leur texte, mais qui ont un jeu physique et visuel plus restreint. Le côté plus réaliste du son met alors fin à la tradition des gestes exagérés et de l'influence de la pantomime que l'on note dans les films des années 20.

Les détails les plus pratiques des systèmes de son vont aussi changer le cinéma de façon permanente. Sur le plateau, les ingénieurs cachent les micros derrière certains accessoires (lampes, plantes) et les acteurs ne peuvent pas trop s'en éloigner au risque de gâcher l'enregistrement de la prise. Pour les réalisateurs, cette situation crée une mise en scène plus statique, surtout quand on considère que les nouvelles caméras pèsent beaucoup et sont difficiles à déplacer. Un nouveau style cinématographique est donc inventé, le théâtre filmé, où le metteur en scène engage des dramaturges pour adapter des pièces de théâtre. Le studio devient un mini-théâtre où la caméra et l'équipe se substituent aux spectateurs. L'action du film se passe presque tout le temps dans un ou deux décors bien équipés de micros; les scènes tournées en extérieur sont moins nombreuses. L'un des plus influents films de ce genre est *Marius* (1931) d'Alexandre Korda, basé sur une pièce de Marcel Pagnol. En effet, l'histoire et les personnages nous intriguent mais la caméra, souvent immobile, et les plans peu stylisés ne contribuent pas à l'intérêt visuel de ce film. Le style dit «théâtre filmé» ne s'applique pas uniquement aux adaptations de pièces de théâtre connues; tout scénario de tout genre peut être photographié de cette manière qui est visuellement moins riche et qui se concentre sur les mots dits et non pas sur la composition de l'image.

C'est alors que le cinéma populaire de l'époque se développe autour des films dits «vraisemblables», où les spectateurs font plus attention à l'intrigue et à l'élaboration des personnages. Les genres populaires des années 20 continuent de plaire au public, même s'ils sont enregistrés à la façon «théâtre filmé»: aventures coloniales, adaptations littéraires, films historiques, mélodrames et comédies. Un nouveau genre, le film musical, apparaît aussi, notamment avec la vedette américaine Joséphine Baker qui choisit de travailler en France à cause du racisme qu'elle rencontre aux Etats-Unis. Elle joue dans deux grands succès: *Zou Zou* (1934, Marc Allégret) et *Princesse Tam Tam* (1935, Edmond T. Gréville). Mais ces films imitent mal les grandes comédies musicales hollywoodiennes et ce genre ne sera jamais aussi développé en France qu'aux Etats-Unis. Quant aux personnages de ces films, les stars françaises du cinéma populaire commencent à être associées à certains personnages types que l'on revoit film après film: Arletty (la paillarde), Joséphine Baker (l'autochtone optimiste des colonies), Jules Berry (l'antagoniste malin), Fernandel (le provincial), Jean Gabin (l'ouvrier malheureux), Michèle Morgan (la femme énigmatique) et Michel Simon (l'antihéros), entre autres.

Cependant, malgré la standardisation, il y a d'autres courants stylistiques élaborés par certains metteurs en scène qui perçoivent le son non pas comme un prétexte pour filmer comme si on était au théâtre, mais plutôt comme un élément supplémentaire à intégrer au langage cinématographique. Par exemple, René Clair continue sa tradition quasi-surréaliste des années 20 en ajoutant des sons qui ne correspondent pas à l'image, souvent dans le but de rendre ridicule un personnage de l'intrigue. D'autres cinéastes inventent un style personnel. Les films de Jean Renoir utilisent des cadrages originaux, souvent par des portes ou des fenêtres et ils insistent sur la profondeur de champ, où dans un même plan il y a une action au premier plan devant la caméra et aussi au milieu et au fond de l'image. Cette profondeur crée une richesse visuelle et suggère la richesse et la variété de l'expérience humaine, thèmes souvent évoqués dans les films de Renoir. Celui-ci utilise aussi des mouvements dramatiques de la caméra, ce qui est impressionnant étant donné la difficulté avec laquelle on déplaçait les caméras lourdes de l'époque. Par exemple, dans *La Chienne* (1931), Renoir entre dans l'appartement d'une femme non pas par un effet optique mais par un travelling latéral qui montre toute la façade d'un bâtiment avant de pénétrer dans la chambre par une fenêtre ouverte; le spectateur est d'autant plus choqué de découvrir que la femme a été tuée. Jean Vigo, de son côté, filme souvent sous l'eau. Dans *L'Atalante* (1934), par exemple, le monde ténébreux sous la Seine permet à l'acteur, libre de pesanteur, de redéfinir constamment le cadre par des mouvements gracieux qui, comme chez les danseurs, expriment des émotions.

Mais le style visuel qui a le plus marqué cette période reste le réalisme poétique, et Marcel Carné est le réalisateur le plus associé à ce mouvement. Ses films traitent du sort injuste de l'ouvrier, souvent interprété par Jean Gabin. Par exemple, dans *Quai des brumes* (1938), Gabin est un déserteur militaire qui essaie de quitter la France en bateau. Mais avant de pouvoir partir, il rencontre une femme qui l'entraîne dans le monde du crime. Dans *Le Jour se lève* (1938), un film raconté en une série de retours en arrière, Gabin a tué son rival et il repense aux événements du meurtre en attendant l'arrivée de la police. Dans les deux films, le héros cherche à échapper à sa condition à travers l'amour et l'évasion, mais ces tentatives finissent toutes par échouer et le personnage principal meurt à la fin. D'ailleurs, plus tard, la presse vichyste va citer le pessimisme de ces films comme l'une des raisons pour lesquelles la France a perdu contre les Allemands.

Sur le plan visuel, les films du «réalisme poétique» ont quelques éléments en commun. Ils sont tournés en studio où, pour les décors, on reconstruit méticuleusement des quartiers urbains défavorisés, ce qui donne un mélange de réalisme et d'artificialité à la fois. Les scènes se passent presque toujours la nuit, dans des maisons pauvres, dans des bars sordides remplis de gens en difficulté ou de criminels ou dans des rues enrobées par le brouillard ou trempées par une pluie incessante. Les éléments de la mise en scène servent donc à réaffirmer le sentiment d'enfermement qui caractérise déjà le sort du protagoniste dans l'intrigue. On compare souvent le look du réalisme poétique avec celui du film noir américain, mais il faut se souvenir que celui-ci suit un détective plutôt qu'un criminel. Finalement, le réalisme poétique utilise un découpage classique pour l'organisation des plans pour créer un rythme assez lent et pour mettre en valeur les visages des acteurs afin d'accentuer les sentiments exprimés. Après la guerre, le style du réalisme poétique disparaîtra de l'écran pour deux raisons principales: le public cherche une vision plus positive après la Libération et le montage hollywoodien de ces films va être mis en question par les futurs réalisateurs de la Nouvelle Vague.

On voit aussi dans les années 30 un nombre croissant de films engagés politiquement, avec un message social affirmé. Par exemple, les films anarchistes de Vigo critiquent fortement la société bourgeoise et la société de consommation. Dans *A Propos de Nice*, Vigo montre de riches touristes inconscients du fait que toute une portion de la société est marginalisée mais doit quand même les servir tout en vivant dans des conditions misérables. Dans *Zéro de Conduite* (1933), le metteur en scène ridiculise le système éducatif français et l'autorité qu'il exerce de manière tyrannique sur les élèves.

Chez Jean Renoir, les années 30 représentent sa période la plus politique alors que le cinéaste se reconnaît «compagnon de route» du Parti communiste sans en devenir membre officiel. Dans son film *Le Crime de Monsieur Lange* (1936), un homme pauvre tue un capitaliste répugnant qui lèse ses employés et séduit ses ouvrières sous peine de renvoi. Considéré comme un héros populaire, le tueur, tout en évitant ses créanciers, se cache dans une coopérative et aide les ouvriers. D'autres films de Renoir des années 30 contiennent des messages politiques: *La Bête humaine* (1938) traite du sort injuste des ouvriers; *La Grande Illusion* (1938) est souvent citée comme un film anti-guerre et anti-discrimination; et *La Règle du jeu* (1939) présente un monde où l'interaction entre les différentes classes sociales mène à l'amitié malgré une certaine incompréhension entre les uns et les autres.

Le gouvernement du Front populaire inspire aussi nombre de films qui valorisent les efforts des ouvriers et qui soutiennent une politique syndicale basée sur le bien commun, face à l'avidité individuelle que le capitalisme peut engendrer. Par exemple dans *La Belle Equipe* (1936, Julien Duvivier) des familles touchées par le chômage gagnent ensemble à la loterie. Au lieu de prendre chacun son argent et de partir, les familles décident plutôt de gérer une entreprise ensemble. Le réalisme poétique cherche en permanence à élucider les problèmes de la classe ouvrière. Il veut montrer que le statut social de cette classe pèse si fort sur eux que toute possibilité de bonheur ou d'avance économique reste impossible.

Il faut noter que la plupart des films engagés expriment les idées de la gauche. Il faut dire que la droite et l'extrême droite pouvaient compter sur les Allemands pour produire de la propagande fasciste et/ou antisémite, comme dans *Triumph des Willens* (1935, Léni Rieffenstahl) et *Le Juif Süss* (1940). Ou peut-être que la droite était satisfaite du rôle de la censure de l'époque, qui veillait pour empêcher tout écart d'une représentation positive de la France. En tout cas, le public français n'a jamais trop accepté la propagande, même si on retrouve certains stéréotypes juifs dans les films français de l'époque. Dans cette catégorie, on peut aussi mentionner les stéréotypes concernant les colonisés, présentés comme des gens simplistes et reconnaissants de la présence des Français sur leur territoire. On peut penser que ces différents personnages stéréotypés passaient inaperçus dans les films à cause de l'insouciance des cinéastes français, issus fréquemment des classes aisées et puissantes, peu touchés personnellement par le racisme.

Activités de compréhension

Les mots justes

En lisant le texte ou à l'aide d'un dictionnaire, trouvez la définition à droite, pour chacun des mots à gauche.

<u>a</u> 1. vraisemblable
<u>l</u> 2. retour en arrière
<u>k</u> 3. dramaturge
<u>j</u> 4. ténébreux
<u>b</u> 5. théâtre filmé
<u>i</u> 6. pesanteur
<u>f</u> 7. ralenti
<u>e</u> 8. vichyste
<u>h</u> 9. trempé
<u>g</u> 10. «compagnon de route»
<u>c</u> 11. créancier
<u>d</u> 12. coopérative

a. qui ressemble au réel
b. style cinématographique qui est visuellement pauvre
c. personne à qui on doit de l'argent
d. entreprise dirigée par ses employés-membres
e. partisan de la politique socialiste ou communiste, mais qui ne fait pas ouvertement de politique lui-même
f. effet où les mouvements apparaissent plus lents à l'écran qu'ils ne le sont dans la vie
g. relatif au gouvernement collaborationniste pendant l'Occupation
h. mouillé
i. force d'attraction à la surface de la Terre
j. plongé dans l'obscurité
k. celui qui écrit une pièce de théâtre
l. flash-back

Vrai ou faux?

Trouvez les erreurs dans les phrases suivantes. Corrigez-les en ajoutant des détails du texte.

1. En politique, les années 30 étaient stables.

_____

_____

2. En France, les années 30 n'ont pas beaucoup produit de films ni de cinéastes.

_____

_____

3. L'arrivée du son n'a changé ni le format, ni le style, ni le contenu des films.

_____

_____

4. Après l'arrivée du son, tous les cinéastes on fait du «théâtre filmé».

_____

_____

5. Le réalisme poétique produit des films comiques et légers.

_____

_____

6. Les films politiques de cette époque soutenaient une politique droitiste.

_____

_____

Discutons

1. Selon vous, quel est le metteur en scène actuel qui a un style très personnel? Justifiez votre choix. Quelles sont les différences et les similarités entre les films de cette personne et la plupart des films populaires aujourd'hui? Donnez des détails thématiques et formels.

2. Citez des exemples de films contemporains qui sont engagés. Dans quel contexte historique et/ou politique peut-on les placer? Comment est-ce que ces films atteignent leur but de convaincre le public? S'ils ne réussissent pas, c'est à cause de quoi?

3. A votre avis, quand on évoque un stéréotype raciste, est-ce toujours fait dans le but de discriminer ou d'insulter? Citez des exemples du racisme inconscient ou involontaire. Comment y réagir? Comment est-ce que cette forme de racisme peut être aussi dangereuse que le racisme ouvert?

Mini-biographie de Jean Vigo

Fils d'un anarchiste connu qui a été tué en prison pendant la guerre, Jean Vigo (1905–1934) poursuit ses études dans des écoles privées, un système éducatif qu'il ridiculise dans *Zéro de Conduite* (1933). Monté à Paris, Vigo entre dans l'industrie cinématographique et gère aussi un ciné-club. La dot de sa femme permet au jeune cinéaste de tourner *A Propos de Nice* (1930), film de gauche qui critique le style de vie superficiel des touristes bourgeois, et *Taris, roi de l'eau* (1931), un film sportif sur la natation. Souvent en mauvaise santé, le metteur en scène meurt après le tournage de son chef d'œuvre, *L'Atalante* (1934). Ses films étaient peu connus et même censurés dans les années 30, mais on les a redécouverts après la guerre, les appréciant comme des exemples purs d'un cinéma personnel qui annonce le réalisme poétique. L'insistance sur un visuel qui est parfois poétique ou impressionniste et parfois documentaire, la représentation du mouvement qui devient presque éthéré et inspiré, et une mise en scène qui déborde d'objets symboliques marquent les films sociaux de Vigo.

Le film

La jeune Juliette (Dita Parlo) quitte son village natal pour épouser Jean (Jean Dasté), maître d'un chaland sur la Seine. A la recherche d'une vie passionnante et urbaine, elle ne découvre que la monotonie du quotidien à bord de la péniche. Isolée, elle se frappe d'amitié pour le père Jules (Michel Simon), un marin âgé qui a vécu de pittoresques aventures dans des pays lointains. Au cours du film, Juliette doit réconcilier ses rêves avec la réalité du travail, du mariage, de l'ennui, etc. Des images ombragées et poétiques marquent ce voyage personnel qui a pour toile de fond un Paris d'entre-deux-guerres en pleine crise.

Autour d'une image. Qui est présent dans cette image et que font-ils? Est-ce qu'il s'agit d'une représentation typique de deux mariés le jour de leurs noces? Pourquoi ou pourquoi pas? En quoi est-ce que cette image est «poétique»? Dans votre réponse, parlez d'autant d'éléments de la mise en scène que possible. Est-ce que la «ciné-poésie» est différente de la poésie littéraire? Expliquez.

■ **Savez-vous?**

Complétez la phrase avec des mots qui se trouvent dans le texte à la page précédente.

1. La politique de Jean Vigo est plutôt de _____.
2. Un synonyme de «chaland» est _____.
3. Chez Vigo, l'expression visuelle peut être _____, _____ ou _____.
4. Dans *L'Atalante*, Juliette aimerait avoir une vie _____, mais à bord du bateau, la vie est _____.
5. Juliette aime écouter les histoires du père Jules parce qu'il a mené une vie pleine d'_____.
6. Au cours du film, Juliette doit réconcilier ses _____ avec la _____.
7. Le Paris de *L'Atalante* traverse une période de _____ économique et sociale.

Avant de regarder

A votre avis

Répondez aux questions en donnant vos opinions et en parlant de vos expériences personnelles.

1. Est-ce que vous cherchez une vie plutôt calme ou plutôt aventureuse? Expliquez.
2. Avez-vous jamais quitté un endroit dans l'espoir de vivre autre chose? Si oui, est-ce que vous avez trouvé ce que vous cherchiez? Sinon, pensez-vous le faire un jour si la vie devient ennuyeuse? Pourquoi ou pourquoi pas?
3. Comment faut-il réagir quand la vie ne correspond pas à nos espérances?

En regardant

Les décors

Comment est-ce que Vigo présente les décors suivants dans son film? Donnez autant d'adjectifs possibles. A votre avis, quels décors sont représentés de façon positive? Et de façon plutôt négative? Expliquez.

1. le village de Juliette _____
2. L'Atalante _____
3. la Seine _____
4. Paris, la nuit _____
5. le magasin de musique _____
6. l'hôtel _____

Les accessoires

Dans la boîte suivante, notez les objets sur lesquels la caméra de Vigo insiste le plus dans le film. A votre avis, quelle est la valeur symbolique de ces objets? Après le film, présentez vos analyses à la classe. Est-ce que vos camarades sont d'accord avec vous?

Objet	Quel personnage manipule cet objet?	Valeur symbolique

Fiche technique

Essayez de classifier ce film selon les critères suivants en mettant une petite croix devant l'expression qui correspond le mieux. Si vous n'aimez pas les choix proposés, vous pouvez ajouter d'autres possibilités. Soyez prêt(e) à justifier votre point de vue.

1. **Genre**

   ☐ comédie   ☐ policier   ☐ mélodrame   ☐ fantastique   ☐ aventures

   ☐ expérimental   ☐ autre

2. **Ton**

   ☐ comique   ☐ tragique   ☐ épique   ☐ lyrique   ☐ réaliste

   ☐ autre

3. **Thème principal**

   ☐ amitié   ☐ amour   ☐ voyage / évasion   ☐ famille   ☐ autre

4. **Fin**

   ☐ heureuse   ☐ tragique, sans espoir   ☐ tragique, mais avec espoir   ☐ moralisatrice   ☐ ouverte, une suite est possible

   ☐ retour au début   ☐ autre

Après avoir regardé

Réaction personnelle

Répondez aux questions en donnant vos opinions sur *L'Atalante*. Vous pouvez répondre à l'oral ou à l'écrit selon les instructions de votre professeur.

1. *Eléments thématiques*: Décrivez les éléments de l'intrigue que vous avez le plus et le moins aimés. Expliquez votre opinion en donnant des détails du film.

2. *Eléments formels*: Qu'est-ce qui vous a le plus impressionné(e) dans le style visuel de Vigo? Décrivez les scènes qu'il réalise le mieux sur le plan visuel et expliquez pourquoi vous les avez aimées. S'il fallait décrire la cinématographie de Vigo en un seul mot, quel mot choisiriez-vous?

Etude des personnages

Après avoir regardé le film, trouvez les réponses aux questions suivantes.

1. Décrivez ce que les personnages suivants représentent pour Juliette: Jean, le père Jules, les clients du bar, l'homme à vélo.

   _____

   _____

2. Quels personnages ont évolué au cours du film? Qu'est-ce qu'ils ont appris? Qui a le moins évolué?

   _____

   _____

3. Pour vous, qui est le personnage le plus sympathique de l'histoire? Qu'est-ce qui vous plaît chez cette personne?

   _____

   _____

Analyse de scènes

Choisissez le sujet de composition qui vous intéresse le plus. Ecrivez une mini-rédaction d'une seule page pour y répondre en détail.

1. Souvent, les scènes d'ouverture d'un film présentent au spectateur, de façon thématique et/ou technique, un aperçu général des préoccupations du film entier. Est-ce le cas de *L'Atalante* dans les scènes du mariage et de l'arrivée de Juliette à bord du bateau? Expliquez. Quels indices sur le reste du film sont présentés de façon purement visuelle?

2. Qu'est-ce qui est suggéré dans les dialogues et dans les actions des personnages ou dans l'intrigue en général? Identifiez des éléments thématiques qui apparaissent plus tard dans le film auxquels Vigo ne fait pas allusion dans ces premières scènes. Qu'est-ce qui peut expliquer leur absence?

Poésie du cinéma

Certains critiques qualifient *L'Atalante* de poème visuel. Comment expliquer cette remarque? Citez des éléments formels et thématiques employés par Vigo pour que son film imite l'expression poétique dans les catégories qui suivent.

Modèle: structure rythmique

les scènes sous l'eau sont comme un refrain

1. émotions éveillées par l'image

   _____

2. suggestion

   _____

3. rimes visuelles

   _____

4. sentimentalité

   _____

5. juxtaposition d'idées

   _____

■ Mini-biographie de Jean Renoir (1894–1979)

Fils du célèbre peintre impressionniste Pierre-Auguste Renoir, Jean Renoir (1894–1979) débute dans le cinéma muet après avoir été blessé pendant la guerre. Renoir crée son film le plus connu de cette époque, *Nana* (1926), et en offre le rôle principal à sa première femme, Catherine Hessling. Plus tard, il travaille avec les grandes vedettes de son époque, comme Jean Gabin et Ingrid Bergman. Avec l'arrivée du son, Renoir continue d'explorer les thèmes qui l'intéressent: le sort de la femme, le crime, la guerre et les rapports sociaux et politiques d'une Europe qui doit faire face à la violence, aux injustices sociales et à la société de consommation qui s'y installe au 20ᵉ siècle. Les films de Renoir se distinguent par leurs techniques ambitieuses et énergiques: des pans et des trajectoires de longue durée, des mouvements dramatiques de la caméra, une profondeur de champs où chaque niveau reste significatif, des cadrages complexes, un découpage classique mais rythmé de façon dynamique et une composition de l'image qui se rapproche de celle du peintre. Bien que les films de Renoir soient reçus comme des critiques sérieuses d'une société victime de ses propres conventions, ses œuvres montrent un sens de l'humour subtil ou loufoque, suivant le cas, et aussi un intérêt passionné et vif pour tout ce qui concerne les relations humaines sur le plan social comme sur le plan sentimental. Renoir finit sa vie aux Etats-Unis, mais revient souvent en France pour y tourner de nouveaux films.

■ Le film

Inspiré en partie par les expériences personnelles du cinéaste lorsqu'il était pilote dans l'armée, *La Grande Illusion* retrace les tentatives d'évasion d'un groupe de soldats prisonniers pendant la Première Guerre mondiale. Les différentes couches de la société sont représentées chez ces officiers: Maréchal (Jean Gabin) vient de la classe ouvrière, De Boeldieu (Pierre Fresnay) est aristocrate, Rosenthal (Marcel Dalio) est juif et Von Rauffenstein (Erich von Stroheim) incarne les valeurs d'une noblesse qui n'existe presque plus. Au cours du film les soldats s'organisent selon leurs divers intérêts: classe sociale, religion, nationalité et amitié. L'histoire se termine avec l'arrivée précaire de Maréchal et de Rosenthal chez Elsa (Dita Parlo), une Allemande vivant dans une ferme isolée. Politiquement, cette œuvre critique la guerre et signale à un public européen qu'il partage un héritage en commun, quoique souvent injuste. Cet avertissement tombe juste à la veille de la Deuxième Guerre mondiale.

Autour d'une image. À votre avis, qui sont ces personnages? Croyez-vous qu'ils aient tous le même statut social? Comment se distinguent-ils les uns des autres? Et comment est-ce que la mise en scène nous aide à reconnaître les différences sociales? Est-ce que la mise en scène nous aide aussi à identifier les acteurs «vedettes» dans la scène? Expliquez. Question bonus: Pouvez-vous identifier l'époque historique où cette scène est censée avoir lieu?

Elaborez les phrases suivantes en rajoutant un détail que vous avez appris en lisant la mini-biographie.

1. Jean Renoir vient d'une famille artistique.

   _____

2. Le réalisateur travaille souvent avec les plus grandes stars.

   _____

3. Renoir s'intéresse à la condition humaine.

   _____

4. Le style cinématographique de Renoir est unique.

   _____

5. Les films de Renoir font preuve d'un sens de l'humour.

   _____

6. Dans *La Grande Illusion,* il s'agit des différences sociales.

   _____

7. *La Grande Illusion* est un film sur la Première Guerre mondiale et sur la Deuxième Guerre mondiale.

   _____

Avant de regarder

A votre avis

Répondez aux questions en donnant vos opinions sur le septième art.

1. Faites une liste de cinq ou six éléments que vous vous attendez à voir dans un film de guerre. A votre avis, qu'est-ce qu'on ne voit pas souvent dans un film de guerre?
2. Quelles questions morales est-ce qu'on explore généralement dans un film de guerre? Comment est-ce possible pour un film de guerre de prôner la paix? Avez-vous jamais vu un tel film? Citez des exemples.

En regardant

Le thème de la guerre

Décrivez l'image que Renoir nous donne de la Première Guerre mondiale. Justifiez votre réponse en mentionnant autant de détails possibles sur les dialogues, les accessoires, les costumes, le jeu des acteurs, les rapports entre les personnages, les décors, etc.

Regardons de près

Le style de Jean Renoir se distingue non seulement dans sa façon de décrire les rapports humains, mais aussi dans les mouvements de la caméra et dans la composition de l'image, surtout le cadrage et la profondeur de champ. Notez des plans ou des séquences qui exemplifient les pratiques suivantes. Familiarisez-vous avec ce tableau avant de regarder le film.

Pratique cinématographique	Description de la pratique	Exemples (plans ou séquences)
la profondeur de champ	L'action s'organise sur trois niveaux: au premier plan devant la caméra, au milieu de l'écran et au fond.	• • •
le cadrage	La composition du plan se divise en cadres à l'aide des éléments du décor, par exemple les murs, les fenêtres, les portes, etc.	• • •
les mouvements de la caméra	La caméra se déplace de façon dramatique pendant la prise et entraîne le spectateur dans l'action.	• • •

Etude des personnages

Qu'est-ce qu'on apprend sur les personnages dans le film? Notez autant de détails que possible dans le tableau suivant: grade, classe sociale, métier, caractère, personnalité, moralité, opinions, attitudes, philosophie, etc. Quelle est la valeur «symbolique» (héros, victime, antagoniste, allié, savant, etc.) de chaque personnage dans l'intrigue humaine et dans le contexte de l'Europe du début du 20e siècle? Expliquez. Familiarisez-vous avec ce tableau avant de regarder le film.

Personnage	Détails	Rôle symbolique
le lieutenant Maréchal (Jean Gabin)		
le capitaine de Boeldieu (Pierre Fresnay)		
le lieutenant Rosenthal (Marcel Dalio)		
le capitaine von Rauffenstein (Erich von Stroheim)		
Elsa (Dita Parlo)		

Après avoir regardé

Réaction personnelle

Qu'est-ce que vous avez aimé et qu'est-ce que vous n'avez pas aimé dans le film? Parlez de l'intrigue, des acteurs, de la mise en scène, etc. Justifiez votre opinion en citant des détails du film. Vous pouvez répondre à l'oral ou à l'écrit selon les instructions de votre professeur.

Tous ensemble!

1. Thématique

   Choisissez un des éléments suivants et expliquez le rôle qu'il joue dans le film sur le plan visuel et sur le plan thématique. En quoi est-ce que le motif contribue au style réaliste de Renoir et au message «moral» du film? Après avoir travaillé en petits groupes, présentez vos analyses à la classe.

l'humour	les possessions personnelles des soldats	le patriotisme et/ou le nationalisme
la musique	les langues étrangères	
la nourriture	l'évasion	la violence

2. Techniques

   Voir l'activité *Regardons de près* aux pages 64–65. Décrivez l'effet des pratiques cinématographiques mentionnées sur l'histoire et sur la réaction du spectateur. Justifiez votre opinion avec des détails des plans et des séquences que vous avez notés.

Analyse de scènes

Choisissez le sujet de composition qui vous intéresse le plus. Ecrivez une mini-rédaction d'une seule page pour y répondre en détail.

1. En comparant les scènes dans la chambre des prisonniers et dans le théâtre pendant le spectacle déguisé et celles chez Elsa, expliquez les rapports entre les hommes dans le film ainsi que ceux entre les hommes et les femmes. Comment est-ce que la guerre change ces deux types de rapports? Expliquez en citant des détails du film.

2. Quelle est l'importance symbolique de la scène finale pour la moralité de l'histoire? Parlez non seulement du rôle des dialogues et du jeu des acteurs, mais aussi de la mise en scène et des éléments visuels et élaborez le message du film.

Discutons

1. *La vedette:* Jean Gabin est devenu l'une des plus grandes vedettes de cinéma des années 30. Quelles qualités de star est-ce que ce film donne à sa personnalité publique? Citez des scènes spécifiques pour justifier votre réponse.

2. Quelles sont les différences entre les camps et le château? A votre avis, pourquoi est-ce que Renoir a changé de type de prison trois fois au cours du film?

3. Quels sont les stéréotypes associés aux diverses classes sociales qui sont évoqués dans le film? Est-ce que les spectateurs contemporains partagent toujours ces mêmes distinctions? Expliquez. Selon vous, quel est le but de Renoir en évoquant ces stéréotypes?

4. En considérant les différents personnages du film, quel est le facteur le plus important dans l'ordre social: la classe, les capacités intellectuelles, la religion, les origines géographiques ou autre chose? Expliquez.

Réflexion

Synthèse

L'Atalante et *La Grande Illusion* sont tous les deux des films «personnels» dans lesquels la vision du réalisateur influence fortement l'histoire racontée et les techniques cinématographiques employées. Comment est-ce que la vision de Vigo diffère de celle de Renoir? Voyez-vous plutôt des différences ou plutôt des similarités entre les deux? Expliquez en donnant des exemples des deux films.

Rédaction

Choisissez une des questions suivantes et écrivez une rédaction pour y répondre en détail.

1. Choisissez un cinéaste de la liste sur le site Web de ce chapitre et regardez un film qu'il a réalisé dans les années 30. Ensuite, écrivez une composition dans laquelle vous placez ce film dans son contexte historique et cinématographique. Parlez du style (théâtre filmé, cinéma de samedi soir, réalisme poétique, etc.), du genre et des thèmes. En quoi est-ce que ce film correspond, ou ne correspond pas, aux préoccupations des Français dans les années 30? Soutenez votre analyse en citant des détails du film.

2. Choisissez un des films «politiques» de Jean Renoir des années 30, par exemple *Le Crime de Monsieur Lange* (1936), *La Grande Illusion* (1938), *La Marseillaise* (1938), *La Bête humaine* (1938) ou *La Règle du jeu* (1939). En quoi est-ce que ce film représente un exemple de cinéma engagé? Quel est le thème politique: les droits des ouvriers, une critique du fascisme, un jugement sur les mœurs bourgeoises, un film anti-guerre ou autre chose? En citant des éléments thématiques et techniques de l'œuvre, expliquez le message que Renoir envoie aux spectateurs. Etes-vous d'accord avec ce point de vue? Pourquoi ou pourquoi pas?

Exposé

Travaillez en petits groupes. Choisissez un des réalisateurs de la liste sur le site Web de ce chapitre et préparez un exposé sur sa vie, ses films et son style cinématographique. Si ce cinéaste n'a pas uniquement tourné des films dans les années 30, décrivez comment son travail a évolué avant et/ou après cette période. Chacun des membres du groupe peut présenter un aspect différent du cinéaste: vie personnelle, vie professionnelle, filmographie, style cinématographique, préoccupations thématiques, etc. A la fin de votre exposé, montrez une scène de quatre ou cinq minutes d'un film de ce metteur en scène et expliquez en quoi cette scène est représentative de son œuvre en général. Vous pouvez commencer vos recherches à la bibliothèque, sur Internet ou en consultant votre professeur.

Mise en scène

Choisissez un des scénarios de la liste suivante et présentez votre travail à la classe.

1. *Cinéma engagé:* Ecrivez une scène de deux ou trois pages pour un film engagé politiquement. Votre scène peut montrer un parti pris pour ou contre le problème que vous traitez. Vous pouvez exprimer votre point de vue de façon subtile ou de façon plus ouverte, au choix. Indiquez les détails techniques: mise en scène, plans, distances, cadrages, éclairage, jeu des acteurs, accessoires, décors, etc. Essayez d'exprimer votre point de vue à travers les éléments formels aussi, et non uniquement dans les dialogues et les actions des personnages. Avant de rendre votre copie, soulignez les trois ou quatre éléments du scénario qui expriment le mieux la nature de votre engagement.

2. *Défi cinématographique:* Faites un film d'une durée de deux minutes au maximum dans lequel vous mettez autant d'éléments du style du réalisme poétique que possible: brouillard, pluie, nuit, décor urbain reconstitué, antihéros, victimes, injustice, crime, amour impossible, etc. Montrez votre court métrage à la classe et demandez à vos camarades d'identifier ces éléments. Ensuite, expliquez-leur comment ces éléments ont servi à mieux développer l'intrigue de votre œuvre.

Les années 40: Le cinéma de l'Occupation et de la reconstruction

Le cinéma de cette époque se divise entre les films tournés sous l'Occupation et les films de la reconstruction d'après-guerre. Les films des années 40 et 50 mettent l'emphase sur une narration logique et un montage classique qui aide le spectateur à bien suivre l'histoire, un style qu'on appelle la qualité française; mais cette tradition de qualité, comme vous le verrez, est menacée par la critique des futurs cinéastes de la Nouvelle Vague qui cherchent un style visuel plus dynamique.

Sujets

- La «drôle de guerre»
- L'Occupation
- Vichy
- Le C.O.I.C.
- La Libération
- L'épuration
- La reconstruction
- Le C.N.C.
- La qualité française

Objectifs du chapitre

Dans ce chapitre, vous étudierez le cinéma français des années 40 et 50, son rôle dans la culture et dans la politique de l'époque et surtout les rapports entre l'industrie cinématographique française et la Deuxième Guerre mondiale. A la fin du chapitre, vous pourrez discuter:

- Les événements clés de la Deuxième Guerre mondiale
- L'effet de la guerre sur le cinéma français
- Les genres cinématographiques populaires pendant les années 40
- Les thèmes et les styles visuels des films de l'époque

 Pour faire les activités en ligne sur les parties *Introduction, Dossier 1, Dossier 2* et *Réflexion*, rendez-vous au site Web www.thomsonedu.com/french/septiemeart

Pour commencer...

1. Sur le site Internet de *Septième Art*, comparez la liste des réalisateurs importants des années 40 avec la liste des réalisateurs importants des années 30. Y a-t-il beaucoup de différences entre ces deux listes? Qu'est-ce qui peut expliquer cette continuité?

2. A votre avis, quels peuvent être les effets superficiels et les effets plus profonds d'une guerre sur le cinéma national d'un pays? Expliquez en donnant des exemples de films que vous connaissez.

Introduction

Guerre et reconstruction

Le 1er septembre 1939, l'Allemagne nazie envahit la Pologne, un allié de la France. Trois jours plus tard, la France déclare la guerre et c'est le début d'un conflit mondial qui mènera à un génocide en Europe et au lancement de deux bombes atomiques sur le Japon. Mais pour la France, les dix premiers mois de cette guerre sont calmes et les troupes allemandes n'arrivent pas. On appelle cette période la «drôle de guerre» car, bien que mobilisée sur la frontière, l'armée française doit attendre son ennemi, ce qui démoralise les soldats. Les Allemands arrivent enfin, en mai 1940, et ils l'emportent sur la France en un mois. C'est le chaos dans le nord de la France et les civils commencent leur exode vers le sud du pays.

Pour mettre fin aux violences, le Maréchal Pétain, héros de la Première Guerre mondiale, signe l'armistice avec Hitler en juin et la France est désormais divisée en deux zones: la zone nord est administrée directement par les officiers allemands et la zone sud, ou «libre», est contrôlée par le gouvernement du Maréchal à Vichy. Mais ce régime autoritaire n'est qu'un gouvernement satellite de Berlin et bientôt, la politique allemande atteindra la France. Le 3 octobre 1940, les Juifs sont exclus de certaines professions: professeurs, journalistes, fonctionnaires, et tout ce qui touche à l'industrie cinématographique. En 1942, le port de l'étoile est obligatoire et la police française commence à envoyer les Juifs français vers les camps de concentration.

Une résistance à l'Occupation commence presque immédiatement sur le sol français et ailleurs. Le Général Charles de Gaulle, qui s'est enfui à Londres, fait un appel à la radio le 18 juin 1940 dans lequel il demande à tous les militaires français à l'étranger de se joindre à lui. Il va diriger son armée de résistance depuis l'Afrique du Nord et participer à la Libération de Paris quatre ans plus tard.

En 1944, la guerre tourne mal pour les Nazis. Le 6 juin, ou «jour J», les troupes américaines, anglaises et canadiennes débarquent sur les plages de Normandie et marchent vers Paris. Le 8 mai 1945, les Allemands capitulent et c'est la fin de la guerre en Europe. Le 6 août 1945, une bombe atomique tombe sur Hiroshima et, trois jours plus tard, une deuxième sur Nagasaki, ce qui marque la fin définitive de cette guerre mondiale.

Après la guerre, il y a une brève période d'épuration, où les «collabos», ou ceux qui ont collaboré dans tous les domaines avec les Nazis pendant l'Occupation, sont chassés et punis par le nouveau gouvernement provisoire. Par exemple, les Nazis avaient créé une compagnie cinématographique, La Continental, et tous les metteurs en scène qui avaient tourné des films pour elle sont appelés à s'expliquer. Ironiquement, ce n'est que dans très peu de cas qu'on juge ces metteurs en scène coupables car ce studio produisait un cinéma d'assez bonne qualité et, grâce à un directeur allemand francophile, un cinéma qui évitait plus ou moins de faire des films de propagande. Par exemple, Henri-Georges Clouzot y a tourné *Le Corbeau* (1943), l'histoire de villageois pleins de rancœur les uns pour les autres qui s'entre-dénoncent aux autorités. Mais il est difficile de dire si ce film ambigu est pour ou contre les Nazis et de nos jours, il est considéré comme un classique du cinéma français, malgré ses origines.

Plus tard, pendant la période de la reconstruction, qui dure quelques années, la France se reconstruit physiquement et elle élabore une nouvelle constitution pour la IVe République. Bien que De Gaulle ait aidé avec cette constitution, le Général estime que la branche législative détient trop de pouvoir par rapport à la branche exécutive, et il donne sa démission. Le Général avait raison, mais cette République a tout de même adopté bien des réformes: le vote des femmes, le début de la décolonisation et surtout les bases d'une économie forte. On appelle d'ailleurs les trois décennies après la guerre «les trente glorieuses» parce que le niveau de vie économique du Français moyen s'améliore de façon notable et parce que la France devient le pays moderne, industrialisé et technologique que nous connaissons aujourd'hui.

Le cinéma de cette époque suit son propre parcours. Pendant la guerre, les Allemands mettent l'industrie cinématographique sous le contrôle d'un comité, le C.O.I.C., le Comité d'organisation des industries du cinéma. Le C.O.I.C. va, paradoxalement, avoir à la fois un très bon effet sur le cinéma et un très mauvais effet sur lui. Par exemple, après une baisse de production en 1940, le comité assure le financement des films et le cinéma français connaît une sorte de renaissance. De plus, les films américains sont interdits, ce qui crée une demande chez les distributeurs et, surtout, chez le public, qui se réfugie souvent dans les salles de cinéma pour échapper au froid, pour se distraire, et pour certains, pour organiser la résistance dans la relative sécurité des sombres salles de cinéma. Cependant, le C.O.I.C. est dirigiste et il n'hésite pas à faire appel à la censure dans le cas de scénarios et de films qui risqueraient d'attaquer les valeurs «familiales» prisées sous l'Occupation. Par exemple, la devise républicaine «Liberté, égalité, fraternité» est remplacée par la devise «Travail, famille, patrie» pendant l'Occupation. Le C.O.I.C. exclut également les Juifs de l'industrie et demande à tous les employés (producteurs, réalisateurs, acteurs, équipes, etc.) d'obtenir une «carte professionnelle» qui prouve qu'ils ne sont pas juifs.

Le personnel de l'industrie cinématographique devait faire face à un choix professionnel qui consistait en trois possibilités, toutes aussi difficiles les unes que les autres. On pouvait partir à l'étranger et travailler à Hollywood, comme le réalisateur Jean Renoir, mais on n'était pas sûr d'être accepté, surtout pour les acteurs qui maîtrisaient mal l'anglais. Ce choix était pourtant le plus sûr pour les Juifs. On pouvait rester dans la zone occupée et tourner pour La Continental ou une autre compagnie collaborationniste. Ce choix n'était bien sûr pas possible pour les Juifs, et pour les non-Juifs c'était risqué car on commençait à craindre l'épuration, surtout quand la guerre a commencé à aller mieux pour les Alliés. Finalement, on pouvait tourner avec un peu plus de liberté en zone sud, comme l'a fait par exemple Marcel Carné bien qu'on n'y échappe pas à la censure. Certains Juifs ont opté pour ce choix et ont décidé de travailler dans le sud, mais clandestinement. Par exemple, Alexandre Trauner a dessiné les décors pour *Les Enfants du paradis*, caché dans une maison à la campagne où Carné allait le consulter pendant la production. Cependant, si on avait découvert la situation, Carné et Trauner auraient pu être mis en prison ou condamnés à mort et le monde aurait été privé de leur chef d'œuvre.

Il faut aussi noter que dans les années pendant et après la guerre, on a affaire, pour la plupart, aux mêmes cinéastes à cause de la hiérarchie du C.O.I.C. qui demandait qu'on travaille d'abord comme assistant avant de pouvoir tourner son propre film. On ne verra une nouvelle classe de réalisateurs que vers la fin des années 50, avec le commencement de la Nouvelle Vague par les anciens critiques du magazine *Les Cahiers du cinéma*, qui commence à paraître en 1951 et qui va juger sévèrement cette continuité du personnel de moins et moins innovateur. En outre, de nouveaux acteurs—Jeanne Moreau, Gérard Philippe, Simone Signoret—vont remplacer les grandes stars des années 30, qui continuent à travailler mais parfois dans des rôles moindres.

Après la guerre, le C.O.I.C. est rebaptisé le C.N.C., le Centre national de la cinématographie, et il continue d'aider à financer les films et d'assurer une production française importante. En 1946, il y a deux réformes pour faire face au déluge des films américains qui arrivent enfin en France après plus de quatre ans d'interdiction. D'abord, le C.N.C. impose une taxe sur les billets pour garantir que tout film montré en France, même un film étranger, contribue à la production française. La deuxième réforme a été moins efficace et elle n'a pas été conservée. Le directeur du gouvernement provisoire après la guerre, Léon Blum, signe les accords Blum-Byrnes avec les Américains. Les deux côtés acceptent d'obliger les cinémas français à passer un pourcentage, assez bas, de films français chaque année. Mais, comme cette période d'après guerre est aussi marquée par un nombre de plus en plus important de coproductions internationales, la notion d'un cinéma national va être bientôt mise en question.

Comment décrire les films de l'époque? Thématiquement, les films de l'Occupation et de la Libération, et même les films des années 50 ne parlent presque pas de la guerre. En revanche, ils traitent de thèmes historiques ou littéraires. On produit aussi des films fantastiques et des mélodrames pour éviter de déplaire à la censure ou de déprimer le public. Il s'agit d'un cinéma plus ou moins centriste, presque vide de politique, qui ne veut offenser personne. Les cinéastes qui veulent faire allusion à la politique doivent avoir recours à des symboles cachés ou à l'allégorie. Par exemple, dans *Le Ciel est à vous* (Jean Grémillion, 1944), l'un des personnages lutte pour devenir aviatrice. Ceci peut être lu comme symbolique de la lutte de la France contre l'oppresseur, mais ces interprétations ne sont pas faciles à argumenter étant donné le fait que le film avait le soutien du gouvernement vichyste.

Le style des films des années 40 et 50 est souvent appelé «la qualité française». Il s'agit de films bien construits et qui racontent bien l'histoire grâce au découpage classique, c'est-à-dire un montage invisible, ou hollywoodien. Par exemple, on utilise presque toujours le champ / contre-champ pour filmer les conversations; on n'utilise le gros plan que pour les réactions-clés de l'histoire ou pour montrer des objets importants, etc. Donc, si le cinéaste obéit aux règles, l'intrigue est facile à suivre. Le bilan positif de ce type de cinéma est que chaque plan est souvent planifié à l'avance et que ce découpage technique guide, non seulement la production du film, mais surtout le spectateur, même le spectateur le plus paresseux, à travers les intrigues, qu'elles soient compliquées ou non. Ainsi, le film plaît à tout le monde sur le plan technique ou, plus précisément, on ne remarque plus les aspects techniques et on juge le film selon l'histoire.

Cependant, le bilan négatif de ce style est qu'il devient ennuyeux sur le plan visuel. Les critiques, et surtout ceux de la nouvelle revue *Les Cahiers du cinéma*, notent que chaque film qui sort utilise les mêmes techniques de montage. Ces jeunes journalistes et futurs réalisateurs vont alors jeter un nouveau regard sur l'histoire du cinéma français, surtout sur l'avant-garde des années 20 et sur le néoréalisme italien des années 40, et conclure qu'il ne faut pas négliger le visuel au profit de l'intrigue. A cause de leur travail, l'appellation si positive de «qualité» va acquérir des connotations négatives chez certains et, à la fin des années 50, pour répondre à cette tradition de «qualité», ils créent la Nouvelle Vague.

Activités de compréhension

Chronologie

Mettez les événements suivant dans l'ordre chronologique. Ensuite, indiquez la date et/ou l'année de l'événement.

Evénement	Ordre chronologique	Date et/ou année
~~débarquement~~	Modèle: *Hitler envahit la Pologne.*	*1er septembre 1939*
~~parution des *Cahiers du cinéma*~~	Modèle: *La guerre est déclarée.*	*3 septembre 1939*
~~création du C.O.I.C.~~	1. division de la France en deux zones	mai 1940
~~capitulation de l'Allemagne~~	2. appel du Général de Gaulle	le 18 juin 1940
~~nouveau nom du C.O.I.C.: C.N.C.~~	3. exclusion des Juifs de l'industrie cinématographique	le 3 octobre 1940
~~appel du Général de Gaulle~~	4. création du COIC	1940
~~accords Blum-Byrnes~~	5. sortie du film Les Enfants du paradis	1940
~~exclusion des Juifs de l'industrie cinématographique~~	6. débarquement	le 6 juin 1944
~~explosion de la bombe atomique à Hiroshima~~	7. capitulation de l'Allemagne	le 8 mai 1945
~~division de la France en deux zones~~	8. explosion de la bombe atomique à Hiroshima	le 6 août 1945
~~sortie du film *Les Enfants du paradis*~~	9. nouveau nom du COIC: CNC	1945
	10. accords Blum-Byrnes	1946
	11. parution des Cahiers du cinéma	1951

Tous ensemble!

Divisez-vous en petits groupes. Chaque groupe trouvera les réponses pour l'une des séries de questions suivantes. Ensuite, présentez vos résultats à la classe.

1. En quoi est-ce que le C.O.I.C. a aidé l'industrie cinématographique française pendant la guerre? En quoi est-ce cette organisation a aussi nui à l'intégrité morale du cinéma français? Selon vous, est-ce que la réussite financière des films français de l'Occupation justifie l'atteinte aux droits de l'homme dont le C.O.I.C. a fait preuve?

2. Citez les différents choix professionnels à la disposition des cinéastes, des équipes de réalisation et des acteurs sous l'Occupation. Pour chaque option que vous présentez, citez le nom d'une personne qui a fait ce choix. Quelles sont les implications morales, politiques et professionnelles de chacun de ces choix?

3. Comment expliquer le manque de références à la guerre dans le cinéma français pendant l'Occupation et la reconstruction? Quelle est votre réaction à cette situation singulière?

4. Quels types de films est-ce qu'on a produit en France pendant l'Occupation et la reconstruction? De quels thèmes est-ce qu'on traitait? En quoi est-ce que ces films correspondent au style «qualité française»?

■ Mini-biographie de Marcel Carné

Le fils d'un ébéniste, Marcel Carné (1909–1996) travaille comme assistant de Jacques Feyder quand, en 1936, il convainc la célèbre actrice Françoise Rosay (la femme de Feyder) de jouer dans *Jenny*, le premier long métrage de Carné. Carné connaît alors un succès commercial qui dure plus de dix ans grâce à une série de films réussis et grâce aussi à ses collaborations avec le scénariste et poète Jacques Prévert ainsi qu'avec les plus grandes stars de l'époque, telles qu'Arletty et Jean Gabin. Pendant la guerre, Carné décide de rester en France, en zone libre, où il tourne *Les Enfants du paradis*. La sortie de cette superproduction à la Libération montre au monde que même une France occupée peut produire un chef d'œuvre cinématographique.

Après la guerre, le style «réalisme poétique» ne plaît plus au public et les jeunes cinéastes de la Nouvelle Vague appelle les films de Carné le «cinéma de papa». Néanmoins, Carné continue de faire des films à travers les années 60 et 70 et son style évolue peu à peu vers des films plus réalistes. Vers la fin de sa vie, Carné reçoit la Légion d'honneur, une distinction nationale qui reconnaît le service civil. Ses films ont marqué le cinéma français pour toujours.

■ Le film

Cette fresque cinématographique dépeint le monde du théâtre parisien au début du 19e siècle. L'histoire suit une comédienne, Garance (Arletty), et les quatre hommes qui l'entourent: Baptiste Debureau (Jean-Louis Barrault) est un mime sensible; Frédérick Lemaître (Pierre Brasseur) est un acteur grandiloquent et bon-vivant; Pierre-François Lacenaire (Marcel Herand) est un criminel intelligent; et le comte Edouard de Montray (Louis Salou) est un dandy riche. Chacun de ces hommes adore Garance comme il le peut, mais aucun ne réussit à la voir de façon réaliste ou à l'aimer tout simplement pour elle. Divisé en deux parties, ou époques, le film trace d'abord les rencontres des personnages puis se concentre sur un vol avorté par Lacenaire et attribué à Garance par la police. Ce n'est que la protection du comte qui la sauve. Entre-temps, la femme de Baptiste, Nathalie (Maria Casarès), essaie de mettre fin à l'amour entre Baptiste et Garance.

Dans la deuxième époque, Garance vit dans le château du comte et Frédérick est devenu une grande star. Après une série d'insultes, de scènes de jalousie, de duels et des manigances, la tragédie frappe.

La structure narrative est basée sur un double système de cycles. Chaque événement de l'intrigue est rejoué sur la scène d'un des théâtres fictifs du film, ce qui donne un rythme riche et languissant au découpage classique du réalisateur et aux dialogues poétiques du scénario de Jacques Prévert.

Les personnages de Baptiste et de Lacenaire sont basés sur de vrais personnages historiques qui ont tous les deux été impliqués dans des crimes. Dans le cas de Baptiste, c'est un crime passionnel qui l'a poussé à battre un homme dans la rue et tout Paris a attendu son procès pour entendre parler le mime.

Tourné sous l'Occupation, ce film représente l'apogée, et en même temps la fin, du style dit «réalisme poétique». Le choix d'un décor historique montre aussi comment les cinéastes, y compris les plus grands, évitaient les références à la situation politique de l'époque pour ne pas attirer l'attention des autorités.

Autour d'une image. A votre avis, qui sont ces deux personnages? Et que font-ils? En quoi est-ce que leurs gestes ne semblent pas tout à fait naturels? Expliquez. Que remarquez-vous sur les décors de ce plan? Quels thèmes du film est-ce que cette image annonce donc? Question bonus: Pouvez-vous identifier l'époque historique où cette scène est censée avoir lieu?

■ Savez-vous?

Répondez aux questions suivantes en choisissant parmi les réponses proposées. Notez que les questions peuvent avoir plus d'une réponse correcte!

1. De quelle classe sociale Marcel Carné vient-il?
   a. la noblesse
   b. la bourgeoisie
   c. la classe ouvrière

2. Pendant combien de temps est-ce que la première période de succès de ce cinéaste dure?
   a. cinq ans
   b. dix ans
   c. vingt ans

3. Avec quel style est-ce qu'on associe les films de Carné?
   a. l'impressionnisme
   b. l'avant-garde
   c. le réalisme poétique

4. Quand est-ce que Carné a tourné sa superproduction?
   a. pendant la «drôle de guerre»
   b. pendant l'Occupation
   c. à la Libération

5. Dans *Les Enfants du paradis,* quels personnages travaillent dans le monde du théâtre?
   a. Baptiste
   b. Frédérick
   c. Garance
   d. le comte Edouard de Montray

6. Quels événements ont lieu dans la première partie du film?

   a. Frédérick et Baptiste font la connaissance de Garance.

   b. Un vol est faussement attribué à Garance.

   c. Nathalie fait des manigances.

   d. Garance vit avec le comte.

7. Pourquoi est-ce qu'on dit que la structure narrative du film est basée sur un double système?

   a. Les personnages sont tous amoureux d'au moins deux autres personnes.

   b. Les événements de l'intrigue du film sont ensuite représentés sur la scène du théâtre dans le film.

   c. Le film comprend deux parties, ou «époques».

8. Quels personnages dans le film sont basés sur de vrais personnages historiques?

   a. Baptiste

   b. Garance

   c. Lacenaire

   d. Nathalie

9. Pourquoi est-ce que l'histoire du film a lieu au début du 19ᵉ siècle?

   a. pour plaire à un public sophistiqué qui connaît bien l'histoire de France

   b. pour rendre l'action plus «dramatique»

   c. pour éviter la censure en parlant des événements politiques de l'époque du tournage

Avant de regarder

A votre avis

Répondez aux questions en donnant vos opinions sur le septième art.

1. Qu'est-ce que l'expression «chef d'œuvre» veut dire pour vous? Quels «chefs d'œuvres» avez-vous vus? Les avez-vous aimés?

2. A votre avis, quels types de plans et de scènes est-ce qu'on va voir dans un film sur le théâtre? Donnez des détails. A quelles sortes de personnages peut-on s'attendre?

En regardant

Etude des personnages

Dans le mélodrame, il s'agit surtout des relations amoureuses entre les différents personnages. En regardant *Les Enfants du paradis*, notez qui aime qui. Ensuite, choisissez aussi le type d'amour: amour physique, intellectuel, familial, amical, vrai, superficiel ou autre: admiration, amour secret, jalousie. Finalement, identifiez les indices visuels (regards, cadrage, etc.) qui ont influencé vos analyses. Soyez prêt(e)s à justifiez vos choix devant la classe après le visionnement du film.

Personnage	Qui aime-t-il (elle)?	Type d'amour	Indices visuels
Garance	• •	• •	• •
Baptiste	• •	• •	• •
Frédérick	• •	• •	• •
Lacenaire	• •	• •	• •
le comte	• •	• •	• •
Nathalie	• •	• •	• •

Le film théâtral

La structure narrative des *Enfants du paradis* est cyclique: les séquences sur la scène du théâtre répètent des scènes précédentes dans l'intrigue du film, mais avec des changements. Notez deux ou trois exemples de cette structure. Quels sont les changements les plus importants dans les versions filmiques et théâtrales de ces séquences? Mentionnez des éléments thématiques et des différences dans la façon dont Carné les filme.

Exemple	Séquence théâtrale	Scène de l'intrigue qui est répétée	Différences thématiques	Différences visuelles
1.				
2.				
3.				

Après avoir regardé

Réaction personnelle

Répondez aux questions en donnant vos opinions sur *Les Enfants du paradis*. Vous pouvez répondre à l'oral ou à l'écrit selon les instructions de votre professeur.

1. Qu'est-ce que vous avez le plus et le moins aimé dans ce film? Expliquez en mentionnant des éléments spécifiques. Quelle est votre réaction globale?

2. A votre avis, est-ce que ce film mérite d'être appelé un «chef d'œuvre»? Soutenez votre point de vue en citant des éléments thématiques et formels du film.

3. Qui est le personnage le plus honnête? Le plus faux? Le plus superficiel? Le plus moral? Le plus content? Le plus triste? Le plus talentueux? Le plus émotionnel? Parlez de scènes spécifiques du film pour justifier vos opinions.

4. Selon vous, est-ce que Carné présente trop, assez ou trop peu de scènes de dialogue dans le film? Et de scènes de pantomime? Justifiez vos opinions en citant des scènes spécifiques avec trop, assez et trop peu de dialogue et de pantomime.

Questions d'analyse

Répondez aux questions suivantes en justifiant vos réponses.

1. Est-ce que ce film fait preuve d'une sensibilité plutôt collaborationniste ou plutôt résistante?

   _____

   _____

2. Est-ce que ce film est marqué plutôt par le style «réalisme poétique» ou plutôt par le style «qualité française»?

   _____

   _____

3. Qui est au centre de l'histoire: Garance ou Baptiste?

   _____

   _____

4. Vrai ou faux? Ce film incarne la «gloire de la France».

   _____

   _____

5. Quelles sont les scènes dans lesquelles on montre «l'abondance» dans le film? A votre avis, pourquoi est-ce que ces scènes plaisaient aux Français de l'époque?

   _____

   _____

6. Vrai ou faux? Ce film plairait aux Américains.

   _____

   _____

7. Dans ce film, est-ce que les femmes sont plutôt passives ou plutôt fortes?

   _____

   _____

8. Dans *Les Enfants du paradis,* voyez-vous des éléments allégoriques ou symboliques de la situation politique de la France sous l'Occupation?

   _____

   _____

Mini-colloque

Choisissez une des questions d'analyse ci-dessus et écrivez une mini-rédaction d'une seule page pour y répondre en détail. En classe, divisez-vous en groupes de trois ou quatre personnes et lisez vos réponses. Après la lecture, organisez un débat sur les différents points de vue présentés.

■ Mini-biographie de Jean Cocteau

Jean Cocteau (1889–1963) grandit dans une famille bourgeoise aisée qui apprécie beaucoup les arts. Et c'est dès un très jeune âge que Cocteau fait son entrée dans le monde artistique parisien. En 1908, on lit ses poèmes au théâtre avant de les publier. En 1913, il fait de la critique littéraire. En 1923, il publie des dessins et des pièces de théâtre. Dès 1917, on monte ses ballets et ses pièces de théâtre à Paris et en 1931, Cocteau tourne son premier film, *Le Sang d'un poète*, un film personnel et surréaliste. Ses œuvres font souvent scandale car Cocteau développe un style lyrique mais frivole et provocateur à la fois, ce qui ne correspond pas au «sérieux» dans l'esprit bourgeois. De plus, ses films et ses dessins soulignent la beauté physique de la femme comme celle de l'homme, ce qui était rare à l'époque.

L'artiste attendra 1945 pour tourner son deuxième film, *La Belle et la Bête*. Entre-temps, Cocteau fréquente les grands artistes et les personnalités importantes de l'époque. Il se lie d'amitié avec des écrivains, des peintres, des journalistes, des metteurs en scène et des poètes tout en créant lui-même des œuvres d'art dans tous ces domaines. Mais Cocteau est surtout connu pour sa poésie et ses films, ou «ciné-poèmes», qui reflètent ses préoccupations avec la beauté, l'amour, la mort et les états d'âme dans la composition des images, l'harmonie et le rythme des paroles. En 1955, Cocteau reçoit le suprême honneur pour un homme de lettres quand il est élu à l'Académie française, société historique qui veille sur le bon usage de la langue française.

■ Le film

Dans cette adaptation assez fidèle du conte de Madame Le Prince de Beaumont du 18ᵉ siècle, Belle (Josette Day) doit vivre au château avec la Bête (Jean Marais) pour payer les dettes de son père, qui avait volé une rose pour elle dans la propriété de la Bête. Belle essaie d'aimer la Bête, mais sa laideur animale la répugne. En même temps, les deux sœurs de Belle et leurs amis décident d'entrer dans le château et de s'emparer des richesses du monstre. Quand l'entreprise échoue, le conte se clot de façon merveilleuse.

La Belle et la Bête surprend le spectateur contemporain par la richesse de ses images, par l'expression poétique de ses dialogues, par la beauté des costumes et des décors et par le style noble du jeu des acteurs. De plus, ce film contient des effets spéciaux impressionnants, surtout pour l'époque, qui contribuent à une ambiance magique et à une beauté irréelle: les chandeliers s'allument seuls pour guider les voyageurs, les personnages se déplacent en flottant, et une larme devient un diamant sous nos yeux.

Réalisée avec les moyens de l'époque et un budget peu important, cette œuvre unique ainsi que la vision personnelle de Cocteau ont contribué au renouveau d'un cinéma français libre et indépendant pendant la période de la reconstruction.

Autour d'une image. Pouvez-vous imaginer ce qui se passe dans cette image? À votre avis, quels sont les sentiments de ce personnage? Comment est-ce que la composition de l'image nous aide aussi à comprendre ses sentiments? Et que suggèrent les autres éléments de la mise en scène, tels que les costumes, les décors et les accessoires, par exemple?

■ Savez-vous?

Soulignez l'expression entre parenthèses qui complète le mieux chaque phrase.

1. Jean Cocteau travaille dans (a. un seul / b. beaucoup de types d') art.

2. Son style est (a. classique, sobre, sérieux et bourgeois / b. individuel, beau, lyrique et frivole).

3. Cocteau est avant tout (a. cinéaste / b. poète) et ses films peuvent être qualifiés de (c. «ciné-poèmes» / d. «cinéma de papa»).

4. *La Belle et la Bête* représente une (a. adaptation littéraire / b. nouvelle version du film de Disney).

5. Ce sont (a. les sœurs de Belle et leurs amis / b. les effets spéciaux et les dialogues poétiques) qui donnent à *La Belle et la Bête* une ambiance magique.

6. L'aspect visuel du film est (a. riche / b. restreint).

7. *La Belle et la Bête* peut être classifié de (a. ciné-poésie / b. science-fiction).

8. Cocteau a disposé d'un budget (a. énorme / b. modeste) pour tourner *La Belle et la Bête*.

Avant de regarder

A votre avis

Répondez aux questions en donnant vos opinions sur le septième art.

1. Expliquez ce à quoi vous vous attendez dans un film basé sur un conte de fées dans les domaines suivants: personnages, intrigues, thèmes, morales, costumes, accessoires, lumière, décors, musique, composition de l'image, effets spéciaux.

2. Est-ce que les adaptations filmiques sont toujours fidèles à leurs sources littéraires? Pourquoi ou pourquoi pas? Est-ce que ce genre de «fidélité» est important? Expliquez.

3. Avec vos camarades de classe, faites un bref résumé du conte *La Belle et la Bête*. Essayez d'inclure autant de détails que possible.

En regardant

Etude des personnages

Qu'est-ce qu'on apprend sur les personnages suivants au cours du film? Parlez de leurs personnalités, goûts, qualités, faiblesses, apparences, etc.

Personnage	Détails
Belle	
les sœurs	
le père	
Avenant	
Ludovic	
la Bête	
le prince	

Bonus: A votre avis, quels personnages sont joués par la même personne? (N.B.: Il y en a trois!)

Regardons de près

Quels éléments (dialogues, costumes, accessoires, lumière, décors, musique, cadrages, sons, effets spéciaux, etc.) de la mise en scène sont uniques dans ce film? Notez une scène ou une séquence qui servira d'exemple pour chaque élément que vous mentionnez.

Elément unique	Exemple (scène ou séquence)

Après avoir regardé

Discutons

1. Est-ce que ce film est pour les enfants, pour les adultes ou pour les deux? Expliquez. Si le film est pour les adultes, pourquoi choisir un genre qui est normalement réservé aux enfants?

2. Ce film date de l'époque de la reconstruction. En quoi est-ce qu'il reflète ou ne reflète pas l'esprit de cette période? Expliquez. Est-ce que ce film peut être considéré comme un film politique ou engagé? Pourquoi ou pourquoi pas?

3. En considérant le film *La Belle et la Bête,* comment peut-on définir le style visuel et les intérêts thématiques de Jean Cocteau? Donnez des détails précis du film pour justifier votre réponse.

4. Quelles sont les leçons apprises par Belle au cours du film? Donnez des détails précis des différentes scènes qui marquent les étapes de cet apprentissage? Etes-vous d'accord avec la morale de ces leçons? Expliquez.

Analyse de scènes

En groupes de trois ou quatre, choisissez la scène du film qui correspond le mieux, selon vous, aux critères suivants. Donnez trois ou quatre détails thématiques et/ou visuels de la scène pour justifier vos choix. Présentez vos choix à la classe. Est-ce qu'on est d'accord avec vous?

	La scène la plus…	Justification (détails thématiques et/ou visuels)
1.	typique	• • • •
2.	belle	• • • •
3.	magique	• • • •
4.	comique	• • • •
5.	émotionnelle	• • • •
6.	composée (avec soin)	• • • •

 *Réflexion*

Synthèse

Thèmes de discussion en classe ou de mini-composition selon les instructions de votre professeur

1. Est-ce qu'il y a des sujets ou des thèmes censurés par le gouvernement de votre pays actuellement? Est-ce qu'il s'agit d'une censure officielle ou plutôt indirecte? Expliquez. A votre avis, est-ce le rôle de l'artiste, et en particulier du cinéaste, de défier cette censure? Si oui, de quelle façon? Sinon, pourquoi pas?

2. Quel doit être le rôle de l'artiste qui travaille pendant une guerre ou un autre événement historique bouleversant? Est-ce que cet artiste a l'obligation de commenter la situation politique dans laquelle son pays se trouve? Est-ce que ce même artiste est libre de nier certains aspects négatifs, difficiles ou désagréables de cette situation? Expliquez vos opinions en citant des exemples tirés du cinéma et/ou d'autres formes d'art.

3. Que pensez-vous du style dit «qualité française»? Quels sont ses mérites et ses points faibles? Comment expliquer son importance dans les films hollywoodiens et dans les films français? Est-ce que ce style a des limites artistiques? Expliquez.

Rédaction

 Choisissez une des questions suivantes et écrivez une rédaction pour y répondre en détail.

1. Choisissez un des films suivants ou un autre film de votre choix tourné pendant l'Occupation: *La Fille du puisatier* (Marcel Pagnol, 1940), *Les Visiteurs du soir* (Marcel Carné, 1942), *Le Corbeau* (Henri-Georges Clouzot, 1943), *L'Eternel Retour* (Jean Dellanoy, 1943), *Le Ciel est à vous* (Jean Grémillion, 1944), *Les Dames du bois de Boulogne* (1944) ou *Les Enfants du paradis* (Marcel Carné 1944). Quel portrait de la société française ce film donne-t-il? Citez les préoccupations centrales qui sont illustrées dans ce film. Ces préoccupations semblent-elles correspondre à la situation politique de la France occupée ou nier cette réalité? Expliquez. A votre avis, quelles vont être les réactions (positives et négatives) de la presse collaborationniste de l'époque face à ce film? Et celles de la Résistance?

2. Choisissez un film de la liste sur le site Web de ce chapitre qui a été tourné pendant la période de la reconstruction (1945–1955). Quel portrait de la société française votre film donne-t-il? Quelles sont les préoccupations centrales décrites dans ce film? Ces préoccupations semblent-elles correspondre à la situation politique de la France d'après-guerre ou semblent-elles nier cette réalité des événements récents? Expliquez. Sur le plan stylistique et/ou thématique, est-ce que ce film fait preuve d'une continuité par rappport aux films des années 30? Et par rapport à ceux tournés sous l'Occupation? Mettriez-vous ce film dans la catégorie «qualité française»? Donnez des détails du film pour justifier vos analyses.

Exposé

Choisissez le sujet qui vous intéresse le plus dans la liste et préparez un exposé selon les instructions suivantes. Présentez vos idées à la classe.

1. *Un cinéma personnel:* Choisissez un cinéaste important associé à la reconstruction qui est connu pour ses films personnalisés et pour sa vision unique. Par exemple, vous pouvez choisir Jean Cocteau ou Robert Bresson, qui ont un style plus poétique, ou bien Jacques Tati ou Roger Vadim, qui restent près de la tradition de la qualité. Vous pouvez également choisir un cinéaste de votre choix dans le même style. Maintenant, faites des recherches sur Internet. Quels sont les adjectifs et les descriptions le plus souvent attribués à ce réalisateur? En présentant votre exposé, montrez un court extrait d'un film de votre cinéaste qui illustre les commentaires trouvés en ligne. Commentez brièvement l'extrait du film pour bien souligner les éléments dits «personnels». Demandez aux autres membres de la classe de vous donner leur opinion de ce style personnel.

2. *Les trucages:* Comparez les effets spéciaux dans *La Belle et la Bête* ou dans un autre film de Jean Cocteau avec les effets spéciaux d'un film de votre choix qui met en valeur les trucages. Quelles sont les différences et les similarités entre les deux films? S'agit-il d'effets organiques, faits avec les moyens du bord, d'effets optiques ou digitaux (numériques), réalisés à l'aide d'un ordinateur, ou bien d'un autre type de trucages? Quel est l'effet de chaque type de trucages sur le spectateur? En quoi est-ce que la qualité visuelle de l'effet spécial peut changer l'interprétation du film? Lequel des deux films préférez-vous? Pourquoi? Pendant votre exposé, montrez une scène courte (une ou deux minutes) de chacun de vos deux films et demandez les opinions des autres étudiants.

Mise en scène

Choisissez un des scénarios de la liste suivante et présentez votre travail à la classe.

1. Vous êtes en train d'écrire un scénario sur un thème censuré par votre gouvernement. De quel thème s'agit-il? (Vous pouvez choisir un thème qui est vraiment censuré chez vous ou bien un autre thème de votre choix.) Maintenant, écrivez le scénario d'une scène très courte dans lequel vous traitez de ce thème de façon allégorique, sans y faire une allusion directe. Soulignez toutes les références indirectes à votre thème. Lisez vos scénarios en petits groupes. Est-ce que vos camarades et votre professeur peuvent deviner le sujet implicite de votre scénario?

2. Choisissez un poème ou une fable très courte. Ecrivez une ou deux pages d'un scénario pour une adaptation cinématographique de cette œuvre littéraire (ou d'une partie de l'œuvre). Sur une autre feuille de papier, expliquez en quelques paragraphes comment vous avez changé un texte littéraire en un texte filmique, et donc visuel. Avez-vous eu recours à des ajouts, à des omissions, à des simplifications, à des emphases différentes ou à autre chose? Qu'est-ce qui a motivé vos choix: une interprétation personnelle de cette partie du texte ou les formalités techniques de l'art cinématographique?

3. Essayez de recréer un des effets spéciaux du film *La Belle et la Bête* (mais ne soyez pas trop cascadeur!) et filmez-le avec un petit groupe d'étudiants de votre classe. Montrez votre petite séquence à la classe. Vos camarades peuvent-ils deviner exactement comment vous avez réussi le trucage?

À la fin des années 50 et à travers les années 60, une véritable révolution cinématographique—la Nouvelle Vague—bouleverse l'industrie cinématographique française et va pour toujours changer le septième art en France et dans le monde.

Sujets

- Les «trente glorieuses»
- La France sous De Gaulle
- La tradition de la «qualité»
- La Nouvelle Vague
- Le cinéma d'auteur

Objectifs du chapitre

Dans ce chapitre, vous étudierez le cinéma français des années 50 et 60 et son rôle dans la culture et dans la politique de l'époque. À la fin du chapitre, vous pourrez discuter:

- La Nouvelle Vague
- La notion de «l'auteur» d'un film
- Les liens entre la Nouvelle Vague et une société française en évolution

Pour faire les activités en ligne sur les parties *Introduction, Dossier 1, Dossier 2* et *Réflexion*, rendez-vous au site Web **www.thomsonedu.com/french/septiemeart**

Pour commencer...

1 Qu'est-ce que les années 50 et 60 évoquent pour vous? Quels films est-ce que vous avez vus qui datent de cette époque? A votre avis, est-ce que ces films présentent un portrait réaliste de ces années-là?

2. Selon vous, qu'est-ce qu'un film de «qualité»? Quels éléments techniques et thématiques doivent être présents?

3. Avez-vous déjà entendu parler de la Nouvelle Vague des années 60? A votre avis, qu'est-ce qui va être «nouveau» dans les films associés à ce mouvement artistique?

4. Donnez une définition du mot «auteur»? Est-ce qu'un film peut avoir un (ou plusieurs) «auteur(s)»?

Dans l'introduction, vous allez lire un texte sur l'évolution de la France vers un pays moderne et technologique et sur un style cinématographique qui reflète ces changements profonds. Lisez le texte et répondez aux questions suivantes.

Introduction

Nouvelle société, nouveau cinéma

Après la période de la reconstruction, les années 50 marquent le début des «trente glorieuses[1]» en France, c'est-à-dire des trois décennies après la guerre. Pendant ces années-là, la société française connaît toute une série de changements bouleversants.

D'abord, le pays perd ses colonies. En 1954, une défaite désastreuse à Diên Biên Phu signale la fin de l'occupation française de l'Indochine. En 1956, le Maroc, la Tunisie, Madagascar et les colonies d'Afrique noire font leurs premiers pas vers l'indépendance. Finalement, la guerre en Algérie divise l'opinion publique jusqu'à ce que Charles de Gaulle signe les accords d'Evian (1962) qui mettent fin à la guerre, donnent l'indépendance à l'Algérie et forcent un grand nombre de Français qui vivaient en Algérie (les pieds noirs) à retourner en France. Toujours sur le plan international, la France et l'Allemagne se rapprochent et préparent, avec le traité de Rome en 1957, le marché commun, qui deviendra éventuellement la Communauté européenne, précurseur de l'Union européenne.

Dans l'Hexagone, de plus en plus de Français à la recherche d'un emploi s'installent en ville et le niveau de vie du Français moyen s'améliore. Après la dévaluation du franc en faveur du «nouveau franc», on voit définitivement s'établir une société de consommation dans laquelle les Français achètent de plus en plus de produits (voitures, électroménager) et dans laquelle la France exporte de plus en plus. En politique, la IVe République, qui est en place depuis la fin de la guerre, échoue à cause du manque d'équilibre entre les pouvoirs exécutif et législatif. En 1958, un référendum ratifie une nouvelle constitution et De Gaulle est élu premier président de la Ve République, un nouveau régime qui accroît l'autorité présidentielle. De Gaulle souhaite redonner à la France son importance et sa grandeur, ce qu'il appelle «une certaine idée de la France», après la sombre période de l'Occupation.

Dans le monde des idées, les intellectuels français dominent la pensée occidentale. L'existentialisme de Sartre souligne la liberté du choix personnel dans un monde absurde et vide de sens; la psychanalyse de Jacques Lacan et le structuralisme de Claude Lévi-Strauss questionnent la place de l'individu dans la société; et la sémiotique, ou l'étude des signes, de Roland Barthes interroge les valeurs de la société de consommation. Dans la littérature, le «nouveau roman» renverse les critères de la littérature classique en rejetant le récit cohérent et les descriptions détaillées et logiques en faveur d'un texte rempli de pensées fugitives et rêveuses, d'insistances sur les moindres détails—ce qui évoque le gros plan cinématographique—et de chronologies incohérentes et illogiques. Peu à peu, à travers les années 50 et 60, d'autres changements dans le monde des arts voient le jour en France. Une architecture moderne remplit les banlieues de gratte-ciel et de HLM[2] en béton, parfois avec une attention portée à la dimension humaine et parfois sans égard pour les futurs occupants. En peinture, l'art abstrait règne et en musique, le rock attire les jeunes qui s'intéressent de plus en plus au progrès social. Ces changements vont mener au conflit de mai 1968, qui met fin au régime gaullien. Près de 10 millions d'étudiants et d'ouvriers font la grève et demandent

---

[1] Cette expression est le titre d'un livre du sociologue Jean Fourastié.
[2] habitation à loyer modéré: un appartement dont le loyer est fixé par le gouvernement

des réformes dans le système éducatif national et une augmentation du SMIC[3].

Le cinéma français reflète, commente et, parfois, attaque la société gaullienne d'après-guerre. D'une part, le toujours populaire «cinéma de samedi soir», garant de la «qualité française», continue la tradition du cinéma des années 30 et 40. D'autre part, de jeunes cinéastes débutants jouent avec la forme traditionnelle du film et créent la Nouvelle Vague, un type de film qui a plus à voir, du moins sur le plan visuel, avec le cinéma expérimental d'avant-garde des années 20 ou avec les films noirs des années 40 qu'avec les méthodes de production classiques de la «qualité française» et des films populaires d'Hollywood. Sur le plan thématique, les films dits «de qualité» restent dans le léger et l'apolitique et s'ancrent bien dans la culture de masse. Au lieu de s'interroger sur des questions profondes, ces comédies, ces policiers et ces mélodrames ne s'éloignent pas trop des films hollywoodiens de la même époque ou du réalisme poétique des années 30. Ils mettent l'accent sur les dialogues, sur les «héros» traditionnels, sur les sources originales d'un scénario adapté d'une œuvre littéraire et sur le montage classique qui respecte l'ordre logique dans l'échelle des plans (plan d'ensemble au début, plans moyens pour avancer l'intrigue, gros plans sur les détails-clés, champs / contre-champs pour établir les relations de pouvoir entre les personnages, etc.).

Cependant, un mouvement s'organise peu à peu à travers les années 50, qui regroupe des journalistes, des critiques et des cinéphiles de tous genres. Au départ, on s'interroge sur le statut du septième art et on considère les films comme des phénomènes culturels. Des ciné-clubs et des salles d'art et d'essai (comme la Cinémathèque française, à Paris) s'établissent et projettent des films suivis de discussions et de débats, même de polémiques. Vers la fin des années 40 et au début des années 50, des revues cinématographiques, comme *L'Ecran français* et le très influent magazine *Les Cahiers du cinéma*, commencent à paraître. Dans ces publications, de jeunes journalistes critiquent avec véhémence les grands réalisateurs des années 30, dont le style n'a guère évolué et qualifient de «cinéma de papa» les films de Marcel Carné, de Sacha Guitry, de Claude Autant-Lara et de bien d'autres.

Les films qui font partie de la Nouvelle Vague se distinguent d'abord à cause de leur style visuel et formel. Au lieu de respecter les techniques de découpage de la tradition de la «qualité», les réalisateurs de la Nouvelle Vague incluent de fausses coupes, des arrêts sur image, des montages, beaucoup de scènes tournées en extérieur avec des caméras modernes et légères, des scènes de longue durée et des bandes sonores souvent enregistrées en extérieur et en temps réel. Par exemple, dans *A Bout de souffle*, de Jean-Luc Godard, les deux personnages principaux jouent une scène très longue dans une chambre d'hôtel où, à certains moments, on entend mal les dialogues à cause du bruit venant de l'extérieur du bâtiment. Dans d'autres films, surtout chez Godard et chez Agnès Varda, on met des titres, parfois en forme de pancartes (imitant la publicité) ou en forme de graffitis sur les décors, qui annoncent de façon peu dramatique les slogans politiques et les idées subversives du film. Ces techniques ont pour effet de créer une distance critique entre le spectateur et le film, un effet tout à fait indésirable dans une narration classique où on invite le spectateur à s'identifier avec les divers éléments du film. En outre, c'est en mettant plus d'emphase sur le côté visuel d'un film que ces méthodes nous permettent non seulement de penser aux thèmes du film mais aussi de réfléchir sur le genre même du cinéma et les rapports entre le spectateur, le film et le metteur en scène.

Il n'est pas surprenant d'apprendre que la plupart des critiques et des journalistes qui vont devenir les maîtres de la Nouvelle Vague ont à peine une trentaine d'années à la sortie de leurs premiers films. C'est un cinéma de jeunes qui, avec tous les changements dans la société française de l'époque, cherche à exprimer de nouvelles idées. Et comme l'expression personnelle et authentique est valorisée dans ces œuvres, la notion d'auteur commence à jouer un rôle primordial dans le tournage d'un film. Dans son article intitulé «Une certaine tendance du cinéma français», qui paraît au milieu des années 50, François Truffaut critique l'industrie cinématographique. D'abord, Truffaut note que les films français dits de «qualité» sont souvent basés sur des œuvres littéraires et racontent une histoire d'abord avec les mots au lieu des images. Truffaut continue en disant qu'un pourcentage important de films ont les mêmes scénaristes, qui ne font que répéter des récits de grands écrivains, et les mêmes réalisateurs, qui sont réduits au rôle de simples artisans[4] ne retravaillant que les idées des autres.

Mais la critique la plus sérieuse de son article concerne la façon même de représenter la réalité à l'écran. Dans les films de la tradition de «qualité», Truffaut voit un point de vue bourgeois qui prétend

---

[3] salaire minimum interprofessionnel de croissance, c'est-à-dire l'équivalent français du «minimum wage»
[4] Les exceptions de l'époque étant Jean Cocteau, Robert Bresson, Jacques Tati et d'autres, que Truffaut juge «auteurs» à cause du côté personnel et unique de leurs films.

à un réalisme psychologique mais qui, en fin de compte, n'est «ni réel, ni psychologique» à cause de la fadeur de ses commentaires sur la vie intérieure de l'être humain et du manque d'intérêt qu'il montre à l'égard des personnages types: héros, cocu, curé, etc. Selon Truffaut, au lieu de répéter les mêmes leçons et formules, le cinéaste devrait écrire et tourner lui-même un film basé sur ses propres expériences vécues et sur sa vision personnelle du monde, qu'elle se conforme ou non aux idées reçues de la société. Truffaut s'empresse de mettre ce programme en œuvre dans son premier film (et premier grand succès), *Les Quatre Cents Coups,* dans lequel il retrace de façon plus ou moins autobiographique son enfance. Au lieu de tomber dans le piège d'une nostalgie moralisatrice, le personnage principal du film n'a que faire des règles de la société; il vole une machine à écrire, il ment aux autorités, il fait l'école buissonnière[5], etc. Mais en même temps, il développe un intérêt pour la littérature et il aime sa mère, quoique celle-ci trompe son mari. En somme, le film crée un portrait plus réaliste d'un être humain qui a des qualités et des défauts, comme tout le monde, et qui vit dans une société qui, elle non plus, n'est pas parfaite.

Cette vision plus exacte du monde diffère donc de celle des films classiques qui, comme les films hollywoodiens, présentent un monde où l'ordre règne, du moins après la «fin heureuse», et où le statu quo n'est jamais remis en question. Mais cette vision plus honnête du monde est aussi celle de la jeunesse et on se rend compte, chez Truffaut et chez d'autres cinéastes de la Nouvelle Vague, que leurs œuvres deviennent moins subversives après les années 60. En fait, en 1980, Truffaut lui-même tourne *Le Dernier Métro,* un film quasi-hollywoodien au budget important, au récit et au montage classiques, avec des vedettes importantes, comme Catherine Deneuve et Gérard Depardieu. Ce film s'aligne donc plus avec la tradition de la «qualité» qu'avec la Nouvelle Vague, dont les films avaient de petits budgets et des acteurs peu connus—à l'époque— comme Jeanne Moreau, Jean-Paul Belmondo et Brigitte Bardot. Cependant, d'autres cinéastes «auteurs» restent plus fidèles aux idées et aux méthodes de production de la Nouvelle Vague, comme par exemple Godard, qui continue à faire des films personnels, et Varda, dont le travail récent retient l'instinct documentaire et l'insistance sur le visuel coutumiers aux films de la Nouvelle Vague.

Est-ce que la Nouvelle Vague existe toujours de nos jours? La réponse à cette question est vraisemblablement «non». Cependant, on perçoit l'influence de la Nouvelle Vague chaque fois qu'un cinéaste contemporain intervient dans le récit pour rappeler aux spectateurs qu'ils sont en train de regarder un film. On surprend encore cette influence lorsqu'un réalisateur privilégie la mise en scène, parfois même aux dépens du récit, comme dans le cinéma du look des années 80 ou dans certains films de Claire Denis ou de Catherine Breillat. Enfin, on retrouve l'influence formelle de la Nouvelle Vague dans l'œuvre de cinéastes d'outre-atlantique, comme Francis Ford Coppola ou Quentin Tarantino.

Activités de compréhension

J'ai compris!

Complétez les phrases suivantes avec des informations du texte ci-dessus.

1. Les «trente glorieuses», c'est <u>des trois décennies après la guerre pendant lesquelles la société française connaît toute une série de changements bouleversant.</u>

2. Le premier président de la Ve République a été <u>De Gaulle</u>

3. La «qualité française» ressemble au cinéma de _____

4. La Nouvelle Vague peut tracer ses racines dans _____

[5] Il ne se présente pas en cours.

5. Le premier film de François Truffaut, c'est _Les quatre cents coups_

6. Les premiers cinéastes de la Nouvelle Vague travaillaient comme _____ à la très prestigieuse revue qui s'appelle _Les cahiers du cinéma_

7. Le «cinéma de papa», c'est _____

Donnons les détails

1. Pour chacune des catégories suivantes, relevez et expliquez au moins deux changements qui ont eu lieu en France au cours des années 50 et 60:

    a. politique intérieure _____

    b. politique extérieure _____

    c. économie _____

    d. société _____

    e. arts et littérature _____

2. Comment et pourquoi est-ce que la Nouvelle Vague est née?

    –les cinéastes voulaient changer des choses (le cinéma qui existait était trop traditionnel)

    –à cause de la guerre, cinéma de divertissement

    –l'importance du dialogue et le son, manque de l'image (nouvelle importance à l'image)

3. Citez au moins cinq techniques cinématographiques associées à la Nouvelle Vague.

    ① le traveling   ③ style documentaire   ⑤ des faux raccords

    ② le son/décor naturel   ④ des effets de montage

4. En quoi est-ce que le traitement d'un sujet va différer dans un film de la «qualité française» et dans un film de la Nouvelle Vague?

    QF: trait le sujet avec un grand nostalgie

    NV: montre la côté un peu difficile de la chose, plus réaliste, engagé plus du façon politique

5. Dans quels films contemporains est-ce que vous pensez avoir discerné des influences de la Nouvelle Vague des années 60?

    _____

Mini-biographie de Jean-Luc Godard

Né en 1930 et issu d'une famille bourgeoise, Jean-Luc Godard finit une éducation classique avant de commencer sa carrière dans le cinéma. Il travaille d'abord comme journaliste, notamment pour *Les Cahiers du cinéma,* et essaie ensuite de tourner des courts métrages. En même temps, Godard s'enracine dans la culture cinématographique parisienne des années 50. Il fréquente les ciné-clubs et il y fait la connaissance d'autres futurs artistes de la Nouvelle Vague, comme François Truffaut et Eric Rohmer. *A Bout de souffle,* le premier long métrage de Godard, est reçu à Paris comme un film révolutionnaire grâce à un style visuel innovateur (faux raccords, prises de longues durées, dialogues qui divaguent, etc.) et aussi grâce à un traitement du sujet qui cherche à déconstruire le monde bourgeois sensé et rationnel. Sur le plan politique, les films de Godard critiquent surtout la société de consommation et les guerres coloniales, souvent jusqu'au point de scandaliser un public peu habitué à une expression si franche qui dénonce les mythologies culturelles et les idées reçues. A travers les années, Godard a tourné plus de 80 films, longs et courts métrages confondus, et le cinéaste semble varier son travail en optant soit pour des films expérimentaux, soit pour des films d'un style documentaire, soit pour des films plus narratifs.

Le film

Michel (Jean-Paul Belmondo), un jeune gangster, arrive à Paris après avoir volé une voiture et tué un policier. En ville, Michel est recherché par la police, mais au lieu de fuir tout de suite, il essaie de trouver une somme d'argent importante qu'on lui doit et de convaincre une jeune journaliste américaine, Patricia (Jean Seberg), de l'accompagner.

Tourné souvent en extérieur, avec un budget peu important, ce film introduit au public un nouveau style visuel signé Godard: les fameux «jump cuts», le son enregistré dans la rue, les dialogues qui traînent, les tournures brusques de l'intrigue, les prises de vue de longue durée, etc. Adoré par certains, et peu compris par d'autres à sa sortie, le film représente aujourd'hui un exemple type de la Nouvelle Vague.

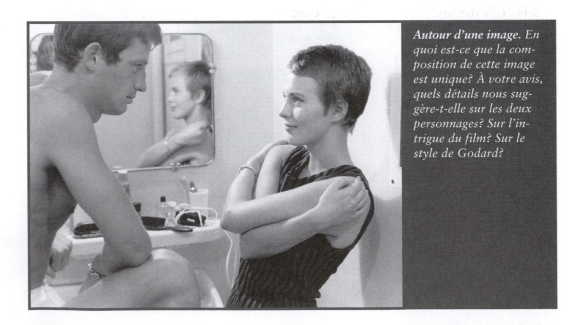

Autour d'une image. En quoi est-ce que la composition de cette image est unique? À votre avis, quels détails nous suggère-t-elle sur les deux personnages? Sur l'intrigue du film? Sur le style de Godard?

■ Savez-vous?

Est-ce que les phrases suivantes sont vraies ou fausses? Si la phrase est fausse, corrigez-la.

1. Jean-Luc Godard est surtout associé à la «qualité française».

   _____

2. Godard fait des films apolitiques.

   _____

3. Ce cinéaste a tourné des longs métrages, des courts métrages, des documentaires et des films narratifs.

   _____

4. Godard a tourné très peu de films.

   _____

5. Dans *A Bout de souffle,* il s'agit d'un gangster qui a commis un seul crime.

   _____

6. Dans ce film, Michel reste à Paris pour une seule raison.

   _____

Avant de regarder

A votre avis

Répondez aux questions en donnant vos opinions sur le septième art.

1. Décrivez les éléments d'un film policier typique: personnages, intrigue, techniques visuelles, etc. Aimez-vous ce genre de film? Pourquoi ou pourquoi pas?

2. Dans un film policier classique, qu'est-ce que le metteur en scène présente de façon sérieuse? Et de façon comique? Quelles techniques cinématographiques utilise-t-on pour distinguer entre les deux? Est-ce que ce serait choquant de présenter un événement supposé «sérieux» en employant une technique réservée à la comédie (ou vice-versa)? Expliquez.

En regardant

Regardons de près

Dans les cases vides du tableau, notez des scènes du film *A Bout de souffle* qui contiennent les techniques suivantes de la Nouvelle Vague. Quel est l'effet de chaque technique sur l'interprétation de la scène? S'agit-il d'un effet comique? D'un effet de choc? D'un effet tragique? D'une insistance? D'autre chose?

Technique	Scène	Effet sur le spectateur
scène de longue durée		
travelling		
faux raccord / jump cut		
cadrage instable		
bruit de fond		
tournage en temps «réel»		
dialogue incongru ou irrévérent		

L'intrigue

En regardant ce film, notez un événement ou une image qui correspond à chacun des adjectifs suivants.

Adjectif	Scène
absurde	
américain	
artificiel	
capitaliste	
«dégueulasse»	
spontané	

Etude des personnages

Faites une description de chaque personnage principal (aspect physique, caractère, rapports avec les autres personnages, motivations, etc.). Donnez autant de détails que possible. Ensuite, après avoir regardé le film, avec les autres membres de la classe, comparez vos descriptions et choisissez: (1) le personnage que vous aimez le plus; (2) le personnage que vous aimez le moins; et (3) le personnage le plus honnête.

Personnage	Michel	Patricia
description physique		
caractère		
rapports avec les autres		
motivations		
autres détails		
jugements	plus aimé(e) moins aimé(e) plus honnête	plus aimé(e) moins aimé(e) plus honnête

Après avoir regardé

Réaction personnelle

Répondez aux questions en donnant vos opinions sur le film. Vous pouvez répondre à l'oral ou à l'écrit selon les instructions de votre professeur.

1. Qu'est-ce que vous avez aimé et pas aimé dans *A Bout de souffle*?
2. A votre avis, à quel public est-ce que ce film plairait? A qui est-ce que ce film ne plairait pas? Expliquez.
3. Est-ce que ce film paraîtrait toujours innovateur pour le spectateur contemporain? Expliquez votre opinion en citant des détails du film.

Etude des personnages (suite): Discutons

D'après les notes que vous avez prises pour l'activité Etude des personnages à la page 92, s'agit-il de personnages avec une psychologie stable dans ce film? Par exemple, qui est plus stable et qui est moins stable sur le plan psychologique? Discutez cette question en groupe de deux ou trois et justifiez votre point de vue en citant des détails du film et de vos notes. A votre avis, est-ce que la psychologie des personnages est prise au sérieux dans le film ou bien sert-elle simplement à provoquer le spectateur? Expliquez.

Analyse de scène

En quoi est-ce qu'on brise les règles de la narration cinématographique dans la scène Michel / Patricia dans la chambre? Donnez autant de détails que possible sur le contenu et sur la forme.

Ecrivez une mini-rédaction d'une seule page ou selon les instructions de votre professeur.

Débats

Divisez la classe en deux. Un des groupes soutiendra la thèse (a) et l'autre groupe soutiendra la thèse (b) de chaque question. Les deux groupes doivent soutenir leurs arguments en citant des scènes spécifiques du film *A Bout de souffle*. Après le débat, décidez quel groupe a mieux argumenté sa thèse et a cité plus de détails du film. Etiez-vous personnellement d'accord avec la thèse que vous étiez obligé(e) de prouver? Expliquez.

1. Thèse (a): Ce film présente une image plutôt positive de la femme.
   Thèse (b): Ce film présente une image plutôt négative de la femme. Les deux groupes doivent soutenir leurs points de vue avec des détails thématiques formels (de la mise en scène).

2. Thèse (a): L'artiste a l'obligation de dire la vérité à son public et de maintenir une moralité claire, où le «bien» et le «mal» se distinguent facilement. Dans quelles circonstances est-ce que l'artiste peut jouer sur le «vrai» et le «faux» ou sur le «bon» et le «mauvais»?
   Thèse (b): Le public a l'obligation de faire attention et de «lire» un film correctement, de ne pas être trompé par l'artiste et d'essayer de comprendre les ambiguïtés et les nuances de la vérité et de la moralité. Dans quelles circonstances est-ce que l'artiste peut jouer sur le «vrai» et le «faux» ou sur le «bon» et le «mauvais»?

Dossier 2   *Hiroshima mon amour* (Alain Resnais, 1960) (d'après un scénario de Marguerite Duras)

■ Mini-biographie de Marguerite Duras

Née en Indochine, à l'époque une colonie française, Marguerite Duras (1914–1996) fait des études de droit et de sciences politiques avant de devenir écrivain pendant les années 40. Son style est plutôt abstrait. Elle narre des événements qu'elle n'essaie pas de raconter dans un ordre chronologique, mais qu'elle domine en les considérant de différents points de vue. Auteur, scénariste et cinéaste, on l'associe au «nouveau roman», une étiquette qu'elle refuse. Elle connaît une notoriété internationale avec *Hiroshima mon amour,* le film d'Alain Resnais dont elle écrit le scénario et les dialogues, mais c'est avec son roman *L'Amant* (1984) qu'elle connaît la gloire et gagne le prestigieux Prix Goncourt. Dans ses romans et ses films, les préoccupations les plus notables sont le désir féminin, l'amour, la mort et la mémoire.

■ Mini-biographie d'Alain Resnais

Ancien élève de l'IDHEC, l'Institut des hautes études cinématographiques, à Paris, Alain Resnais (1922–) commence sa carrière en tournant des quasi-documentaires, dont le plus connu reste *Nuit et brouillard,* un court métrage qui montre les horreurs des camps de concentration pendant la guerre. Ses longs métrages explorent souvent le passage du temps, le rapport entre la chronologie et la narration et notre conception de la temporalité et de la mémoire. Resnais fait partie du groupe «rive gauche» des cinéastes de la Nouvelle Vague à cause de la qualité quasi-documentariste de ses œuvres.

■ Le film

Une Française (Emmanuèle Riva) rencontre un Japonais (Eiji Okada) à Hiroshima pendant le tournage d'un film sur «la paix». La femme, actrice, et l'homme, architecte, passent deux nuits ensemble à parler de leurs vies. On apprend peu à peu que l'homme rappelle à la femme un soldat allemand qu'elle a aimé pendant la guerre et qui a été tué.

La difficulté pour les protagonistes de sauvegarder et de raconter leurs souvenirs, sous la double menace de l'oubli et du temps qui passe est accentuée dans cette ville en ruines, marquée par les conflits entre les cultures, où le passé pèse lourdement.

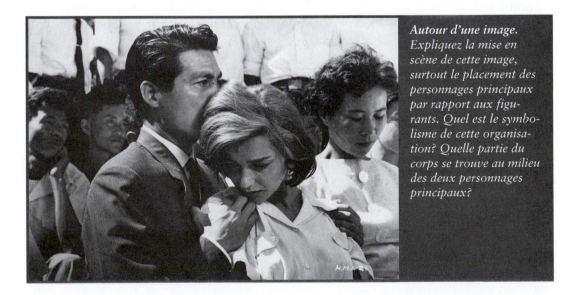

Autour d'une image. Expliquez la mise en scène de cette image, surtout le placement des personnages principaux par rapport aux figurants. Quel est le symbolisme de cette organisation? Quelle partie du corps se trouve au milieu des deux personnages principaux?

■ Savez-vous?

Est-ce que les phrases suivantes sont vraies ou fausses? Si la phrase est fausse, corrigez-la en rajoutant des détails.

1. Il s'agit d'un Français et d'une Japonaise.

2. Ce film a lieu pendant la Deuxième Guerre mondiale.

3. Ce film semble avoir deux sujets: le couple et la ville.

4. La femme a eu des ennuis pendant la guerre en France.

5. Ce film va sûrement présenter notre mémoire comme un phénomène peu compliqué que l'on maîtrise facilement.

Avant de regarder

Les événements historiques

Cherchez les réponses dans un livre d'histoire, dans une encyclopédie ou sur Internet.

1. Quelles sont les dates de la Deuxième Guerre mondiale?

2. Qui luttait contre qui? Pourquoi?

3. En quelle année est-ce que la France a été libérée de l'Occupation allemande?

4. A votre avis, quelles sanctions existaient pour les Français qui avaient collaboré avec l'occupant allemand?

5. En quelle année est-ce que l'Allemagne a capitulé?

6. Qu'est-ce qui s'est passé à Hiroshima le 6 août 1945? Et à Nagasaki le 9 août?

7. Combien de personnes sont mortes immédiatement le 6 août? Et dans les mois suivants?

8. Quand est-ce que le Japon a capitulé?

A votre avis

Répondez aux questions en donnant vos opinions sur le septième art.

1. A votre avis, qu'est-ce que le titre de ce film suggère?
2. Après avoir lu le titre, pouvez-vous imaginer ce dont ce film va traiter? Expliquez.

En regardant

 ### *Regardons de près*

Dans le film, notez un exemple de chaque élément du style Nouvelle Vague dans le tableau suivant. Ensuite, expliquez le rôle qu'il joue dans le récit et l'effet qu'il provoque chez le spectateur.

Elément	Scène ou plan du film	Rôle dans le récit	Effet
Modèle: documents d'archives (effet documentariste)	*la scène au musée*	*rappeler au public les horreurs de la bombe*	• *choquer le spectateur* • *créer de la pitié pour les victimes innocentes*
1. montage			
2. influence de la publicité			
3. chronologie instable (effet «nouveau roman»)			
4. arrêt sur image			
5. rupture dans la continuité des plans			
6. son diégétique (direct)			
7. travelling (de longue durée)			

Etude des personnages

Notez, dans le tableau ci-dessous, ce que l'on apprend sur les deux personnages. Qu'est-ce qu'on n'apprend pas? Quel est l'effet de ce manque de détails?

	La femme	L'homme
On apprend...	• • •	• • •
On n'apprend pas...	• •	• •
Effets		

Après avoir regardé

Réaction personnelle

Répondez aux questions en donnant vos opinions sur le film. Vous pouvez répondre à l'oral ou à l'écrit selon les instructions de votre professeur.

1. Quels éléments spécifiques du film vous ont choqué(e) le plus? A votre avis, est-ce que c'était l'intention du réalisateur de choquer? Pensez-vous que ce film ait choqué les spectateurs lors de sa sortie? Pour quelles raisons?

2. Est-ce que vous avez trouvé les deux personnages principaux sympathiques? Expliquez. Quel est l'effet, sur vous, du fait que les personnages n'ont pas de noms?

Thématique

Répondez aux questions suivantes en citant des détails thématiques du film.

1. Selon ce film, quelle est la relation entre le souvenir et l'oubli? Comment est-ce que le film présente cette relation? Citez des éléments formels et thématiques.

_____

_____

2. En quoi est-ce qu'Hiroshima est présenté comme une ville internationale dans ce film? Expliquez les rapports entre les aspects japonais de la ville et les aspects internationaux. Justifiez votre point de vue avec des détails thématiques formels de la mise en scène.

_____

_____

Analyse de scène: Mini-colloques

Divisez-vous en groupes de trois personnes. Chaque personne écrira une mini-composition d'une page au maximum sur un des sujets suivants. Chaque membre du groupe doit travailler sur un sujet différent. En classe, chaque groupe aura un mini-colloque dans lequel les trois membres présenteront leur travail. Après la lecture, posez des questions aux autres membres de votre groupe sur leur travail. Etes-vous d'accord avec leurs analyses? Pourquoi ou pourquoi pas?

1. Décrivez en détail le montage au début du film. Quels types de plans sont employés? Quel est l'effet des juxtapositions? Voyez-vous une «moralité» dans cette partie du film? A votre avis, en quoi est-ce que le montage représente la meilleure technique pour présenter le sujet? Expliquez.

2. Quel est le rôle de la scène du tournage du film sur la «paix»? En quoi est-ce que ce film fictif reflète le film que vous êtes en train de regarder? Quel commentaire sur le cinéma est-ce que Resnais et Duras font ici?

3. En quoi est-ce que la scène dans la cave diffère des autres scènes dans ce film? Donnez des détails thématiques formels de la mise en scène. Qu'est-ce que cette partie du film dit sur la réaction des Français à l'épuration, c'est-à-dire la période après la Libération pendant laquelle on cherchait les «collabos»? Est-ce que la châtiment de la femme est juste? Expliquez.

Réflexion

Synthèse

1. La Nouvelle Vague s'inscrit dans une longue série de «chocs» (son, guerres, couleur, format 16/9, téléfilms, images numériques, etc.) qui ont changé le septième art pour toujours. A votre avis, quel est le «choc» le plus important? Et le moins important? Quel choc a produit les conséquences les plus lourdes? Et les moins lourdes? Expliquez en citant des films spécifiques.

2. Est-ce possible pour un film personnel («cinéma d'auteur») d'être trop personnel? Pourquoi ou pourquoi pas? Est-ce bien de créer un film que le grand public ne va pas bien comprendre et/ou ne va pas beaucoup aimer? Les producteurs et les studios ne vont-ils pas y perdre leur argent? Expliquez votre point de vue sur les rapports entre la fonction artistique et l'aspect commercial du cinéma. Quelles solutions peuvent résoudre les tensions entre ces deux parties de l'industrie cinématographique? Et quel rôle le public devrait-il y jouer?

Rédaction

Choisissez une des questions suivantes et écrivez une rédaction pour y répondre en détail.

1. Comment est-ce que le film *Hiroshima mon amour* présente une condamnation nuancée de la violence tout en évitant les polémiques? Citez des éléments du récit et de la mise en scène pour soutenir votre argumentation.

2. Comparez le rôle de la femme dans la société dans les films *A Bout de souffle* et *Hiroshima mon amour*. Pour chaque film, citez des éléments du récit et de la mise en scène pour soutenir votre argumentation.

3. Dites comment la relation amoureuse est abordée dans *Hiroshima mon amour* et/ou *A Bout de souffle*. Comment est-ce que Godard et Resnais dépeignent l'amour? Comme un sentiment purement romantique? Qu'est-ce qui motive chaque personnage dans sa relation avec son (sa) partenaire?

Exposé

Choisissez le sujet qui vous intéresse le plus dans la liste. Préparez un exposé selon les instructions suivantes et présentez vos idées à la classe.

1. Quelles sont les influences américaines dans *A Bout de souffle*? Quelle est l'attitude de Godard envers ces éléments? Les traite-t-il de façon critique? Montrez un extrait (d'une ou deux minutes seulement) du film pour soutenir vos arguments.

2. Regardez *Breathless* (1983), le remake d'*A Bout de souffle*. Quelles sont les différences et les similarités entre les deux versions? Quel film préférez-vous. Pourquoi? Montrez des scènes parallèles, d'une ou deux minutes, de chaque film et demandez à la classe de les comparer.

3. Selon le film *Hiroshima mon amour*, comment est-ce que notre mémoire fonctionne? Mentionnez les éléments techniques et thématiques qui sont employés. Montrez un extrait (d'une ou deux minutes seulement) du film *Hiroshima mon amour* pour soutenir vos arguments.

Mise en scène

Avec votre caméscope et quelques autres membres de votre classe, écrivez un court scénario d'une ou deux minutes ou bien choisissez une scène très courte d'un film que vous connaissez déjà ou que vous avez étudié en cours. Ensuite, divisez-vous en deux groupes. Chaque groupe doit filmer cette même scène: un groupe selon les méthodes classiques de la tradition de la «qualité» et l'autre groupe en employant les techniques de la Nouvelle Vague. Présentez vos films en classe et comparez-les d'un point de vue cinématographique et thématique. Quelles méthodes est-ce que chaque groupe a employées pour tourner la séquence? Quels sont les effets de la technique sur le contenu de cette même scène?

Exploration DVD Interactif: Jules et Jim (François Truffaut, 1960)

Jules et Jim est un film de François Truffaut (1932–1984), l'un des apôtres de la Nouvelle Vague et un metteur en scène qui est aussi connu pour les films *Les Quatre Cents Coups* (1959), *L'Enfant sauvage* (1970), *La Nuit américaine* (1971) et *Le Dernier Métro* (1980). Son style varie entre l'expérimentation formelle et un cinéma narratif plus traditionnel. Avec le DVD-ROM *Jules et Jim Interactif*, vous allez découvrir ce cinéaste lors de sa période Nouvelle Vague. Notez, en particulier, le style visuel discontinu, les dialogues fragmentés et la dynamique moderne du rapport entre les personnages de ce film. Ensuite, complétez les activités suivantes en explorant le DVD-ROM interactif du film.

Si vous avez Jules et Jim Interactif DVD-ROM à votre disposition, utilisez-le pour vous aider à compléter les activités suivantes.

1. Activité orale: La Palme d'or

Avec un(e) partenaire, cliquez sur la section «Paroles» du DVD-ROM et entraînez-vous à prononcer les dialogues dans votre scène préférée du film. Ensuite, jouez la scène devant vos camarades. La classe votera pour...

- la meilleure interprétation dramatique
- la meilleure interprétation comique
- la meilleure interprétation romantique
- la meilleure interprétation originale

Bon courage dans votre poursuite de la Palme d'or!

2. Exposé: Pour en savoir plus

Divisez-vous en groupes de deux ou trois personnes et cliquez sur la rubrique «Notes» du DVD. Le professeur attribuera une note différente à chaque groupe.

1. *Ecrivez*: Lisez votre note et faites-en un résumé d'une ou deux phrases par écrit. Ne recopiez pas le texte; simplifiez et paraphrasez-le.
2. *Parlez*: Présentez votre résumé à la classe.
3. *Ecoutez*: Après la lecture de chaque résumé, posez une question au groupe qui vient de présenter.

3. Banc d'essai: Testez le logiciel!

Après avoir exploré le DVD-ROM, classez les activités suivantes selon l'ordre de vos préférences. Pour votre activité préférée, dites ce que vous aimez particulièrement; pour l'activité que vous aimez le moins, dites ce que vous n'aimez pas.

- Visionnement interactif du film (*Interactive viewing of film*)
- Notes (*Notes*)
- Des mots et des choses (*Vocabulary*)
- Compréhension et écriture (*Comprehension and writing*)
- Distractions grammaticales (*Grammar*)
- Echolalies et Répliques (*Speaking exercises*)
- Théâtre (*Role-playing*)

Les années 70–80: Le cinéma féminin

Traditionnellement, le cinéma est une affaire d'hommes, mais comme en littérature contemporaine, les femmes ont fait une entrée remarquée et impressionnante dans le septième art, avec des films qui remettent en question le cinéma masculin et une vision qu'elles considèrent parfois comme trop patriarcale et limitée.

Sujets

- La condition féminine en France
- Le cinéma: Regard masculin?
- La difficulté d'un autre regard

Objectifs du chapitre

Dans ce chapitre, vous étudierez l'émergence d'un cinéma féminin dans les années 70 et 80. A la fin du chapitre, vous pourrez discuter:

- La spécificité du cinéma des femmes selon des critères thématiques et esthétiques
- L'importance de l'autobiographie dans le cinéma féminin

Pour faire les activités en ligne sur les parties *Introduction, Dossier 1, Dossier 2* et *Réflexion*, rendez-vous au site Web
www.thomsonedu.com/french/septiemeart

Pour commencer…

1. Donnez des exemples de films typiquement féminins. Selon vous, quel genre de films est-ce que les femmes préfèrent aller voir? Et les hommes? Aiment-ils aller voir les mêmes films? Comment expliquez-vous la différence?

2. Vous semble-t-il plus facile d'être un homme ou une femme dans notre société? Pourquoi? Faites deux colonnes et notez les avantages d'être un homme dans l'une et ceux d'être une femme dans l'autre. Comparez les deux colonnes.

3. Expliquez la notion de société «patriarcale». Notre société est-elle patriarcale? Inversement, connaissez-vous des exemples de sociétés matriarcales?

4. Croyez-vous qu'il est nécessaire d'introduire un type de «discrimination positive» pour aider les femmes dans la société? Si oui, dans quels domaines?

Dans l'introduction, nous allons étudier l'évolution de la condition féminine en France et les difficultés rencontrées par les femmes à travers les âges. Après avoir lu le texte, complétez les activités qui suivent.

Introduction

La voix des femmes

Pour comprendre l'importance de l'émergence d'un cinéma féminin en France, il faut d'abord poser les jalons principaux de l'histoire des femmes en France et en Occident. Dans les sociétés antiques, les femmes étaient traditionnellement assimilées à des mineures, d'abord sous l'autorité du père et ensuite celle du conjoint. Pendant le Moyen Age, on continue la tradition des mariages arrangés et souvent, les jeunes filles sont mariées dès l'âge de 12 ans (âge de la maturité). Jusqu'à la Révolution, le système patriarcal continue de restreindre les femmes à des tâches domestiques et reproductrices. Pourtant, les femmes bénéficient déjà d'un droit de vote, bien que très limité, et de l'accès à certains métiers. Cependant, ce n'est qu'avec la chute de l'Ancien Régime que les femmes commencent à réclamer l'égalité de droits avec les hommes.

Au 18e siècle, ce sont les femmes qui tiennent salon. Dans ces salons, les penseurs et les philosophes des Lumières se réunissent pour débattre d'une nouvelle culture politique basée sur la liberté d'expression qui trouvera sa consécration en 1789. Avec l'avènement de la République et la Marche des Femmes de Paris à Versailles (lors de laquelle les femmes capturent le roi Louis XVI), les femmes font une entrée fracassante sur la scène politique. En 1792, Mary Wollstonecraft publie *A vindication of the rights of women,* un commentaire sur l'importance de la Révolution en ce qui concerne la condition féminine. En 1791, une autre femme, Olympe de Gouges, avait déjà appelé à la parité politique entre hommes et femmes dans sa *Déclaration des droits de la femme et de la citoyenne,* mais elle est guillotinée deux ans plus tard pour sédition (on l'accusait de sympathies royalistes).

En 1790, on supprime le droit d'aînesse masculin; tous les enfants partagent désormais les mêmes droits. C'est un premier pas vers l'égalité des sexes. En 1792, le divorce par consentement mutuel est officiellement reconnu par la loi. Plusieurs hommes politiques, dont Condorcet, commencent alors à plaider pour le droit de vote pour les femmes, mais sans succès. L'instauration du suffrage «universel» en 1793 exclue toujours les femmes de la citoyenneté. Mais les femmes persistent et elles interviennent même dans les assemblées politiques sans y avoir été invitées. On les surnomme les «tricoteuses» car elles font souvent du tricot pendant les séances des assemblées. Cependant, avec la Terreur et l'Empire, la culture politique française revient à un conservatisme social qui privilégie une vision traditionaliste du monde, et le code civil de 1804 entérine la position subalterne de la femme dans la société. Comme dans les sociétés antiques, seul le père ou le mari est alors habilité à prendre des décisions juridiques.

Avec l'émergence d'une société bourgeoise au 19e siècle, la femme continue d'être victime de discrimination sexuelle. Elle est cantonnée au rôle de bonne mère de famille, alors que le mari détient l'essentiel du pouvoir économique et de l'autorité politique. Pourtant, quelques événements importants sont à noter. En 1832, le viol devient un crime (même si c'est le père ou le mari qui se constitue partie civile). En 1838, la première Ecole normale d'institutrices est ouverte. Les femmes ont alors accès à l'enseignement (et en 1880, la loi Sée va instituer l'enseignement secondaire public pour les femmes). Dix ans plus tard, Eugénie Niboyet, qui milite en faveur de projets sociaux comme la réforme des prisons, l'éducation et la suppression de l'esclavage, fonde le journal *La Voix des femmes*. La même année, de nombreuses féministes, comme Louise Colet et Jeanne Deroin, participent à la vie politique et proposent même la candidature (illégale) de George Sand aux élections, sans que celle-ci le sache. Malheureusement, les gouvernements successifs, de la IIe République (1848) à la IIIe République en (1875), réaffirment la privation de droits politiques des femmes.

Si les Américaines obtiennent le droit de vote en 1920 (dans les élections fédérales), ce n'est qu'en 1945 que les Françaises obtiennent le même droit. La même année, on crée le congé maternité et on supprime la notion de salaire féminin (typiquement inférieur). Désormais, à travail égal, hommes et femmes recevront un salaire identique. Bien sûr, dans la pratique, de nombreuses disparités persistent dans le traitement des hommes et des femmes dans le monde du travail comme sur la scène politique. Par exemple, ce n'est qu'en 1975 que la légalité de l'avortement est reconnue par l'Assemblée (loi Veil) et que la législation française décide de sanctionner les discriminations fondées sur le sexe, en particulier en matière d'embauche. Notons que deux ans plus tôt, 343 femmes philosophes et intellectuelles, parmi lesquelles Simone de Beauvoir, Bernadette Lafont, Jeanne Moreau, Catherine Deneuve et Françoise Sagan, avaient signé un manifeste (le *Manifeste des 343 salopes*) en faveur de la légalisation de l'interruption volontaire de grossesse. Ce manifeste avait fortement contribué à faire avancer le débat en faveur du libre accès des femmes aux moyens anticonceptionnels («avortement libre»).

Parmi les principaux penseurs du féminisme au 20e siècle, il faut citer Simone de Beauvoir, qui déclare qu'on ne naît pas femme mais qu'on le devient. C'est là le début d'un débat entre genre et sexe, où l'on s'interroge sur la construction de l'identité sexuelle. La question posée est la suivante: Les hommes sont-ils fondamentalement différents des femmes (la théorie de deux identités irréductibles) ou bien n'y a-t-il qu'un seul être humain et deux genres (ou deux constructions culturelles) différents? En d'autres termes, la différence entre les hommes et les femmes se réduit-elle à une différence biologique (qui informerait tout le reste) ou est-elle le fruit d'une construction sociale qui entérine la domination d'un sexe sur l'autre (idéologie)?

Ces questions-là sont au cœur du travail réalisé par les femmes pour le grand écran, depuis Alice Guy et Germaine Dulac. Ce n'est que dans les années 60 que les femmes commencent à mettre leur marque sur un domaine qui jusqu'alors est réservé presque exclusivement aux hommes. Mais, grâce aux travaux de théoriciennes de la littérature, comme Marguerite Duras, Hélène Cixous et Annie Leclerc, la question d'une langue (et d'un regard) exclusivement féminine est posée. Pour ces femmes, l'émancipation politique et sociale doit impérativement passer par la constitution d'une langue authentiquement féminine. Dans ces termes, la lutte pour l'égalité matérielle est secondaire. Sans «langue féminine», disent ces féministes, sans «regard féminin», la femme reste inféodée à une vision du monde qu'elle hérite de l'homme.

De fait, la plupart des penseurs hommes de gauche définissent l'émancipation féminine en termes uniquement économiques. Godard, pour ne citer que lui, compare l'exploitation des femmes à celle de certains hommes dans les mêmes situations (en entreprise par exemple) mais il refuse de prendre en compte la spécificité culturelle du travail des femmes dans d'autres situations, comme celle des mères de famille par exemple (travail domestique). Il faut d'ailleurs constater que jusqu'à récemment, une mère de famille qui se consacrait à l'éducation de ses enfants et à la tenue de sa maison, mais qui n'avait pas de travail «à l'extérieur du domicile», était considérée «sans profession».

Deux trajectoires principales émergent alors dans le cinéma féminin. L'une concerne la condition sociale des femmes, l'autre le regard que les femmes portent sur le monde (et sur l'art). Parmi les cinéastes les plus notables, il faut citer Chantal Akerman, qui montre comment la femme peut s'émanciper, par la violence au besoin, de l'esclavage domestique, dans *Jeanne Dielman 23 Quai du Commerce* (1976). Dans le reste de son œuvre, Akerman va s'attacher à l'importance de l'autobiographie dans la constitution d'un discours qui fait la part belle à l'histoire des femmes. En effet, pour de nombreuses féministes, l'histoire «officielle» est avant tout l'histoire des hommes, vue par les hommes; d'où l'importance de se pencher sur l'autobiographique, l'intime, le personnel, en réaction au discours «phallocentrique» et à l'idéologie officielle.

C'est aussi le choix d'auteurs comme Diane Kurys qui, dans *Diabolo menthe* (1977), nous brosse le portrait nostalgique de deux adolescentes dans la France des années 60. Dès 1975, Coline Serreau, auteur du célèbre *Trois Hommes et un couffin* (1985), avait déjà tourné un documentaire intitulé *Mais qu'est-ce qu'elles veulent?*, qui consistait en une série d'entretiens avec des femmes de milieux différents. Dans cette œuvre, Serreau donnait la voix aux femmes et offrait au public une nouvelle vision de leurs espoirs et de leurs désirs dans la société contemporaine. Dans le même registre, le droit à la parole, le droit au travail et le droit à la justice sont, parmi d'autres, des revendications de cinéastes comme Yannick Bellon, Agnès Varda et Marguerite Duras.

Même si les femmes ont toujours rencontré des difficultés pour monter leurs films en raison de la réticence des producteurs et des pouvoirs publics (qui fournissent aux cinéastes français une «avance sur recettes»), on peut conclure que le cinéma féminin des années 60 aux années 80 marque une avancée considérable pour l'émancipation des femmes dans le discours et dans la vie politique. Ce cinéma, bien qu'il s'inspire des avancées de la Nouvelle Vague et de sa remise en cause du «cinéma de qualité», s'en démarque également de par la spécificité de sa thématique (l'histoire des femmes) et ses investigations formelles sur le «regard» féminin.

Activités de compréhension

Au choix!

Choisissez la réponse correcte et comparez vos réponses avec celles de votre voisin(e).

1. Pendant le Moyen Age, on pouvait obliger les jeunes filles à se marier dès l'âge de:
   a. 10 ans.   b. 12 ans.   c. 16 ans.

2. Jusqu'à l'époque moderne, la femme est légalement considérée comme:
   a. majeure.   b. mineure.   c. indépendante.

3. En 1975, la législation française prend la décision suivante sur la discrimination liée au sexe:
   a. Elle l'autorise.   b. Elle la tolère.   c. Elle l'interdit.

4. Dans le cinéma féminin, la tendance suivante devient importante:
   a. l'autobiographie.   b. la dactylographie.   c. l'hagiographie.

5. Les féministes rejettent le discours:
   a. phallocentrique.   b. égocentrique.   c. chauvin.
   (Attention aux faux amis!)

Discutons

Les événements suivants sont (en France) des moments clefs dans l'évolution des droits des femmes. Classez-les par ordre d'importance, d'après votre jugement personnel. Expliquez votre classement. Est-ce que les autres étudiants sont d'accord avec vous?

1. le droit de vote des femmes
2. l'accès à la contraception
3. l'égalité des salaires
4. la spécificité d'un regard et d'un discours (artistiques) féminins

■ Mini-biographie de Diane Kurys

Diane Kurys est née en 1948 à Lyon. Elle est d'abord institutrice avant de devenir comédienne. Elle fait du théâtre avant de passer au cinéma, et en 1976, elle écrit un roman autobiographique, *Diabolo menthe*, qu'elle adaptera pour le cinéma l'année suivante. Le film est un franc succès et il reçoit le Prix Louis Delluc. Puis, dans ses films ultérieurs, Kurys continue de s'inspirer de sa vie personnelle. En 1979, *Cocktail Molotov* retrace l'année de ses 18 ans. *Coup de foudre* (1983) aborde la vie de ses parents et finalement, *Un Homme amoureux* (1987) et *La-Baule-les-Pins*

(1990) poursuivent l'histoire amorcée dans *Coup de foudre*. En 1991, elle réalise *Après l'amour*, en 1993, *Je reste* (l'histoire d'un mari qui ne veut pas quitter le domicile conjugal) et la même année, *A la folie*. Enfin, en 1998, elle tourne *Les Enfants du siècle*, une allusion à *La Confession d'un enfant du siècle*, le roman autobiographique de Musset qui retrace sa relation orageuse avec George Sand dans les années 1830. Encore une fois, même si c'est la vie intime de quelqu'un d'autre qu'elle aborde, Kurys œuvre à nouveau dans le domaine de l'intime et de l'autobiographique.

■ Le film

Le film se déroule au début des années 60 (1963–1964). Anne et Frédérique Weber (13 ans et 15 ans) sont toutes deux étudiantes au Lycée Jules-Ferry à Paris. C'est la rentrée des classes; Anne entre en 4e et Frédérique en 2nde. A l'époque, il n'y a pas de mixité et le lycée est uniquement un lycée de filles. Les journées d'Anne et de Frédérique se partagent entre la monotonie des cours, la tyrannie de certains profs et l'incompétence de certains autres. Les deux sœurs vivent avec leur mère et nous comprenons que leurs parents sont divorcés. Leur père est quasiment inexistant, faisant de rares apparitions à Paris pour rendre visite à ses filles.

En dehors des cours, il y les événements politiques (la guerre d'Algérie, les affrontements entre communistes et fascistes à la sortie des cours), les copines à qui on se confie ou avec qui on se dispute et bien sûr, les garçons. Frédérique a un petit ami, mais va-t-elle rester avec lui? Sa mère va-t-elle accepter que Frédérique ait une liaison «adulte»? Quant à Anne, qui est parfois menteuse et un peu chipie, va-t-elle se brouiller définitivement avec sa sœur ou les deux filles vont-elles se réconcilier? Le film se clôt sur une représentation théâtrale donnée par les élèves de l'établissement. Cette représentation sera-t-elle l'occasion d'une heureuse réunion avec le père? Le film vous donnera les réponses à ces questions.

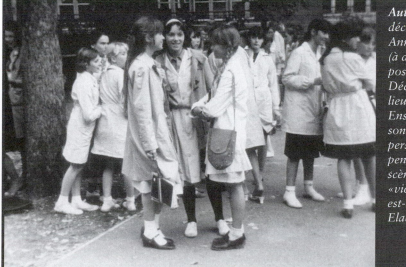

Autour d'une image. On y découvre Frédérique, entre Anne (au centre) et Valérie (à droite). Comment Kurys pose-t-elle le décor? Décrivez les costumes et le lieu où se déroule l'action. Ensuite, imaginez quels sont les rapports entre les personnages. Pourquoi pensez-vous cela? Cette scène vous semble-t-elle «vieillotte» ou au contraire est-elle toujours moderne? Elaborez.

Répondez aux questions suivantes en vous servant du texte qui précède. Donnez des réponses courtes (1 phrase maximum).

1. A quelle époque le film se déroule-t-il?

   _____

2. Où Anne et Frédérique vont-elles?

   _____

3. Leur père est-il très présent dans leur vie?

   _____

4. Qui a un petit ami?

   _____

5. Qui est chipie?

   _____

Avant de regarder

A votre avis

Pensez à votre enfance et répondez aux questions.

1. Rappelez-vous vos meilleurs professeurs au lycée ou au collège. Pour quelles raisons aimiez-vous ces profs-là? Pour leur personnalité, leur gentillesse, leur sens de l'autorité?
2. Quels sont vos meilleurs souvenirs du lycée ou du collège? S'agit-il de vos amis, des classes, d'une sortie scolaire, d'autres activités ou de fêtes entre amis?
3. Qu'est-ce que vous n'aimiez pas lorsque vous alliez au lycée ou au collège?
4. De quels événements politiques de ces années-là est-ce que vous vous souvenez?

Autobiographie

En moins de 150 mots, écrivez une brève histoire de votre vie. Vous pouvez raconter votre véritable vie (autobiographie pure) ou vous pouvez choisir d'inventer ou de modifier certains faits et événements (autofiction). Utilisez de préférence l'imparfait et le passé composé. Une fois terminée, comparez votre autobiographie avec celle de votre voisin(e). Considérez les questions suivantes: Quels sont les éléments saillants de son autobiographie? Est-elle semblable à la vôtre? Quelles sont les choses dont tout le monde parle, que tout le monde mentionne? Y a-t-il des choses que personne ne mentionne?

En regardant

La prof: sympa ou non?

Pendant la projection du film, donnez une «note» (entre 1 et 10) aux personnages suivants pour chaque trait de caractère indiqué. Expliquez vos notes.

Personnages	antipathique	désagréable	agréable	très sympathique	note
1. la prof d'histoire					
2. la prof de dessin					
3. la prof de maths					
4. la prof d'anglais					
5. la prof de français					
6. la surveillante générale					
7. Madame le censeur					

Arrêt sur image

Répondez aux questions suivantes et comparez vos réponses avec celles de vos camarades.

1. A plusieurs reprises, des photos apparaissent dans le film. Quelle photo vous a frappé(e) le plus?

   _____

   _____

2. Quel moment de la vie d'Anne et/ou de Frédérique est représenté par cette photo? Qu'est-ce que cette photo évoque?

   _____

   _____

3. A votre avis, pourquoi est-ce que Kurys n'a pas tout simplement filmé cette scène?

   _____

   _____

Après avoir regardé

Regardons de près

Divisez la classe en groupes. Chaque groupe va choisir une des scènes suivantes et dire pourquoi cette scène est importante pour l'histoire du film. Expliquez également comment la scène est filmée et pourquoi. Attention, l'ordre des scènes n'est pas chronologique.

Les scènes capitales du film	Mise en scène	Explication
1. la rentrée des classes	La plupart des plans sont des plans de groupe et la totalité de l'écran est généralement occupée par des écolières en blouse blanche. Dans un premier temps, les jeunes filles bavardent entre elles, puis elles se mettent en rang avant de rentrer en cours.	Kurys plante le cadre du film (le lycée) et annonce que le thème principal sera «les rapports» entre les jeunes filles du lycée (avec l'accent mis sur les deux sœurs, bien entendu). Un deuxième aspect important de cette scène est le rapport hiérarchique qui existe entre les jeunes écolières et l'administration du collège (notez le plan en plongée à la fin de la scène).
2. la boum		
3. la bagarre à la sortie de l'école		
4. la séparation de Frédérique et de son petit ami Marc		
5. le mensonge d'Anne (le coup de fil anonyme)		
6. la pièce de théâtre		
7. le restaurant avec le père		

Discutons

Prenez quelques minutes pour préparer les questions suivantes avant la discussion générale. Votre professeur vous dira quel sujet préparer parmi les 3 suivants.

1. *Diabolo menthe*
Expliquez le symbolisme du titre. Dans quelle scène y fait-on référence? Anne commande un diabolo menthe lorsqu'elle se rend au café avec ses amies, mais quelque chose se passe. Qu'est-ce qui se passe? Qu'est-ce que le diabolo menthe représente pour Anne?

2. *L'éducation sentimentale*
D'après vous, quels sont les problèmes principaux que rencontrent les jeunes filles du film? Est-ce que ces problèmes concernent plutôt leurs rapports familiaux, leurs relations amoureuses ou leurs rapports d'amitié? Et vous? Comparez votre vie pendant l'adolescence avec celles des personnages du film. Vos problèmes étaient-ils identiques ou différents? Faites-en une liste et comparez-la avec celles de vos camarades de classe.

3. *Nostalgie*
Expliquez de quelle manière Diane Kurys crée une atmosphère nostalgique dans ce film. Connaissez-vous d'autres films sur l'enfance ou l'adolescence qui adoptent une esthétique semblable (couleurs fades ou sépia, musique d'époque, choix des costumes, coutumes anciennes ou dépassées)? Comparez ces films à *Diabolo menthe*.

En famille

Ecrivez une composition de deux pages minimum sur le sujet suivant. Anne semble avoir honte de son père et elle prétend même que Philippe, l'ami de sa mère, est son père lorsqu'elle montre sa photo à une amie. Pourquoi Anne ment-elle? M. Weber est-il un homme détestable? Qu'est-ce qui le rend moins intéressant que Philippe? Pourquoi Anne a-t-elle honte de lui? Et vous, aimez-vous vos parents? Pourquoi est-ce que les parents sont parfois pénibles et difficiles à vivre? Que font-ils? En quoi est-ce que M. et Mme Weber échouent (ou réussissent) dans l'éducation de leurs enfants?

■ Mini-biographie d'Agnès Varda

Agnès Varda est née en 1928, en Belgique, d'un père grec et d'une mère française. Elle passe son enfance à Sète avant de monter à Paris. Elle commence à travailler comme photographe au Théâtre national populaire (TNP) de Jean Vilar. A Paris, elle rencontre le cinéaste Jacques Demy (le réalisateur du célèbre *Les Demoiselles de Rochefort,* 1967), qu'elle épouse. En 1954, elle réalise son premier long métrage, *La Pointe courte,* avec Philippe Noiret et Silvia Monfort, qui raconte l'histoire d'un couple au bord de la rupture, mais qui va se réconcilier. En 1962, son deuxième long métrage, *Cléo de 5 à 7,* relate en temps réel l'histoire de Cléo, une chanteuse très belle mais assez superficielle, qui se croit atteinte du cancer. Après avoir sans succès recherché le soutien de son entourage, elle trouve le réconfort auprès d'un parfait inconnu. Comme le titre l'indique, le film dure deux heures *(de 5 à 7),* et le numéro de chaque chapitre s'affiche à l'écran, ainsi que le nom du personnage principal de chaque séquence. L'effet produit est celui d'un compte à rebours inexorable, mais aussi d'un film qui dévoile ses propres procédés de fabrication, sa propre mise en scène (Varda parle de «cinécriture» ou *cine-writing*).

Avec ce film, on associe Agnès Varda à la Nouvelle Vague, bien qu'elle s'en défende. Elle commence alors des allers-retours entre la France et les Etats-Unis où elle tourne plusieurs films, comme *Lions Love* (1969) ou encore *Murs murs* (1981), un documentaire sur les peintures murales.

En 1985, *Sans Toit ni loi* décroche le Lion d'or au festival de Venise. Les critiques s'accordent à dire que c'est le plus grand succès cinématographique d'Agnès Varda. Par la suite, elle tourne deux films consacrés à Jane Birkin, double réflexion sur la vie et l'œuvre de deux femmes: Jane Birkin *(Jane B.)* et Agnès Varda elle-même *(Agnès V.).* A la mort de son mari, Agnès Varda complète en son honneur une trilogie cinématographique: *Jacquot de Nantes* (1991, long métrage), *Les Demoiselles ont eu 25 ans* (1993, documentaire) et *L'Univers de Jacques Demy* (1995, documentaire). Parmi ses œuvres les plus importantes, on peut aussi citer *L'Une chante l'autre pas* (1977) et *Les Glaneurs et la glaneuse* (2000). Son engagement auprès des féministes et ses préoccupations formalistes, de la fiction au documentaire, font d'Agnès Varda l'un des auteurs les plus remarquables de l'histoire du cinéma français contemporain.

■ Le film

Le film s'ouvre sur le corps sans vie de Mona Bergeron, retrouvée dans un fossé un hiver dans le sud de la France. Comme dans un film policier, *Sans Toit ni loi* va retracer les derniers pas de Mona, une jeune vagabonde, et les rencontres qu'elle aura faites. Le film se divise en une série d'entretiens avec ceux ou celles qui ont croisé Mona, et des retours en arrière (analepses), mais on comprend rapidement que même ceux qui l'ont croisée ne l'ont pas vraiment connue. Ce que l'on découvre, par contre, c'est que l'errance de la jeune fille semblait réellement sans but. Mona refusait de s'engager, politiquement ou socialement, et ne travaillait qu'occasionnellement. En fait, Mona semble vivre sa vie en dehors de la société, dans une totale liberté mais aussi dans une totale solitude. De ce fait, malgré les entretiens qui s'accumulent, rien ne semble devoir révéler qui était vraiment Mona; rien ne semble donner de sens à sa vie ou à sa mort. Pourtant, certains avaient eu pitié d'elle et s'étaient peut-être même pris d'amitié pour elle. Quelqu'un va-t-il découvrir le mystère de Mona et enfin tracer son portrait? Découvrons ensemble le mystère de Mona.

Autour d'une image. La vie de Mona est une vie de solitude et d'exclusion (même volontaire). Décrivez le décor et le costume du personnage. Quelle émotion éprouvez-vous en regardant cette image? Est-ce qu'il vous semble facile de vous identifier à ce personnage?

■ Savez-vous?

Soulignez l'expression qui complète le mieux chaque phrase.

1. Le film débute par: a. la naissance de Mona. b. le mariage de Mona. c. la mort de Mona.

2. Mona est: a. actrice. b. écrivain. c. vagabonde.

3. Mona a: a. un mari. b. un père. c. personne.

4. Pour raconter l'histoire, le film utilise des: a. prolepses (sauts en avant). b. analepses (retours en arrière). c. aucune des deux.

Avant de regarder

A votre avis

Synonyme de «sans-abri», le terme «SDF» signifie «sans domicile fixe». Il désigne une personne qui habite dans la rue. Répondez aux questions en donnant vos opinions personnelles sur ce phénomène de société.

1. Comment est-ce que vous expliquez le phénomène du «sans-abrisme»? Comment peut-on devenir SDF? Est-ce qu'il y a beaucoup de SDF dans votre ville?

2. Quelle catégorie de personnes (selon l'âge, la race, le sexe) est, à votre avis, le plus touchée par ce type de pauvreté?

3. Comment vit-on quand on est SDF?

4. Quelles suggestions avez-vous pour la réinsertion sociale des sans-abris?

Mona qui rit, Mona qui pleure

Le nom de Mona évoque immédiatement celui de la très célèbre *Joconde (Mona Lisa)* de Léonard de Vinci (16ᵉ siècle). Avec son sourire énigmatique, Mona Lisa représente une certaine image de la femme, un «éternel féminin», sensuel et désirable. Répondez aux questions suivantes sur ce phénomène de société.

1. En quoi est-ce que la Mona de *Sans Toit ni loi* (Mona Bergeron) est une autre incarnation de cet idéal féminin?

_____

2. Citez d'autres femmes qui représentent l'idéal féminin dans la culture contemporaine.

_____

En regardant

Le cinéma-vérité

Le cinéma-vérité privilégie le côté brut, réel du cinéma, le côté documentaire et les acteurs non professionnels. Même si *Sans Toit ni loi* n'est pas, à proprement parler, une œuvre de cinéma-vérité, certains aspects du film s'en inspirent. Citez plusieurs éléments du film qui montrent l'attachement du film au réalisme social et politique. Choisissez des éléments liés:

1. aux thèmes (notamment à l'agriculture et à l'environnement)	
2. aux décors (fermes, champs, routes, cafés)	
3. au choix de certains acteurs non professionnels	
4. aux dialogues	
5. à la mise en scène	
6. aux costumes (quelle décennie les vêtements évoquent-ils?)	

A plusieurs voix

L'une des techniques utilisées par Varda dans ce film consiste en une multiplication des voix narratives. Plusieurs individus sont interrogés sur la vie de Mona, chacun ajoutant ou non une pièce au puzzle qu'est la jeune fille. Prenez des notes pendant chaque scène d'entretien. Qu'est-ce que les personnages suivants nous apprennent de Mona?

Catégorie	Personnages	Informations apprises
les femmes	Madame Landier (l'agronome spécialiste des platanes)	
	Yolande (la servante)	
les amants de Mona	David (le «juif errant»)	
	Assoun (le travailleur maghrébin)	
les amis de Mona	les bergers (les intellos devenus bergers)	

Regardons de près

Pendant tout le film, Varda va mettre l'accent sur l'artificialité du cinéma en tant que médium. Lorsqu'on regarde un film traditionnel, on est plongé dans l'illusion, on y croit. Ici, au contraire, Varda nous met en garde: «Attention, c'est un film (donc une fiction), que l'on regarde.» De quelle manière Varda attire-t-elle notre attention sur le côté fictif du cinéma. Identifiez les éléments suivants dans le film:

1. la narration non linéaire	
2. la répétition des travellings accompagnés de musique dramatique	
3. l'emprunt d'éléments symboliques (la mer, les bois, les vignes)	
4. la voix off	
5. la multiplication des intervenants et des personnages	

Après avoir regardé

Réaction personnelle

Répondez aux questions en donnant vos opinions sur *Sans Toit ni loi*.

1. Mona offre-t-elle une image plutôt positive ou plutôt négative d'elle-même? Expliquez votre point de vue en vous servant des dialogues du film ou du comportement des personnages.
2. Qu'est-ce qui vous intéresse ou qui vous déplaît chez ce personnage?

Etude des personnages

L'image du personnage errant ou baroudeur est une image classique de la littérature moderne, de Rimbaud à Jack Kerouac. En général, l'errance est une rupture avec la société, un désir de liberté totale. Mais pour Mona, l'errance est-elle une libération? Si oui, de quoi? Est-elle une victime ou est-elle affranchie? Qu'est-ce que Mona ne supporte pas? Est-elle totalement marginale? Pourquoi a-t-elle tout quitté? Faites deux colonnes, l'une pour les aspects positifs de l'errance de Mona, l'autre pour les aspects négatifs.

Points positifs	Points négatifs

Après avoir discuté en petit groupes, comparez vos réponses avec celles des autres groupes.

Réflexion

Synthèse

Thèmes de discussion en classe ou mini-composition selon les instructions de votre professeur

1. *Diabolo menthe* et *Sans Toit ni loi* parlent de la relation des femmes et de la société. Quel film met l'accent sur l'intégration à la société et quel film met l'accent sur la rupture? Expliquez. Malgré ces différences, est-ce que les femmes dans ces deux films font face à des difficultés similaires vis-à-vis des hommes? Du droit à la parole? D'autre chose?

2. Dans quels autres films que vous connaissez est-ce que des femmes doivent affronter de pareils obstacles? Elaborez.

Rédaction

Dans ces deux films, la question d'une voix authentiquement féminine est posée. En vous servant de chaque film, montrez comment *Diabolo menthe* et *Sans Toit ni loi* remettent en question l'image de la femme. Ecrivez une mini-rédaction en citant des détails des films. En quoi les personnages féminins de ces deux films vont-ils à l'encontre des attentes de la société? Comment les femmes de ces films refusent-elles le poids de la société patriarcale?

Exposé

Présentez l'exercice suivant en classe. Dites pourquoi *Diabolo menthe* et *Sans Toit ni loi* abordent des sujets de société qui touchent plus particulièrement les femmes. Pensez-vous que dans un cas comme dans l'autre les personnages principaux pourraient être des hommes? En quoi les films seraient-ils changés?

Mise en scène

A partir d'un sujet commun (de préférence un sujet social ou politique), partagez la classe en deux, entre garçons et filles. Chaque groupe devra réaliser un cours métrage (soit fiction, soit documentaire) de deux minutes maximum. Visionnez les deux cours métrages en classe et comparez-les. Le cours métrage des filles est-il différent de celui des garçons?

Les années 80: Postmodernité et cinéma du look

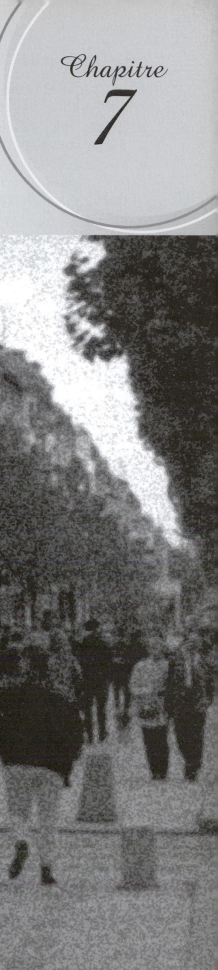

Dans les années 80, un nouveau type de cinéma fait son apparition, qui s'inspire fortement de l'esthétique télévisuelle et de la vidéo. Il privilégie le visuel et s'intéresse moins à la complexité psychologique ou à l'engagement politique.

Sujets

- Les années Mitterrand
- Le plaisir des images (le je[u] des surfaces) et le retour du cinéma populaire
- La déconstruction des genres (le collage postmoderniste)
- Le marginal comme héros: le chaos comme modèle

Objectifs du chapitre

Dans ce chapitre, vous étudierez comment la disparition des «idéologies» promeut l'émergence d'un capitalisme de gauche en France, et les conséquences de cette disparition sur l'art et le cinéma. A la fin du chapitre, vous pourrez discuter:

- Le postmodernisme
- Le modernisme
- Le néolibéralisme

Vous vous pencherez sur le concept de cinéma «postmoderne», sur le renversement ou l'aplanissement des valeurs et sur l'importance privilégiée du visuel sur l'histoire.

Pour faire les activités en ligne sur les parties *Introduction, Dossier 1, Dossier 2* et *Réflexion*, rendez-vous au site Web
www.thomsonedu.com/french/septiemeart

Pour commencer…

1. Quels sont les personnes ou les objets qui symbolisent pour vous les années 80?

2. Quelles sont les évolutions technologiques et sociales des années 80 que vous connaissez?

3. Citez trois films importants de cette décennie. Pour quelle raison sont-ils importants? En raison de leur succès au box-office? En raison de leurs innovations techniques et stylistiques?

4. Citez trois acteurs (actrices) ou metteurs en scène qui ont eu du succès à cette période. Quelles valeurs incarnent-ils? Quels sujets ont-ils popularisés?

Dans l'introduction, vous allez découvrir comment, dans un contexte politique à la fois inventif et baroque, le cinéma moderne privilégie le «tout-visuel» et les identités fluides. Lisez le texte et complétez les activités qui suivent.

Introduction

Le cinéma du look

Les années 80 en France ouvrent une ère de changement profond, dans les domaines politique, économique et culturel. L'élection du socialiste François Mitterrand, le 10 mai 1981 à la présidence de la République, et sa réélection pour un second septennat en 1988 ont en effet des conséquences profondes et durables sur l'évolution de la société française dans son ensemble. Elles marquent définitivement le passage d'une société traditionnelle à une société postindustrielle qui doit faire face aux défis croissants de la mondialisation.

Soulignons d'abord qu'il n'y a pas eu de gouvernement de gauche depuis la Deuxième Guerre mondiale (le gouvernement Léon Blum) et ceci en dépit de la libéralisation croissante de la société dans les années 60 et 70 (légalisation de l'avortement en 1975). Soulignons cependant que le retour de la gauche au pouvoir a pour effet principal de promouvoir l'émergence d'un modèle politique et économique social-libéral, c'est-à-dire d'un capitalisme de gauche, qui reste très loin des modèles marxistes et socialistes d'avant-guerre. For de l'expérience des clivages politiques et idéologiques des décennies passées, ce néolibéralisme s'attache plus à une vision réaliste et pragmatique de l'évolution du monde *(realpolitik)* qu'à un attachement absolu à une idéologie—comme le communisme ou le capitalisme.

Entre la droite et la gauche, le débat se déplace alors sur d'autres sujets de société, comme le rôle des nouvelles technologies, l'environnement, la montée de l'immigration ou la construction de l'Europe (qui, de <u>Communauté</u> économique européenne, devient <u>Union</u> européenne, témoignant de l'importance croissante de l'Europe dans la vie des Français). On assiste aussi, pendant les années 80,

à la montée du Front national (extrême droite) et à l'émergence de mouvements anti-racistes (comme SOS Racisme) et écologistes (les Verts). Ces mouvements représentent une alternative aux partis politiques traditionnels de gauche comme de droite (PC, PS, UDF et RPR) qui peinent à apporter des réponses valables aux nouveaux défis de la société postmoderne (montée du prix du pétrole, augmentation du chômage, crise des industries traditionnelles—acier, automobile, textile, etc).

Comme en politique, dans le domaine artistique, de nombreuses évolutions sont à relever, non seulement en ce qui concerne les œuvres d'art elles-mêmes, mais aussi au niveau de la réception du public. On assiste ainsi à une commercialisation croissante de l'œuvre d'art et à une concurrence accrue d'Hollywood, qui obligent écrivains et cinéastes à produire des livres et des films plus facilement et rapidement «consommables» par le grand public, au risque d'y perdre leur intégrité.

Même s'il est difficile de parler de cinéma postmoderne, on peut alléguer que pendant la décennie Mitterrand, de nouveaux cinéastes vont remettre en question les valeurs traditionnelles du cinéma français et en particulier son attachement au réalisme psychologique. Renouant avec la poésie fantastique de Cocteau et de Franjus, trois nouveaux metteurs en scène vont redéfinir la «donne» du cinéma français. Ces trois artistes sont Luc Besson, Léos Carax et Jean-Jacques Beineix. La critique baptise cette nouvelle vague «le cinéma du look» en raison de l'attention portée à la qualité de la production et des décors et à la virtuosité de la mise en scène.

En 1981, *Diva* de Beineix marque l'acte de naissance du cinéma du look en France. De nombreux critiques ne s'y trompent pas et admirent (ou décrient) les images léchées du film, ses cadrages sophistiqués, l'importance générale que Beineix semble concéder au look et à la surface, ainsi que la portée moindre accordée à l'histoire et à la psychologie. Esthétique de pacotille venue de la publicité pour les uns, véritable révolution du langage cinématographique pour les autres, *Diva* ne laisse personne indifférent et le film, qui reçoit quatre récompenses aux Césars de 1982 (l'équivalent français de la cérémonie des Oscars)[1], précipite Beineix sur le devant de la scène. Le deuxième film de Beineix, *La Lune dans le caniveau* est lui un flop quasi-total, mais avec *37,2° le matin (Betty Blue)*, Beineix retrouve le succès (critique et public) de son premier film et lance la carrière du nouveau sex-symbol des années 80: Béatrice Dalle.

Des trois cinéastes mentionnés, Léos Carax est celui qui est le mieux accepté par la critique, peut-être parce que ses références sont plus la Nouvelle Vague et le cinéma muet que le cinéma populaire, la publicité ou la vidéo, comme Besson et Beineix. En outre, le choix du noir et blanc (comme dans *Les Amants du Pont-Neuf*) rapproche Carax de la tendance néoréaliste, même si ce dernier emprunte aussi beaucoup au réalisme magique de Jean Vigo.

Mais des trois hommes, c'est Besson qui s'attire le plus les foudres de la critique, peut-être à cause du succès considérable que des films comme *Subway*, en 1984, ou *Nikita*, en 1990, rencontrent auprès du public. Toutefois, le film-culte de la décennie, et l'œuvre principale du cinéma du look, reste *Le Grand Bleu*, sorti en 1989, qui triomphe au box-office et l'emporte même contre *Jurassic Park* de Steven Spielberg. Sorte de fable écologique aux accents New Age, *Le Grand Bleu* demeure un fiasco absolu aux yeux des censeurs, mais les spectateurs n'en ont cure et ils se ruent dans les salles ou se précipitent chez les disquaires pour obtenir la bande originale du film, composée par Eric Serra, et qui reste à ce jour l'une des plus grosses ventes de bande originale de film en France.

En dépit de cette sensibilité plus grande aux forces du marché, les cinéastes du look ne renoncent pas pour autant aux engagements formel et idéologique qui caractérisaient leurs prédécesseurs. Il convient du reste de souligner l'importance des figures de la marginalité chez ces trois cinéastes. En effet, avec leurs personnages décalés, moins à la recherche d'une identité spécifique et fixe qu'ouverts au jeu des possibles, le cinéma du look questionne la nature même de l'identité (nationalité, sexe, classe sociale, religion, philosophie). Pour poser cette remise en question des identités, le cinéma du look propose alors une esthétique baroque qui cultive la différence et l'altérité, moins renversement des valeurs que fusion des genres et des modes. Le rapport à l'histoire devient anachronique et les protagonistes de ces films donnent alors l'impression de «glisser» à la surface des choses, non pas par superficialité ou par manque de profondeur psychologique, mais plutôt parce que ce sont des personnages polymorphes, aux identités fluides et changeantes.

Il n'est donc pas surprenant que les auteurs du cinéma du look préfèrent le pastiche à la parodie, dans la mesure où le pastiche permet de citer d'autres genres et d'autres formes sans pour autant les remettre en question, alors que la parodie est d'abord une critique, une remise en question. Le cinéma du look, lui, préfère combiner le neuf et le vieux, le culturel et le populaire, sans pour autant établir une hiérarchie de valeurs. On assiste aussi à un épuisement progressif des genres cinématographiques et à l'émergence d'un cinéma débarrassé de ses complexes qui n'hésite pas à mélanger les genres et les périodes, l'avant-garde et la culture télévisuelle, le film d'art et la publicité. Pour le cinéma du look, tout coexiste à niveau égal, sans attachement à l'histoire ou à l'idéologie. Nous sommes ici dans une démocratie de signification où seul le visuel (le plaisir de l'image) prime sur tout.

---

[1] Césars du son, de la photo, de la musique et de la première œuvre

Activités de compréhension

Vrai ou faux?

Est-ce que les phrases suivantes sont vraies ou fausses? Si la phrase est fausse, corrigez-la en rajoutant des détails.

1. François Mitterrand est élu pour deux quinquennats consécutifs.

   _____

2. Sous le gouvernement Mitterrand, les socialistes sont pro-capitalistes.

   _____

3. On assiste à une baisse de l'immigration pendant les années 80.

   _____

4. Le cinéma du look est un cinéma réservé à une élite intellectuelle.

   _____

5. Dans le cinéma du look, c'est le scénario qui est le plus important.

   _____

Discutons

1. Expliquez ce qu'est un «clivage» politique. Donnez des exemples tirés de l'actualité.

2. Quels sont les problèmes économiques et sociaux (mentionnés dans l'introduction) auxquels les divers gouvernements français ont dû faire face dans les années 80? Est-ce que la société d'aujourd'hui doit faire face aux mêmes types de problèmes?

3. Donnez des exemples d'œuvres d'art «consommables» que vous connaissez. Quelle est la logique (artistique ou économique) derrière ce phénomène?

4. L'introduction mentionne les identités «fluides» et «changeantes» de la période postmoderne. Est-ce que vous pensez que votre identité à vous est fluide et indécise ou bien est-ce que vous êtes sûr(e) de votre identité? Comment vous définissez-vous? Sur quels critères? Nationalité, ethnie, sexe, etc.?

Au choix!

Choisissez la réponse correcte et comparez vos réponses avec celles de votre voisin(e).

1. En 1981, François Mitterrand est élu pour:
   a. 7 ans.   b. 5 ans.   c. 4 ans à la présidence de la République.

2. Le cinéma du look est:
   a. réaliste.   b. tragique.   c. poétique.

3. Le premier film de Beineix s'intitule:
   a. *Diva*.   b. *Divan*.   c. *Ivan*.

4. Eric Serra a créé:
   a. la musique de *Diva*.   c. les images du *Grand Bleu*.
   b. la musique du *Grand Bleu*.

5. Les cinéastes du look aiment:
   a. le pastis.   b. le pastiche.   c. la caricature.

6. Dans les films de Beineix, Besson et Carax, ce qui domine, ce sont:
   a. les dialogues.   b. les images.   c. les acteurs.

7. Beineix, Besson et Carax s'intéressent aux protagonistes:
   a. ordinaires.   b. burlesques.   c. singuliers.

Dossier 1 — *Diva* (Jean-Jacques Beineix, 1981)

■ Mini-biographie de Jean-Jacques Beineix

Jean-Jacques Beineix est né à Paris en 1946. Il fait des études de médecine mais abandonne cette carrière pour devenir assistant réalisateur. Il travaille entre autres pour Claude Zidi et René Clément. Il réalise son premier long métrage à 34 ans. Ce sera *Diva*, un film policier ultra-moderne et esthétiquement très «léché», adapté du roman de Delacorta. Comme d'autres cinéastes du «look», on accuse Beineix de privilégier une esthétique de «pacotille» et de porter trop d'attention à la surface des choses et à la beauté des images et des plans, au détriment de l'histoire et de la complexité psychologique.

Pourtant, *Diva* devient un film-culte auprès d'un public jeune qui est fasciné par l'ambiance néoromantique et mystérieuse du film. En dépit de l'échec critique et public de son film suivant, *La Lune dans le caniveau*, Beineix retrouve les faveurs du public avec *37,2° le matin*, l'histoire d'une passion entre un écrivain et sa muse, sorte de femme fatale contemporaine et neurotique. Malheureusement, le reste de son œuvre est plutôt mal reçu par la critique et par le public, ce qui explique peut-être la production minimaliste de Beineix.

■ Le film

Jules, un jeune facteur parisien passionné d'opéra, fait un enregistrement pirate de la diva Cynthia Hawkins lors d'un concert. Au même moment, une prostituée (Nadia) est assassinée par deux truands à la solde d'un mystérieux personnage (l'Antillais), chef d'un réseau de drogue et de prostitution. Avant de mourir, Nadia a le temps de cacher dans la sacoche de Jules une cassette sur laquelle elle révèle le nom du chef du réseau. Jules, qui ne sait pas qu'il est en possession de la cassette de Nadia, est poursuivi par deux Taiwanais qui veulent l'enregistrement de la diva pour en faire un disque.

Jules rencontre Alba, une jeune Lolita kleptomane, qui lui présente Gorodich, une sorte de James Bond désœuvré et cool. Avec l'aide d'Alba et de Gorodich, Jules va échapper aux deux tueurs à la solde de l'Antillais (en vérité un commissaire de police), qui veulent récupérer la cassette de Nadia, et aux deux Taiwanais qui eux non plus ne reculent devant rien pour avoir l'enregistrement de la diva. A la fin du film, la diva se rendra-t-elle compte qu'il lui faudra peut-être accepter de se laisser enregistrer, et que l'art et le commerce eux aussi forment un couple? Quant au commissaire corrompu et aux deux escrocs taiwanais, connaîtront-ils une fin tragique, dans la plus pure tradition des films policiers? Découvrons les réponses en regardant le film.

Autour d'une image. Dans un premier temps, relevez les divers éléments de l'image. Pouvez-vous identifier les personnages du film? Que savez-vous de leurs rôles dans le film? Pouvez-vous identifier leurs professions? D'après vous, qu'est-ce que leur comportement traduit de leurs intentions?

Répondez aux questions sur Jean-Jacques Beineix et son film *Diva* en donnant des renseignements tirés des textes à la page précédente.

1. Quelle est la particularité du style visuel de Beineix?

   _____

2. Beineix a-t-il toujours connu du succès auprès du public? Expliquez.

   _____

   _____

3. Pourquoi Jules veut-il échapper à l'Antillais?

   _____

4. Est-ce qu'Alba fait partie de la bande des truands?

   _____

5. Combien de cassettes sont en circulation?

   _____

Avant de regarder

Les mots justes

Associez les expressions de gauche avec les descriptions dans la colonne de droite.

a. C'est une vraie diva.

b. Elle est très «zen».

___. Elle est tombée dans l'escalier, sans se plaindre.

___. Elle exige d'avoir trois maquilleuses et un coiffeur personnel.

___. Elle demande quinze bouquets de fleurs gigantesques.

___. Elle médite deux heures par jour.

___. Si on lui donne une gifle, elle tend l'autre joue.

A votre avis

1. Connaissez-vous des artistes qui se comportent comme des divas? Décrivez leurs traits de caractère.

2. Quel est votre artiste (chanteur ou acteur) préféré? Faites son portrait.

3. Est-ce que vous avez déjà acheté des enregistrements pirates ou bien est-ce que vous avez déjà téléchargé (illégalement) des chansons sur Internet (sur des sites comme Kwaza ou Napster)? Pensez-vous que la musique appartient à tout le monde ou croyez-vous, au contraire, qu'on doit absolument payer les droits d'auteurs aux artistes et aux producteurs?

En regardant

Etude des personnages

En regardant le film, trouvez les réponses aux questions suivantes.

1. Le film de Beineix est adapté d'un roman noir de Delacorta, c'est à dire d'un roman policier. Comme dans beaucoup de romans policiers, on y trouve des caractères-types, comme les gangsters et les policiers (corrompus ou non). On y rencontre aussi des personnages interlopes, comme la prostituée Nadia ou l'indic véreux, Krantz. Pouvez-vous identifier ces personnages dans le film?

   _____

   _____

   _____

2. Le personnage de la diva est un personnage idéal, proche de la perfection (dans son talent et ses convictions morales), presque un cliché. A votre avis, est-ce que ce stéréotype de la diva est plutôt positif ou plutôt négatif? Soyez spécifique. Pour vous, est-ce que la diva est seulement l'objet du regard d'un autre (Jules) ou contrôle-t-elle sa propre vie? Expliquez.

   _____

   _____

   _____

3. Alba décrit Gorodich comme un «métèque», comme quelqu'un d'étranger aux conventions et aux attentes. Quelles sont les caractéristiques de Gorodich qui vous semblent correspondre à cette description? Etudiez en particulier les scènes qui montrent Gorodich dans son univers quotidien (dans sa baignoire, dans sa cuisine, etc.).

   _____

   _____

   _____

Analyse de scènes

1. La diva et les journalistes (art ou commerce): Quel est le rapport de l'artiste et du public? L'art est-il au service du commerce ou vice-versa? Que dit-on sur les enregistrements pirates?

2. Jules et Gorodich (Zen et tartines): Comment Gorodich est-il habillé? Pourquoi? Pourquoi la tartine est-elle le summum de la culture française? En quoi l'acte de beurrer des tartines est-il zen? D'où vient le caviar? Pourquoi l'appartement de Gorodich est-il toujours éclairé d'une lumière bleue? Que porte Gorodich sur la tête? Pourquoi? D'après Gorodich, est-ce que le plaisir est innocent?

3. Scène d'ouverture/scène de clôture (la diva sur scène): Parlez de l'importance de la musique, de la différence dans les costumes, de la présence (ou non) de dialogues dans la scène, du mouvement des caméras, de l'aboutissement de la relation amoureuse et de la notion de don (qui donne à qui?).

Choisissez le sujet de composition qui vous intéresse le plus. Ecrivez une mini-rédaction d'une seule page pour y répondre en détail.

Après avoir regardé

Regardons de près

Le style de Beineix se caractérise par l'attention qu'il porte au visuel et aux cadrages très élaborés. En répondant à ces questions, tenez compte du fait que dans ce film, Beineix confond délibérément l'art et la publicité.

1. Analysez le choix des couleurs dans le film. Quelle couleur est prédominante et pourquoi?

   _____

   _____

2. Décrivez les moments forts du film. S'agit-il des scènes d'action (la poursuite dans le métro; la mort du commissaire Saporta) ou des scènes romantiques (la diva sur scène; la promenade de Jules et de la diva dans Paris la nuit)?

   _____

   _____

3. En quoi la musique est-elle non seulement le sujet du film, mais aussi son support essentiel?

   _____

   _____

4. Les personnages: Quelle est la part de réalisme? Quelle est la part de poésie?

   _____

   _____

5. Que pensez-vous des décors? Pensez en particulier aux studios de Jules et de Gorodich et au château où Jules et Alba se réfugient. Les décors sont-ils réalistes ou grandiloquents?

   _____

   _____

   _____

6. Quel est le genre du film? Quelles sont les concessions visuelles et formelles aux divers genres cinématographiques (le *thriller,* l'histoire d'amour)?

   _____

   _____

   _____

Discutons

1. La diva, Cynthia Hawkins, incarne la beauté inaccessible, objet de l'amour de Jules. Quelles sont les différentes étapes de sa relation avec le jeune facteur? Citez des moments précis du film. Cette relation vous semble-t-elle réaliste? Pourquoi? Citez des scènes et des dialogues précis.

2. Gorodich et Alba ont-ils des rapports très différent de ceux de Jules et Cynthia? A votre avis, ces rapports sont-ils plus modernes, moins idéalisés peut-être? Pourquoi? Citez des scènes et des dialogues précis.

3. A votre avis, est-ce que les personnages de *Diva* sont des gens solitaires? Comment trouvent-ils leur bonheur? Par eux-mêmes ou en compagnie des autres?

Dossier 2 — *Le Grand Bleu* (Luc Besson, 1988)

Mini-biographie de Luc Besson

Né en 1959, Luc Besson passe son enfance dans les îles de la Méditerranée. Il souhaite devenir plongeur, mais un accident l'empêche de poursuivre cette carrière, et il entreprend alors de faire du cinéma—dans *Le Grand Bleu*, il revivra cette passion de la plongée à travers le personnage de Jacques. Il commence comme stagiaire, puis il tourne un court métrage (*L'Avant-dernier*, 1981) avant de fonder sa propre maison de production, Les Films du Loup, cette même année. *Le Dernier Combat* (1983), son premier long métrage est nommé aux Césars. Grâce au succès modeste du film, il signe un contrat avec la Gaumont qui lui permet de tourner, *Subway*, un polar postmoderne se déroulant dans les couloirs du métro parisien.

En 1988, *Le Grand Bleu* rencontre un succès exceptionnel et devient un véritable phénomène de société, au grand dam de la critique qui l'accuse de commercialisme. Mais Besson n'a cure des critiques et il se lance à l'assaut de tous les genres: du film d'aventure au film d'espionnage (*Nikita*, 1991) et du film de science-fiction (*Le Cinquième Elément*, 1997), avec Bruce Willis, au film policier (*Léon*, 1995). Il s'embarque ensuite dans une réécriture controversée d'un des personnages les plus iconiques de l'histoire de France avec *Jeanne d'Arc* (1999). Par la suite, il se consacre essentiellement à la production de films, et on lui doit les énormes succès suivants: *Taxi 1, 2 et 3*, *Le Transporteur* et *Danny the Dog* (avec Jet Li).

En 2005, il revient à la réalisation avec *Angel-A*, un film tourné en noir et blanc, mais cette fois-ci, le public boude le film. Besson renouera-t-il avec son succès d'antan?

Le film

Enzo et Jacques sont amis depuis longtemps. Enfants, ils ont grandi sur la même petite île méditerranéenne, où ils s'adonnaient aux joies de la plongée. Le père de Jacques, qui lui aussi était plongeur, meurt sous les yeux de Jacques et d'Enzo à la suite d'un accident de plongée.

Plusieurs années plus tard, Jacques travaille pour un groupe de scientifiques et plonge pour eux dans les eaux glacées d'un lac du Pérou. Là, il rencontre Johana, une inspectrice d'assurance qui est venue faire le constat d'un accident. Plus tard, Johana, qui est tombée amoureuse de Jacques, décide de le suivra à Taormina en Italie, où Jacques participe à une compétition de plongée en apnée avec Enzo. Jacques gagne la compétition, et Johana décide de tout abandonner pour suivre Jacques. Mais en dépit de l'amour de Johana et de l'amitié d'Enzo, Jacques n'est pas tout à fait de ce monde, et il préfère la compagnie des dauphins, qu'il compare à des sirènes…

Autour d'une image. Ce poster est l'un des plus célèbres de l'histoire du cinéma français, au même titre que celui de Star Wars ou d'E.T. Relevez les éléments du poster qui relève de la fantaisie. Qui voyez-vous? Que font les personnages? Comment est-ce que l'affiche nous donne le sentiment d'immensité? Parlez de la perspective, du cadrage et de la composition de l'image.

■ Savez-vous?

Répondez aux questions sur Luc Besson et sur son film, *Le Grand Bleu,* en donnant des renseignements tirés des textes à la page précédente.

1. Quels éléments de sa vie ont pu amener Luc Besson à tourner un film sur la plongée sous-marine?

   _____

2. Quelle passion Jacques et Enzo partagent-ils depuis l'enfance?

   _____

3. Comment est-ce que le père de Jacques meurt?

   _____

4. Qui Jacques rencontre-t-il en Amérique du Sud?

   _____

Avant de regarder

Vocabulaire pour le film

En utilisant un dictionnaire, expliquez les expressions soulignées.

1. Lorsqu'il a annoncé son mariage à cette fille qu'il connaissait à peine, j'en ai eu le souffle coupé.

   _____

2. Pierre et André se connaissent depuis toujours. Ils s'aiment autant qu'ils se détestent. Ce sont de vrais frères ennemis.

   _____

3. Catherine a rencontré Damien à la fête l'autre jour. Dès qu'il est entré dans la pièce, ça a été le coup de foudre.

   _____

4. Toute sa vie, Hervé a semblé être destiné au malheur, de la mort de son chien à la perte récente de son emploi. Sa vie est une vraie tragédie.

   _____

5. Jean-Philippe est un personnage peu recommandable et il a de mauvaises fréquentations. D'ailleurs, il passe son temps à traîner dans les bas-fonds.

   _____

A votre avis

1. Est-ce que vous avez déjà fait de la plongée? Même si vous n'en avez jamais fait, quelles sont les qualités physiques nécessaires à cette activité, d'après vous?
2. Les vacances à la mer sont extrêmement populaires. Pourquoi? Citez plusieurs raisons.
3. Est-ce que vous pratiquez un sport par passion? Sinon, pour quelle autre raison? D'après vous, faut-il être passionné pour bien pratiquer un sport?
4. Est-ce que vous vous sentez en compétition avec les autres dans la vie? Si oui, pourquoi et dans quels domaines?

Vrai ou faux?

Toutes les phrases suivantes sont fausses. Donnez la réponse correcte.

1. Jacques est motivé par le désir de battre Enzo.

   _____

2. Johana tombe amoureuse de Jacques à Taormina.

   _____

3. L'oncle Louis meurt dans un accident de plongée.

   _____

4. Jacques et Enzo «libèrent» une tortue de l'aquarium de Taormina.

   _____

5. L'essentiel du film se passe à la montagne.

   _____

6. Luc Besson décide de filmer *Le Grand Bleu* en noir et blanc.

   _____

7. Johana décide de garder son travail et Jacques déménage à New York.

   _____

8. Jacques et Johana vivent heureux et ont beaucoup d'enfants.

   _____

En regardant

Etude des personnages

En regardant le film, trouvez les réponses aux questions suivantes.

1. Quelles sont les motivations des personnages? Ces motivations vous semblent-elles réalistes?

   _____

   _____

   _____

2. Homme ou poisson? Enzo dit à Jacques que certains le comparent à un poisson. En quoi Jacques ressemble-t-il à un poisson, dans son comportement comme dans sa démarche?

   _____

   _____

   _____

3. L'oncle Louis dit à Jacques que sa mère les a quittés pour repartir en Amérique, chez elle. Il ajoute que les femmes sont imprévisibles, comme la mer. Comment faut-il comprendre ces deux phrases? Le film porte-t-il un regard sexiste sur les femmes? Pourquoi?

   _____

   _____

   _____

Regardons de près

Dans le cinéma du look, la mise en scène peut établir les relations entre les personnages de façon visuelle, sans avoir recours aux dialogues. Dans *Le Grand Bleu*, comment est-ce que Besson établit les relations suivantes entre les personnages? Citez une scène ou une séquence, puis un ou deux détails de la mise en scène (échelle des plans, décors, éclairage, accessoires, cadrage, mouvements de la caméra, zoom, plongée, champ/contre-champ, etc.). Vous pouvez citer n'importe quel élément de la scène que vous choisissez, sauf le dialogue! Expliquez vos choix. Suivez l'exemple.

Relation	Scène	Elément	Explication
Modèle: Jacques et Enzo; amis d'enfance	début du film	noir et blanc	L'usage du noir et blanc, ce qui suggère le passé, évoque une amitié qui s'est formée il y a longtemps.
Jacques et Enzo; amitié			
Jacques et Enzo; fraternité			
Jacques et Enzo; compétition			
Enzo et son frère			
Jacques et Johana; amour			
Johana et Enzo			
Jacques et la mer			

Discutons

1. Quel rapport unit Jacques à Enzo? L'amitié? La fraternité? La compétition?

2. Lors de la dernière compétition en Grèce, Jacques ramène d'abord Enzo à la surface pour finalement accepter d'abandonner son corps aux profondeurs glacées. Comment jugez-vous le comportement de Jacques?

3. A la fin du film, le frère d'Enzo exprime à Johana ses regrets de ne pas avoir été sur le bateau lors de la dernière plongée d'Enzo. D'après vous, est-ce que son absence a causé (directement ou non) la mort d'Enzo?

4. Pourquoi Jacques est-il amoureux de Johana? Et Johana de Jacques?

5. En général, quel est le résultat des relations (amoureuses) dans ce film?

6. La famille: Quelle est l'importance de la famille, même recomposée? Est-ce que l'amitié de Jacques avec les dauphins est une tentative de reconstituer la famille qu'il a perdue?

Après avoir regardé

Mythologie et cinéma

Répondez aux questions suivantes, en citant des séquences spécifiques du film. Comparez vos réponses avec celles de vos camarades.

1. La relation de Jacques avec les sirènes existe depuis l'enfance. Son père et son oncle Louis lui en ont parlé et Jacques a un rapport paradoxal avec elles depuis lors. Quel est l'animal qui représente la sirène pour Jacques? Comment expliquez-vous cette fascination de Jacques?

2. Comment comprenez-vous le monologue suivant (Jacques parle de la plongée): «C'est comme si je glissais sans tomber... Une fois en bas, il me faut trouver une bonne raison pour remonter. Parfois, c'est difficile d'en trouver une.»

3. En quoi est-ce que l'ivresse des profondeurs est une chose fascinante et dangereuse à la fois? Quelles en sont les conséquences sur la psychologie et la physiologie de Jacques et d'Enzo? Est-ce que l'expérience de Jacques rappelle l'expérience des mystiques ou même celle des drogués?

4. Le film fonctionne-t-il mieux comme conte de fées (ou mythe) que comme histoire réaliste? En quoi les personnages du *Grand Bleu* sont-ils des archétypes? Pensez-vous que ces archétypes sont sexistes?

Technique et poésie

Répondez à l'une des questions suivantes en une page minimum.

1. *Le Grand Bleu* est une mise en scène des limites: limites de l'homme dans l'exploit sportif, limites de l'océan. En quoi est-ce que la mise en scène reflète ces limites? Que pensez-vous des décors? De la musique?

2. En quoi le film respecte-t-il les règles de la tragédie? En vous servant d'une tragédie classique (tirée de la tradition antique ou moderne), montrez comment *Le Grand Bleu* reprend les techniques et les conventions de la tragédie. Etudiez en particulier le rôle du destin dans le film et la signification du choix de la Grèce comme dernier lieu de compétition (lieu de la mort du père; lieu de la mort du fils).

Analyse de scènes

1. Analysez la première rencontre de Jacques et de Johana. Expliquez l'importance des éléments suivants (au choix):
   - le coup de foudre
   - la tenue de Jacques
   - l'échange entre Jacques et Johana (presque sans paroles)

2. Analysez les scènes sous la mer. Expliquez le rapport profond entre Jacques et l'océan, ainsi que celui entre Enzo et l'océan.

3. Analysez le sauvetage de l'épave. Que pensez-vous d'Enzo et de son sens des affaires?

4. Analysez la mort d'Enzo et la mort de Jacques. Pourquoi l'un et l'autre meurent-ils? S'agit-il de suicide ou de sacrifice? Qu'est-ce qui les rapproche et en quoi sont-ils différents?

5. Analysez le choix de grands angles et de couleurs tranchées et brillantes, ainsi que l'utilisation de la grue.

Choisissez le sujet de composition qui vous intéresse le plus. Ecrivez une mini-rédaction d'une seule page pour y répondre en détail.

Réflexion

Thème de discussion en classe ou mini-composition selon les instructions de votre professeur

Synthèse

Expliquez en quoi les protagonistes du *Grand Bleu* et de *Diva* sont des marginaux. En quoi leur rejet des conventions sociales (réussite professionnelle, succès) est-il une image romantique? Est-ce une chose positive ou négative dans les films étudiés comme dans la vie en général? Connaissez-vous d'autres héros «rebelles»?

Rédaction

Dans les films de Beineix et de Besson, le personnage de l'innocent est une image fréquente et importante: Jules (dans *Diva*) et Jacques (dans *Le Grand Bleu*) sont des candides, des héros un peu naïfs qui sont en quête d'un objet (ou d'une personne) inaccessible. Jules rêve de rencontrer la diva, Jacques de rencontrer une sirène, et ce n'est que grâce à la magie du cinéma que l'un et l'autre parviennent à leur fin. En quoi cette image de l'innocent, du rêveur, est-elle une image importante dans notre culture? Connaissez-vous des exemples de héros candides comme Jacques et Jules? Ecrivez une mini-rédaction en citant des détails des films.

Exposé

Choisissez le sujet qui vous intéresse le plus de la liste. Préparez un exposé selon les instructions suivantes et présentez vos idées à la classe.

1. Parlez du rôle de la musique dans *Le Grand Bleu* et dans *Diva*. En quoi la musique supplémente-t-elle les images? Utilisez si possible des extraits du film ou de la bande originale.

2. En utilisant des extraits de vidéo ou de films contemporains, montrez en quoi l'esthétique du «look» a affecté les films et les émissions de télé d'aujourd'hui. Utilisez deux ou trois exemples minimum.

Mise en scène

Choisissez l'un des scénarios de la liste suivante et présentez votre travail à la classe.

1. Imaginez que la fin du *Grand Bleu* ne soit pas une fin tragique, mais une fin heureuse. Ecrivez et/ou jouez la scène.

2. Imaginez que la diva décide de poursuivre Jules en justice et que Jules doive encore faire appel à Gorodich et à Alba pour échapper aux forces de l'ordre. Ecrivez et/ou jouez la scène.

Les années 80–90: Retour sur l'histoire— les lieux de mémoire

Dans les films des années 80 et 90, les Français revisitent leurs exploits mais aussi leurs tragédies pendant une période très sombre de l'histoire de France, la Deuxième Guerre mondiale.

Sujets

- La Deuxième Guerre mondiale: L'événement capital du 20ᵉ siècle
- Revivre l'Occupation: Entre collaboration et résistance, les deux faces extrêmes de la guerre
- Le spectre de l'Holocauste
- La commémoration: Filiation et lieu de mémoire

Objectifs du chapitre

Dans ce chapitre, vous étudierez la préoccupation nostalgique avec l'histoire qui apparaît dans le cinéma des années 80. A la fin du chapitre, vous pourrez discuter:

- Le postmodernisme
- L'Holocauste
- La collaboration
- La résistance
- Les lieux de mémoire

Pour faire les activités en ligne sur les parties *Introduction, Dossier 1, Dossier 2* et *Réflexion*, rendez-vous au site Web www.thomsonedu.com/french/septiemeart

Pour commencer...

1. Que savez-vous du rôle exact de la France pendant la Deuxième Guerre mondiale? Avec qui la France était-elle alliée?

2. En consultant vos camarades, essayez de citer une conséquence importante de la Deuxième Guerre mondiale pour chacun des pays suivants: la France, l'Allemagne, l'Angleterre, les Etats-Unis, le Japon.

3. Pourquoi les événements de la Deuxième Guerre mondiale affectent-ils toujours notre vie actuelle, notamment dans les rapports entre les pays?

4. Pourquoi l'héroïsme est-il toujours un élément récurrent des récits de guerre?

Dans l'introduction, nous allons discuter d'un cinéma qui remet en cause les mythes fondateurs de l'histoire française contemporaine. Après avoir lu le texte, complétez les activités qui suivent.

 # Introduction

Histoire et culture

Dans les années 70 à 90, il faut compter sur l'importance grandissante de l'histoire commune et collective dans les films français (le cinéma historique), avec des films se déroulant souvent à une période antérieure à la nôtre. Ce retour sur l'histoire est l'expression d'une nostalgie du temps passé et d'une désaffection grandissante pour le gaullisme, puis pour le socialisme qui lui succède (les gouvernements Mitterrand). Il s'agit aussi d'une nostalgie pour l'âge d'or du cinéma (d'où la photographie sépia et les costumes d'époque de nombreux films modernes) et pour une France rurale pas encore touchée par l'industrialisation d'après-guerre et par l'aliénation de l'urbanisation des années 80 et 90 (Powrie, 39)[1]. On assiste donc à un retour à un style filmique qui prédate les années 60 et l'avant-garde. Cette forme plus classique, plus conventionnelle est presque inévitable devant la compétition de la télévision. En effet, en 1945, 357 millions de tickets de cinéma sont vendus, contre seulement 175 millions en 1980—et ce chiffre tombe même à 155 millions en 1999. Le cinéma enregistre donc une baisse de plus de 50% en l'espace de 35 ans. Les cinéastes se retrouvent ainsi obligés de présenter un produit plus facilement abordable et «consommable», situé dans une époque connue (et plus facilement «maîtrisable» par le spectateur).

On assiste ainsi à un retour sur différentes époques: l'émergence de la monarchie moderne avec *La Reine Margot*, la chute de l'Ancien Régime avec *Ridicule* et l'extravagant *Pacte des loups*, les affres de la modernité avec *Germinal* et *Le Hussard sur le toit*, la IIIe République avec les adaptations ou reprises de Pagnol, comme *Manon des sources* et *Jean de Florette*, la Première Guerre mondiale *(La Grande Illusion, Capitaine Conan)*, la décolonisation avec *Indochine* (Oscar du meilleur film étranger en 1992) et *L'Amant* (Jean-Jacques Annaud, adapté du roman de Marguerite Duras). Mais l'événement fondateur, capital, du 20e siècle reste la Deuxième Guerre mondiale. Parmi les films qui retracent cette période capitale, on trouvait déjà *Le Silence de la mer* (Melville, 1949), adapté du roman de Vercors, *La Traversée de Paris* (Claude Autant-Lara, 1956), *Jeux interdits* (René Clément, 1952), *Hiroshima mon amour* (Alain Resnais, 1959) et *Paris brûle-t-il?* (René Clément 1966).

Après 1968, on assiste à une remise en cause du mythe gaullien de la nation (la France résistante). A la place, de nombreux critiques et cinéastes mettent l'accent sur le rôle actif de la France dans la déportation des Juifs, alors que plusieurs scandales collaborationnistes font la une de l'actualité (Touvier, Barbie, Papon). Il faut comprendre qu'en 1945, le général de Gaulle avait souhaité mobiliser les énergies nationales pour une reconstruction à la fois économique et spirituelle du pays. On avait ainsi pardonné de nombreux collaborateurs (surtout aux postes clefs de l'administration), même s'il y avait eu quelques condamnations symboliques, notamment d'artistes et de journalistes. Mais à la fin de l'ère gaulliste (lors du septennat Giscard), beaucoup remettent en cause le mythe gaullien du Français résistant et on commence de plus en plus à poser la question de la collaboration et de son importance, entre 1940 et 1944. C'est ainsi qu'en 1971, une bombe explose dans le paysage médiatique français avec *Le Chagrin et la pitié* (Marcel Ophuls), un documentaire qui expose les activités collaborationnistes dans la ville de Clermont-Ferrand. *Le Chagrin et la pitié* avait d'intéressant qu'il s'inscrivait dans la problématique de

---

[1] Phil Powrie & Keith Reader. *French Cinema: A Student's Guide*, London, Arnold, 2002.

«l'Ecole des Annales»[2] et qu'il privilégiait donc la petite histoire, ou l'histoire individuelle, à la grande histoire, ou histoire officielle. «L'Ecole des Annales» naît dans les années 60, sous l'influence d'Emmanuel Le Roy Ladurie, et son influence sur les historiens contemporains est déterminante. En marge de l'histoire classique, les historiens des Annales proposent une étude des «vies ordinaires», des événements qui forment la trame du quotidien, en place de la chronique des rois et reines ou des événements décisifs (guerres, batailles, changements de régime). L'ouvrage séminal de cette tradition est un best-seller en France. Il s'agit de *Montaillou, village occitan* (1975)[3]. La tendance «Annales» se reflète dans les films des années 70, avec notamment *Moi Pierre Rivière* (René Allio, 1976), *Le Juge et l'assassin* (Bertrand Tavernier, 1976), *Lacombe Lucien* ou encore avec le classique d'André Téchiné, *Souvenirs d'en France* (1975). En 1973, Louis Malle continue de creuser cette veine investigatrice avec *Lacombe Lucien*, l'histoire d'un pauvre garçon qui devient, presque malgré lui, collaborateur. Cependant, contrairement aux films des décennies précédentes, *Lacombe Lucien* ne fait pas le portrait d'un homme antipathique ou corrompu, mais d'un individu simplement perdu dans les remous d'une époque tumultueuse.

D'autres films qui poursuivent cette veine investigatrice sont *Le Dernier Métro* (Truffaut, 1980), *La Vie et rien d'autre* (Tavernier, 1989), *Uranus* (Berri, 1990), *Au Revoir les enfants* (Louis Malle, 1987) et *Un Héros très discret* (Audiard, 1996).

Les deux films de ce chapitre reflètent ainsi les deux images conflictuelles de la France pendant la Deuxième Guerre mondiale et tracent l'une des lignes de fracture de la culture française contemporaine. *Au Revoir les enfants* nous fait le portrait d'un groupe de prêtres courageux, qui résistent à l'ennemi en cachant des enfants juifs dans leur école. A l'opposé, *Un Héros très discret* brosse le portrait d'un individu sans carrure et sans histoire qui se fait passer pour un héros de la résistance. Alors que les protagonistes d'*Au Revoir les enfants* paient de leur personne leur engagement politique (le père supérieur est déporté dans un camp de concentration, tout comme les enfants juifs qui sont cachés dans l'école), le personnage éponyme du *Héros très discret* ne fait que jouer un rôle, même si un jour, cependant, fiction et réalité se retrouvent, avec des conséquences plus graves que prévues.

---

[2] Jill Forbes. *The Cinema in France after the New Wave*, London, MacMillan, 1992.
[3] Le Roy Ladurie, Emmanuel. *Montaillou, village occitan*, Paris, Gallimard, 1975.

Activités de compréhension

Vrai ou faux?

Est-ce que les phrases suivantes sont vraies ou fausses? Si la phrase est fausse, corrigez-la en rajoutant des détails.

1. Depuis les années 70, le cinéma historique tombe en désuétude.

   _____

2. Entre les années 40 et 70, de plus en plus de gens vont au cinéma.

   _____

3. *Le Silence de la mer* est un documentaire sous-marin du Commandant Cousteau.

   _____

4. *Le Chagrin et la pitié* est un documentaire qui retrace l'histoire de la collaboration dans une ville française.

   _____

5. A partir des années 70, on remet en question l'image du Français comme résistant.

   _____

Discutons

1. Pensez-vous qu'en France comme aux Etats-Unis, le cinéma souffre de la compétition de la télévision et de la vidéo? Vous-même, préférez-vous aller voir un film au cinéma ou louer un film quelques mois après sa sortie en salles?
2. Quels sont les moments fondateurs de l'histoire américaine qui sont le plus souvent représentés au cinéma? Pourquoi?
3. Pendant la Deuxième Guerre mondiale, des déportations ont-elles eu lieu aux Etats-Unis?
4. Quel est le mythe gaullien de la nation?

Au choix!

Choisissez la réponse correcte.

1. En 40 ans, le box-office connaît: a. une augmentation de 50%. b. une réduction de 50%. c. il reste le même.
2. Le cinéma historique est: a. nostalgique. b. névralgique. c. histrionique.
3. Le documentaire de Marcel Ophuls s'intitule: a. *Le Chagrin et l'amitié.* b. *Le Chagrin et la pythie.* c. *Le Chagrin et la pitié.*
4. *Lacombe Lucien* relate l'histoire: a. d'un collaborateur. b. d'un résistant. c. d'un Juif expulsé de France.
5. En 1945, le général de Gaulle: a. démobilise l'armée. b. mobilise les énergies nationales. c. refait le mobilier de son château du Poitou.
6. Les deux films de Malle et d'Audiard évoquent: a. la position ambiguë de la France pendant la Deuxième Guerre mondiale. b. l'héroïsme de l'armée française à Dunkerque. c. la défaite des Allemands à Moscou.

■ Mini-biographie de Louis Malle

Louis Malle est né en 1932 et il est mort en 1995. Il commence sa carrière dans le cinéma comme assistant de Robert Bresson et travaille même pour le Commandant Cousteau. Il est actif dans la Nouvelle Vague, mais son intérêt le porte rapidement vers des questions humaines, comme l'amour, l'érotisme, l'amitié, la famille et l'enfance. Il connaît une période américaine avant de revenir en France pour filmer son plus grand succès, *Au Revoir les enfants*. Il continue à faire des films jusqu'à sa mort.

■ Le film

En 1944, quelques mois avant le débarquement, des enfants retournent à leur collège. Il y a Julien, un garçon de 10 ans, et son grand frère, François. On présente alors un nouveau venu: Jean Bonnet. Celui-ci devient immédiatement la victime des moqueries de ses camarades, en raison de son nom (Bonnet). Au début, Julien regarde Jean avec suspicion car on ne sait pas d'où il vient. Julien est également jaloux de Jean car ce dernier est, comme Julien, un très bon élève.

Petit à petit, Julien se rend compte que Jean est différent. Personne ne lui rend visite et il n'a pas eu de nouvelles de son père depuis deux ans. Quant à sa mère, il ne sait pas où elle est. En outre, il ne sait pas les prières que tous les petits Catholiques connaissent. Jean dit qu'il est protestant, mais Julien découvre dans un livre de Jean que le vrai nom de celui-ci n'est pas Bonnet, mais Kippelstein. Jean est un enfant juif que le Père Jean a accepté de cacher dans le collège. Jean sera-t-il trahi par ses camarades? Vous aurez la réponse en regardant le film.

Autour d'une image. Qui sont les deux garçons dans cette photo? Comment la composition de l'image traduit-elle leur rapport? A quels dangers doivent-ils faire face et comment cela est-il exprimé ici?

Répondez aux questions sur Louis Malle et sur son film *Au Revoir les enfants* en donnant des renseignements tirés des textes à la page précédente.

1. Comment est-ce que le style de Malle a évolué au cours de sa carrière?

   _____

2. De quels sujets Malle traite-t-il dans ses films post-Nouvelle Vague?

   _____

3. Pourquoi Jean change-t-il de nom?

   _____

4. Pourquoi Jean ne reçoit-il pas de nouvelles de ses parents, comme les autres élèves?

   _____

Avant de regarder

Les mots justes

Choisissez l'expression à droite qui correspond à l'explication de gauche.

___1. les membres de la Milice qui travaillent étroitement avec les Nazis pendant l'Occupation

___2. les individus qui refusent de partir au service volontaire en Allemagne

___3. ceux qui font le commerce des produits rationnés

a. les réfractaires
b. ceux qui font du marché noir
c. les collaborateurs

A votre avis

Répondez aux questions en donnant vos opinions sur ces sujets politiques.

1. Pensez-vous qu'en temps de guerre ou de crise grave (terrorisme, catastrophe naturelle—tremblement de terre, ouragan, inondation), il faille d'abord penser aux autres ou à soi? Que feriez-vous dans une telle situation? Donnez des exemples.

2. Est-ce que le fait d'appartenir à une minorité (ethnique, religieuse, etc.) expose automatiquement à la discrimination des autres?

3. En temps de guerre ou de crise sociale, est-il préférable que le gouvernement réduise les libertés publiques (droit d'expression, liberté de religion) ou au contraire faut-il que le gouvernement se fasse le défenseur de ces libertés?

En regardant

Etude des personnages

En regardant le film, trouvez les réponses aux questions suivantes.

1. Le personnage de Joseph est un personnage complexe. Même s'il collabore avec les Nazis, Joseph n'est pas un méchant au sens classique du terme. Pourquoi pensez-vous que Louis Malle donne des circonstances atténuantes à ses actions?

_____

_____

2. Le Père Jean est à priori un homme noble et même héroïque. Pourtant, pendant la messe, il refuse la communion à Jean, qui est juif. Ce fait entache-t-il l'altruisme du Père Jean?

_____

_____

3. Julien est un garçon intelligent et sensible qui souffre de l'absence de sa mère. Et, comme les autres élèves, il peut être brutal, notamment vis-à-vis de Joseph. Puisqu'il fait lui-même preuve de méchanceté, pourquoi Julien n'accepte-t-il pas la cruauté des adultes?

_____

_____

Les relations entre les personnages

Dans ce film, comment est-ce que Louis Malle établit les relations suivantes entre les personnages? En groupes de 3 ou 4, choisissez deux ou trois des relations suivantes. Puis, citez une scène ou une séquence et un ou deux détails de la mise en scène (échelle des plans, décors, éclairage, accessoires, cadrage, mouvements de la caméra, zoom, plongée, champ/contre-champ, etc.) qui expliquent la relation en question. Comparez vos réponses à celles de vos camarades.

Relation	Scène	Elément	Explication
Modèle: Julien et Négus; camarades	cours de récréation; scène de la bataille des échasses; Négus secourt Julien	les échasses	L'utilisation des échasses transforme le jeu d'enfant en affrontement réel entre les défenseurs de la chrétienté et les autres (les faibles, les étrangers).
Julien et sa mère; amour maternel			
Julien et François; fraternité			
Julien et Jean; compétition			
Julien et Jean; amitié			
Julien et Joseph; collaboration			
Julien et le Père Jean			
Julien et les livres			

Les regards

Au cinéma, le regard du ou des personnages joue un rôle décisif. Il oriente le sens de l'action et donne un sens à la scène. Il guide aussi le regard du spectateur. Dans ce film, les regards que Jean et Julien portent l'un sur l'autre occupent une place centrale et marquent les étapes de la relation entre les deux enfants. A partir des scènes suivantes, expliquez en quoi le regard de Jean ou de Julien exprime une nouvelle étape dans leurs rapports.

Scène	Explication
Modèle: la première rencontre de Julien et de Jean au dortoir (plan américain)	Les deux enfants se jaugent et décident comment ils vont se traiter (avec agressivité pour Julien, avec appréhension pour Jean).
la bataille des échasses, la cour de récréation (Julien et Jean côte à côte)	
la cave pendant l'alerte, la panne d'électricité (Julien éclaire le visage de Jean de sa lampe torche)	
le dortoir, la nuit (Julien fait pipi au lit; Jean est réveillé par un camarade qui a un cauchemar)	
la leçon de piano (Julien regarde Jean au piano, gros plan sur le visage de Julien)	
le dortoir, la nuit (Jean prie devant deux bougies; champ/contre-champ)	
la forêt, la nuit (plan général, Julien et Jean se retrouvent)	
dernière scène (Jean est emmené par les Allemands; champ/contre-champ et gros plan avec zoom sur le visage de Julien)	

Après avoir regardé

Analyse de scènes

Choisissez le sujet de composition qui vous intéresse le plus. Ecrivez une mini-rédaction d'une seule page pour y répondre en détail.

1. Pour la première rencontre de Jean et de Julien, Louis Malle utilise un plan américain, où les deux enfants se font face. Ce genre de plan est très classique et il sert à présenter les personnages et à établir leur rôle dans l'histoire. Comment Malle l'utilise-t-il ici? Chez Malle, le dialogue est également toujours important. Dans cette scène, il porte sur deux sujets: l'identité de Julien et les lectures de Jean. En quoi les thèmes abordés dans ces quelques lignes de dialogue se retrouvent-ils dans tout le film? Considérez aussi la caméra qui se déplace dans un travelling gauche qui dévoile la statue de Marie dans le dortoir. Comment interprétez-vous la réaction de Jean?

2. Pendant la leçon de piano, Julien joue sans passion, de façon mécanique. Lorsque c'est le tour de Jean de jouer, la caméra zoome progressivement sur son visage et sur celui de la prof. Quelle est sa réaction et quelle est la réaction de Julien qui écoute à la porte? Pourquoi est-il important que le professeur soit une femme dans cette scène?

3. La scène du restaurant est construite comme un microcosme de la société française de l'époque. Qui sont les acteurs en présence? Qui est le vieil homme? Est-ce un criminel? Quel est le rôle de la Milice? Comment comprenez-vous l'attitude des Allemands? Quelle est la position de Mme Quentin sur ce sujet?

Discutons

1. Commentez la mise en scène réaliste du film. Expliquez comment Louis Malle rend le film «véridique» (décors, costumes, etc.).

2. Décrivez les moments forts du film. S'agit-il des scènes d'action (la bataille de la cour de récréation, la scène dans la forêt) ou des scènes de dialogue (le sermon du Père Jean, l'intervention du Dr. Muller à la fin du film)?

3. La mise en abîme. Dans une séquence du film, Louis Malle montre des scènes de *Charlot* immigrant. A quelle fin? Qu'est-ce que Charlie Chaplin apporte à la scène en particulier et au film de Malle en général?

4. Il y a deux types de musique dans ce film: classique et jazz. Qu'est-ce que chaque musique symbolise, à la fois pour les enfants et pour les spectateurs?

5. Le film se déroule dans le contexte des rafles de Juifs et des camps de concentration. Pourtant, on ne mentionne rien de cela dans le film. Est-ce que vous pensez que ces omissions renforcent ou affaiblissent le propos de Louis Malle? Expliquez votre opinion.

■ Mini-biographie de Jacques Audiard

Jacques Audiard est né en 1952. Il commence des études de lettres, mais s'arrête pour faire du cinéma. Il est d'abord monteur, puis il commence à écrire des scénarios dans les années 80. En 1994, il réalise *Regarde les hommes tomber*, qui remporte le César du premier film à Cannes. En 1996, il adapte le roman de Jean-François Deniau, *Un Héros très discret*. Son film suivant, *Sur mes lèvres*, connaît un grand succès et remporte 9 nominations aux Césars. Son dernier film, *De battre mon cœur s'est arrêté*, est adapté du roman policier de Tonino Benacquista, et il raconte l'histoire originale d'un homme qui hésite entre la carrière de pianiste professionnel et celle de gangster. Comme dans ses films précédents, Audiard évoque l'ambivalence entre le monde normal et le monde criminel des bas-fonds, entre le bien et le mal.

■ Le film

Albert Dehousse vit sous la coupe de sa mère, qui voue un culte aveugle à la personne du père, mort sur le champ de bataille. Mais pour les autres, M. Dehousse n'était qu'un alcoolique qui est mort de son addiction. La guerre survient. Albert se marie avec Yvette, une fille du village dont le père est résistant. Albert, lui, grâce à son beau-père, trouve un poste modeste de représentant en linge maison.

A la fin de la guerre, après avoir appris que son beau-père était un héros de la résistance, et dépité de ne pas avoir été tenu au courant, Albert décide de devenir un héros, lui aussi, et il quitte sa famille. Il se lie d'amitié avec un personnage interlope, le capitaine Jean Dionnet, et entre au service de M. Jo, un ancien collaborateur. Le film suit les efforts d'Albert pour devenir un héros aux yeux de ses concitoyens.

Autour d'une image.
Qu'apprenez-vous sur le personnage d'Albert dans cette image? A votre avis, qu'écrit-il? Une lettre? Une œuvre de fiction? Autre chose? Expliquez.

■ Savez-vous?

Répondez aux questions sur Jacques Audiard et sur son film, *Un Héros très discret*, en donnant des renseignements tirés des textes à la page précédente.

1. Quel thème est présent dans la plupart des films de Jacques Audiard?

   _____

2. Qu'est-ce que le père d'Albert est devenu?

   _____

3. Pourquoi Albert quitte-t-il ses proches?

   _____

4. Avec quels personnages louches Albert se lie-t-il?

   _____

5. Quel est le but principal d'Albert au cours du film?

   _____

Avant de regarder

Les mots justes

Complétez chaque phrase avec les mots et expressions de la colonne de droite.

1. Il a tout perdu, son travail et sa famille. Maintenant, il en est réduit à _____.

2. Son père boit trop. Pourtant, son médecin lui a dit de faire attention à sa _____.

3. Leur maison a été _____ par les autorités pendant l'alerte.

4. Les autorités ont décidé de lui _____ les cheveux pour punir ses activités collaboratrices.

5. Maintenant qu'il est vieux, il perd un peu la _____. Il ne se souvient plus de ce qu'il a fait pendant la guerre.

a. cirrhose
b. faire la manche
c. tondre
d. mémoire
e. réquisitionnée

A votre avis

1. Quand vous étiez petit(e), inventiez-vous des histoires? Quels scénarios développiez-vous?
2. Pourquoi peut-on avoir envie de changer de vie? Que fait-on pour cela? Est-ce facile de devenir quelqu'un de différent?
3. Le mensonge est-il indispensable dans les rapports avec les autres (et avec soi-même)? Donnez des exemples.
4. Qu'est-ce que l'héroïsme? Donnez des exemples de comportement héroïque.

En regardant

Etude des personnages

En regardant le film, trouvez les réponses aux questions suivantes.

1. Quelle est la motivation principale du personnage d'Albert? Que veut-il accomplir dans la vie? En quoi l'absence de son père détermine-t-elle son choix?

   _____

   _____

2. Le capitaine Jean Dionnet joue un rôle particulier dans l'existence d'Albert. Quelles sont les leçons importantes qu'il lui enseigne?

   _____

   _____

3. Trois femmes jouent un rôle important dans la vie d'Albert: sa mère, Yvette et Servane. Comment celles-ci encouragent-elles (directement ou non) le rêve d'Albert?

   _____

   _____

Regardons de près

Quelle est l'importance des éléments suivants dans le film? Prenez soin d'inclure des détails thématiques et stylistiques dans votre réponse.

Modèle: Au début du film, on assiste au passage de l'enfance à l'âge adulte d'Albert.

Importance: L'usage du montage accéléré attire notre attention sur l'artifice de l'existence d'Albert et sur le côté «inventé» du personnage.

1. Quelqu'un pose des questions à Albert (lorsqu'il est vieux) sur ses activités pendant la guerre.

   Importance: _____

   _____

2. On entend une voix-off pendant le film.

   Importance: _____

   _____

3. On voit l'orchestre qui joue la musique de la bande sonore du film d'Audiard.

   Importance: _____

   _____

4. On voit des extraits de documentaires d'époque.

   Importance: _____

5. Question supplémentaire: Comment est-ce que les scènes ci-dessus exposent les mécanismes de la fiction?

   _____

   _____

Après avoir regardé

Discutons

1. Décrivez les deux scènes où Albert regarde un match de tennis. Qu'est-ce que le tennis symbolise pour lui?

2. Expliquez l'importance du titre. Pourquoi le héros du film est-il «très discret»? Est-ce une marque de modestie ou est-ce pour mieux occulter son mensonge?

3. Pourquoi Albert ment-il à Yvette (Caron)? Pourquoi se choisit-il une existence d'écrivain?

4. Quel est le mensonge le plus difficile à maintenir pour Albert?

5. Qui est la première victime de la mise en scène d'Albert? Quel avantage en tire-t-il?

Mythologie et cinéma

Répondez aux questions suivantes et comparez vos réponses à celles de vos camarades.

1. Comparez l'espionnage dans ce film à celui dans les films de James Bond.

_____

_____

_____

2. Qu'est-ce qui facilite le subterfuge d'Albert? Dites comment Albert profite de l'abondance de matériaux biographiques sur les réseaux de résistance, les hommes et les mouvements.

_____

_____

_____

3. Les médias sont omniprésents dans le film, de la radio aux journaux, en passant par les documentaires. Selon Audiard, la télévision et les autres médias sont-ils impartiaux? Comment peut-on relater la vérité? Comment peut-on être juste lorsqu'on raconte les événements passés?

_____

_____

_____

 *Réflexion*

Thème de discussion en classe ou de mini-composition selon les instructions de votre professeur

Synthèse

Quelle est l'importance des livres, en particulier, et de la fiction, en général, pour les enfants dans les deux films? Comment est-ce que le monde du rêve fait rempart contre le monde réel?

Rédaction

Choisissez l'une des questions suivantes et écrivez une rédaction pour y répondre en détail.

1. Décrivez la banalité de l'antisémitisme dans les deux films. Etudiez le commentaire antisémite de la mère d'Albert à ce dernier, au début d'*Un Héros très discret*, et l'observation de Joseph, le Gestapiste, à Julien, à la fin d'*Au Revoir les enfants*.

2. Expliquez l'importance du mensonge dans les deux films (la présence clandestine des enfants juifs dans l'école d'*Au Revoir les enfants*; le beau-père résistant d'Albert; et la fausse existence d'Albert lui-même dans *Un Héros très discret*). Comment est-ce que le cinéma, en tant qu'art, est idéalement placé pour raconter l'histoire d'un mensonge.

Exposé

Choisissez le sujet qui vous intéresse le plus de la liste. Préparez un exposé selon les instructions suivantes et présentez vos idées à la classe.

1. En utilisant des extraits de deux films de votre choix, décrivez comment la guerre affecte la vie quotidienne des enfants et des adultes.

2. En utilisant des extraits de deux films de votre choix, décrivez comment l'héroïsme est typiquement décrit au cinéma. Choisissez de préférence des héros connus du grand public.

3. En utilisant des extraits de deux films de votre choix, décrivez comment des héros atypiques sont représentés au cinéma. Pourquoi sont-ils différents des héros traditionnels?

Mise en scène

Choisissez l'un des scénarios de la liste suivante et présentez votre travail à la classe.

1. Imaginez que la fin d'*Au Revoir les enfants* ne soit pas une fin tragique, mais une fin heureuse, comme dans les romans d'aventure de Julien. Jouez ou écrivez la scène.

2. Imaginez qu'Albert décide de ne pas confesser son imposture à la fin du film. Quelle pourrait être la scène finale du film? Faites intervenir d'autres personnages (Servane, son ex-femme, ses collaborateurs).

Les années 90 (I): Nouvelles directions, nouveau réalisme

Chapitre 9

Dans les années 90, le cinéma français redécouvre un certain engagement social et il parle d'exclusion sociale ou raciale et de discrimination.

Sujets

- L'intégration: Succès ou faillite?
- Les banlieues: Zones de non droit?
- La fracture sociale
- Le retour d'un cinéma engagé

Objectifs du chapitre

Dans ce chapitre, vous étudierez les problèmes liés aux tensions sociales (racisme, chômage, insécurité). A la fin du chapitre, vous pourrez discuter:

- La précarité
- Le chômage
- La banlieue
- Les émeutes urbaines
- La fracture sociale

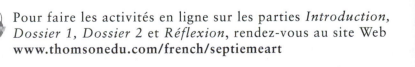

Pour faire les activités en ligne sur les parties *Introduction, Dossier 1, Dossier 2* et *Réflexion*, rendez-vous au site Web www.thomsonedu.com/french/septiemeart

Pour commencer...

1. Malik Oussekine est un jeune Beur (Arabe de 2ᵉ ou 3ᵉ génération) qui a été tué lors d'une bavure policière *(police brutality)*. En France, son nom est aussi célèbre que celui de Rodney King aux Etats-Unis. En quoi ce genre de mort a-t-il une valeur de symbole?

2. Aujourd'hui, on est européen avant d'être français. A votre avis, pourquoi l'importance croissante de l'Europe dans la vie des Français peut-elle être une source d'angoisse et de malaise?

3. Comment la précarité des plus défavorisés peut-elle devenir un problème (social, économique) pour la société dans son ensemble? Pensez à votre propre communauté, à votre ville.

Dans l'introduction, nous allons discuter de l'importance croissante des problèmes sociaux dans la vie des Français. Après avoir lu le texte, complétez les activités qui suivent.

Introduction

La crise au cinéma

Pendant les années 80 et 90, les problèmes sociaux prennent une place grandissante dans la vie quotidienne des Français. Alors que les médias attribuent souvent ces problèmes à l'immigration ou à la criminalité, le mal de vivre de cette fin de 20ᵉ siècle trouve ses racines aussi bien dans la construction de l'Europe (et la perte attenante d'une identité nationale) que dans l'importance toujours croissante de la mondialisation dans la vie sociale et économique. Comme toujours, ce sont les faits de société les plus visibles et les plus spectaculaires qui retiennent d'abord l'attention des médias, comme notamment «le malaise des banlieues».

Le premier coup de semonce date de 1979, avec les violences urbaines de Vaulx-en-Velin. Ce jour-là, le malaise des banlieues fait son apparition dans la vie politique, avec son lot d'incendies de voitures et de destructions de biens et ses bagarres rangées entre forces de l'ordre et casseurs.

Depuis les événements de mai 1968, on avait rarement assisté à ce genre d'affrontements entre la jeunesse et la police. Deux ans plus tard, c'est à Vénissieux qu'éclatent des émeutes, et c'est aussi la première fois que des violences urbaines de grande ampleur connaissent une large répercussion médiatique. En 1983, c'est aux Minguettes que des affrontements entre police et émeutiers ont lieu, au grand bénéfice de l'extrême droite qui en profite pour jeter de l'huile sur le feu et améliorer son score aux élections de septembre. Devant ces émeutes à répétition, journaux et télévision s'emparent de l'affaire, qui devient un fait de société et ne va plus quitter le devant de la scène jusqu'à aujourd'hui, ainsi qu'en témoigne la série d'émeutes qui secouent un grand nombre de villes françaises en 2005.

Pour le Français moyen, une nouvelle société est en train de naître, une société parfois déroutante, qui traduit le malaise ambiant, lié à l'incertitude devant un monde toujours plus complexe, ambigu et souvent inamical. Dans ce nouveau monde, les vieilles idées, les vieilles valeurs se retrouvent contestées et les certitudes d'hier (sécurité de l'emploi, stabilité sociale) sont menacées par les évolutions du monde moderne. Chacun y va de son analyse, de la perte de l'identité nationale française dans l'Union européenne au danger posé par l'immigration clandestine, en passant par les problèmes de l'environnement, la drogue ou la violence à l'école.

De tous les partis politiques, c'est certainement le Front national qui tire le plus grand avantage de la situation et de la polarisation des idées. Face à lui, les autres partis peinent à donner aux Français un sentiment d'espoir ou d'enthousiasme pour l'avenir. Au contraire, à leurs yeux, le futur semble incertain et la France politique est en panne d'idées. Les plans de réforme se succèdent (urbanisme, éducation, emploi) sans que rien n'ait l'air d'évoluer.

Pourtant, le premier gouvernement Mitterrand avait choisi, en 1981, d'entreprendre une transformation ambitieuse de la société française. Pour commencer, pour faire face à l'immigration clandestine, le gouvernement décide de régulariser 300 000 immigrants illégaux (sans-papiers). D'une part, l'économie française a besoin de main d'œuvre étrangère. Ensuite, l'immigration clandestine, si elle restait illégale, ne profiterait qu'à une économie parallèle et souvent criminelle (ateliers clandestins, travail au noir, etc.). Mais ce geste est mal compris et mal accepté par les conservateurs qui y voient le danger de la perte d'une identité nationale. Deux ans plus tard cependant, SOS Racisme et le MIB (Mouvement de l'immigration et des banlieues) sont créés pour lutter contre la discrimination. La première marche pour l'égalité et contre le racisme a lieu cette année-là. Elle rassemble plusieurs centaines de milliers de personnes.

En 1989, la chute du mur de Berlin provoque un séisme dans la société française et dans le monde occidental. D'un seul coup, le monde sort de la Guerre froide et s'ouvre à de nouvelles possibilités. Mais si ce monde-là semble d'abord porteur d'énormes promesses (ouverture des frontières avec les pays de l'Est, libre circulation des biens et des personnes), il confirme aussi que la société industrielle (celle de l'ère moderne) est définitivement morte. A la place, une société postmoderne est en train d'émerger, une société plus diverse et plus fragmentée, qui remet en cause les principes fondateurs de la société française, notamment la notion de République comme principe d'unité et de liberté—que l'on retrouve dans la devise républicaine: liberté, égalité, fraternité. Ces trois principes fondateurs de la devise républicaine se retrouvent de plus en plus mis à mal au cours des années 90.

En 1990, après la mort d'un motocycliste devant un barrage de police, de nouvelles émeutes urbaines éclatent à Vaulx-en-Velin, lieu des premières émeutes de 1981, relançant le cycle de la violence et de la répression policière (et ses bavures). En même temps, des voix se font entendre, parmi les activistes et les artistes, contre le mal-être des cités de banlieues. Des groupes comme NTM (Nique Ta Mère)[1] et Assassin adoptent le ton combatif du rap américain et obtiennent un grand succès parmi les jeunes, dont ils reflètent l'angoisse et l'anxiété devant un monde dont ils se sentent exclus et dont ils ne maîtrisent pas la langue et les codes sociaux. Comme beaucoup des rappeurs français sont issus des banlieues, le rap se fait le porte-parole d'une génération exclue et d'une communauté souvent victime de discrimination. Pour les jeunes des banlieues, au-delà de la critique sociale, le rap devient aussi la réappropriation d'une langue et d'une culture qui ne leur appartenaient pas. Comme les poètes du Moyen Age, les rappeurs sont aussi de nouveaux troubadours qui prennent plaisir à jouer avec la langue, sa syntaxe et son sens.

En 1995, le film *La Haine*, de Mathieu Kassovitz, capture avec urgence et brutalité le malaise des banlieues. «Avoir la haine (contre la société)» entre dans l'argot contemporain. Pourtant, des accusations fusent contre *La Haine* et accusent le film d'exploiter une crise sociale pour faire du spectacle, avec une caméra incessamment en mouvement et des images qui sont trop «léchées» pour être réalistes. On accuse aussi Kassovitz de trop schématiser une situation complexe et de la réduire à un simple affrontement entre les jeunes et la police, qui reprend le schéma classique du western ou du film d'aventure.

Mais ce n'est pas que dans les banlieues que des mouvements sociaux apparaissent. Alors que le néolibéralisme s'impose comme la seule idéologie de fin de siècle, les syndicats et de nombreuses catégories socioprofessionnelles commencent à protester contre ses abus: délocalisation des usines et des emplois, montée du chômage, baisse de la couverture sociale et médicale, réduction des aides de l'Etat aux plus démunis. Des grèves se mettent en place, des camionneurs aux étudiants, en passant par les lycéens, les aiguilleurs du ciel, les conducteurs de train et de métro, les marins, les intermittents du spectacle et beaucoup d'autres encore. Pour les Français, l'Etat, autrefois providence de la nation, paraît incapable de répondre aux nouveaux défis. La fracture sociale (entre les riches et les pauvres, entre ceux qui ont le pouvoir et ceux qui ne l'ont pas) est de plus en plus prononcée. De nombreux films traitent de cette fracture, notamment *Les Fils du requin* d'Agnès Merlet, *En avoir ou pas* de Laetitia Masson et *L'Humanité* de Bruno Dumont.

En 1998, le film d'Erick Zonca, *La Vie rêvée des anges,* décrit avec talent les difficultés rencontrées par deux jeunes filles qui ont du mal à trouver un emploi et à se faire une place dans la société. Son style est intimiste et il emprunte des éléments à un réel vécu. Comme d'autres réalisateurs contemporains, Erick Zonca s'intéresse aux «petites gens», aux petites villes, à tout ce qui n'est pas la capitale, à tout ce qui tombe en dehors du spectaculaire. C'est un cinéma du quotidien, des difficultés que les plus faibles et les plus pauvres d'entre nous rencontrent dans leurs vies. C'est aussi un cinéma qui cherche à redonner sa place à l'être humain, aux relations, dans un monde souvent dominé par l'argent et la violence.

---

[1] F... Your Mother

Activités de compréhension

Vrai ou faux?

Est-ce que les phrases suivantes sont vraies ou fausses? Si la phrase est fausse, corrigez-la en rajoutant des détails.

1. En 1981 et en 1990, des grèves ont lieu à Vaulx-en-Velin.

   Vrai

2. La discrimination touche surtout les gens qui habitent ~~en centre-ville~~. *au banlieue*

   Faux

3. Dans les années 90, les syndicats pensent que le néolibéralisme et la mondialisation offrent de bonnes opportunités à la société.

   Vrai

4. La devise républicaine (liberté, égalité, fraternité) est contestée dans les années 90.

   Vrai

5. La fracture sociale est entre ~~les hommes et les femmes~~. *la police et les jeunes*

   Faux

Au choix!

En vous basant sur le texte aux pages précédentes, choisissez la réponse correcte.

1. Dans les années 80, on assiste à la naissance du:
   a. balaise des banlieues. (b.) malaise des banlieues.   c. malade des banlieues.

2. Le parti politique qui profite le plus de l'aggravation de la situation dans les banlieues est:
   (a.) le Front national.   b. le Parti socialiste.   c. les Verts (écologistes).

3. Face à l'absence de réponse politique, les jeunes des cités se tournent vers:
   a. le jazz.   b. la valse.   (c.) le rap.

4. Les syndicats craignent:
   (a.) la perte des emplois.
   b. l'ouverture de nouveaux supermarchés.
   c. l'immigration clandestine.

5. Les années 80 et 90 sont marquées par:
   a. la facture sociale.   (b.) la fracture sociale.   c. la manufacture sociale.

Discutons

1. Pensez-vous qu'aux Etats-Unis, les gens souffrent pareillement des excès du libéralisme économique? Est-ce que vous, vous avez peur que votre (futur) emploi soit exporté dans un pays du tiers-monde?

2. Selon vous, quel genre de musique est le plus politiquement engagé? Le rock, le jazz, le rap (ou hip hop), la musique country, la musique alternative?

3. Quels sont, selon vous, les principaux problèmes sociaux d'aujourd'hui? Le chômage? L'insécurité? Le terrorisme?

4. A quoi sert une grève? Pensez-vous qu'on doive toujours avoir le droit de faire grève? Avez-vous déjà fait grève à l'école ou à l'université?

■ Mini-biographie de Mathieu Kassovitz

D'origine hongroise juive, Mathieu Kassovitz est né en 1956. Son premier grand succès à l'écran est *Métisse* (1993), mais c'est avec *La Haine* que Kassovitz devient réellement connu. Le film fait scandale dans certains milieux car il critique le comportement de la police vis-à-vis des minorités des banlieues, mais il séduit les jeunes et les exclus. *La Haine* remporte trois Césars (dont le César du meilleur film) au Festival de Cannes en 1995. Puis Kassovitz réalise *Les Rivières pourpres*, un film policier qui met en scène les peurs contemporaines sur les manipulations génétiques. Il fait partie des réalisateurs français contemporains de plus en plus nombreux qui travaillent aux Etats-Unis et adoptent une esthétique très hollywoodienne (il réalise à cet effet le film *Gothika* avec Halle Berry).

■ Le film

Le film débute dans une banlieue de Paris, après une nuit d'affrontements entre les jeunes et la police. Un policier a perdu son arme dans la cité. Abdel, un jeune homme d'origine maghrébine est à l'hôpital, entre la vie et la mort, après avoir été tabassé par des policiers. Trois de ses amis, Vinz (un Juif), Saïd (un Arabe) et Hubert (un Noir) discutent de l'événement. Ayant trouvé l'arme du policier, Vinz jure de «buter» un policier si Abdel venait à mourir. Hubert, lui, préfère travailler avec le système, et il a obtenu de l'Etat la construction d'une salle de gym dans la cité.

Les trois amis décident d'aller voir un match de boxe à Paris. Hélas, à la suite d'une altercation avec une concierge, Vinz et Hubert sont arrêtés et passés à tabac par la police. Ils sont relâchés quelques heures plus tard. Après une série d'aventures, ils tombent sur un gang de skinheads et Vinz pointe son arme sur l'un d'entre eux. Vinz va-t-il devenir un tueur? Que vont faire Hubert et Saïd? Regardez le film pour le savoir.

Autour d'une image. Quels éléments de la photo expriment la violence? A votre avis, contre qui cette violence est-elle dirigée? Pourquoi? Le geste du personnage vous semble-t-il sincère ou exagéré?

■ Savez-vous?

Répondez aux questions sur Mathieu Kassovitz et sur son film, *La Haine,* en donnant des renseignements tirés des textes à la page précédente.

1. Quel thème social intéresse plus particulièrement Kassovitz?

   _____

2. Qu'est-ce que Vinz trouve dans la cité après l'émeute?

   _____

3. Quelle promesse Vinz fait-il?

   _____

4. Qui les trois amis rencontrent-ils à Paris?

   _____

Avant de regarder

Vocabulaire pour le film

En utilisant un dictionnaire, expliquez les expressions soulignées.

1. Il <u>manifeste</u> son désaccord: Chaque fois qu'on lui demande de faire quelque chose, il prétend qu'il est occupé.

   _____

   _____

2. Quand il parle <u>verlan</u>, ses parents ne comprennent pas un mot. Il est «fou» ou «bizarre» disent-ils! Mais lui, il pense qu'il n'est ni «ouf» ni «zarbi»!

   _____

   _____

A votre avis

Répondez aux questions en donnant vos opinions sur les inégalités sociales.

1. Si l'un de vos amis, ou un membre de votre famille, était victime d'une agression, chercheriez-vous à obtenir justice vous-même ou choisiriez-vous de faire confiance aux autorités?

2. Est-il possible d'avoir des rapports sincères avec quelqu'un d'une classe sociale différente de la vôtre (quelqu'un de beaucoup plus riche ou beaucoup plus pauvre)?

3. Quelles difficultés est-ce qu'on rencontre si l'on vient d'une cité ou d'une banlieue difficile pour avoir une vie normale (carrière, famille)?

En regardant

Etude des personnages

En regardant le film, trouvez les réponses aux questions suivantes.

1. Hubert joue un peu le rôle du grand frère, vis-à-vis de sa famille, mais surtout de ses deux amis. Pourtant, il peut être machiste et parfois violent. Pensez-vous que ce machisme et cette violence sont justifiés par les événements? Donnez des exemples.

_____

_____

2. Saïd est un peu le comique de la bande. Décrivez comment Saïd, malgré son côté farceur, réussit à traduire le tragique de la situation. Comment réussit-il à être un véritable ami à la fois pour Vinz et pour Hubert?

_____

_____

3. Vinz est le plus imprévisible des trois amis. Il aime poser devant son miroir, avec ou sans son révolver, en imitant Robert de Niro dans *Taxi Driver*. Pourtant, il ne passe pas à l'acte. Pourquoi?

_____

_____

Les relations entre les personnages

Dans ce film, les rapports humains sont remis en question. Pourtant, l'amitié joue un rôle capital. A travers les relations suivantes, expliquez la nature de cette amitié en citant des scènes spécifiques et en décrivant leur importance. Suivez l'exemple.

Relation	Scène	Explication
Modèle: Saïd et la sœur de Vinz	devant l'immeuble et dans la chambre de Vinz; Saïd et la sœur de Vinz se querellent.	Il n'y a pas d'espace privé ni personnel. La vie se déroule dans un espace public toujours impersonnel, indifférent, voire hostile.
Vinz et Astérix: la dispute		
Vinz et Hubert: la solidarité		
Vinz et Hubert: le contraste		
Saïd et Hubert: la complicité		
Vinz et sa grand-mère: les rapports familiaux		

Après avoir regardé

Analyse de scènes

> *Choisissez le sujet de composition qui vous intéresse le plus. Ecrivez une mini-rédaction d'une seule page pour y répondre en détail.*

1. Dans la scène dans les toilettes, aucun des protagonistes ne se fait face et l'espace est comme divisé en trois. De quelle façon Kassovitz réussit-il cela? Quelle est la fonction de cette scène? Expliquez aussi l'intervention du vieil homme. Quelle est la morale de son histoire? Où se place-t-il dans le champ de la caméra?

2. Dans le métro, les trois amis sont assis devant des écrans. Qu'apprend-on pendant cette scène? Décrivez l'espace environnant. Comment la mise en scène souligne-t-elle la décision prise par Vinz? Commentez la scène fantasmée du meurtre de l'agent.

3. Dans le face-à-face final, Vinz rend son arme à Hubert et les trois amis se séparent, mais une bavure policière se produit. Commentez cette scène en tenant compte du caractère tragique du film et du côté ironique de la décision de Vinz.

Questions d'analyse

Répondez aux questions suivantes en justifiant vos réponses.

1. Commentez la mise en scène à la fois réaliste et spectaculaire du film. Expliquez comment Kassovitz a su cumuler le désir de réel (vision pseudo documentaire) et l'envie de faire du spectacle (virtuosité de la caméra, quasi-absence de plans fixes, plans travaillés, esthétique soignée).

   _____

   _____

2. Décrivez les moments forts du film. S'agit-il des scènes de violence ou des moments creux où il ne se passe rien? A quel moment le film est-il le plus vivant, le plus véridique?

   _____

   _____

3. A quelle fin Mathieu Kassovitz utilise-t-il la scène plagiée de *Taxi Driver*? Décrivez d'autres scènes référentielles (au cinéma) qui évoquent le fait que ce film est avant tout une fiction, une «histoire».

   _____

   _____

4. Que pensez-vous de l'absence de personnages masculins plus âgés dans le film? En quoi cette absence a-t-elle une fonction déséquilibrante sur la vie des protagonistes?

   _____

   _____

5. «C'est l'histoire d'un type...» Comment l'histoire d'Hubert encadre-t-elle le film? Comment lui donne-t-elle une structure et un rythme? Expliquez la fonction du compte à rebours.

   _____

   _____

6. Parlez de l'absence de lieux de rencontre dans le film. En quoi cette absence renforce-t-elle la solitude et le sentiment d'abandon ressentis par les personnages et les spectateurs? Où l'action se déroule-t-elle essentiellement? Comment ce choix influence-t-il notre vision du monde de *La Haine*?

   _____

   _____

◼ Mini-biographie d'Erick Zonca

Erick Zonca est né en 1956. Il commence des cours d'art dramatique à Paris avant de poursuivre ses études à New York. Après avoir fait de la philosophie, il travaille comme assistant et réalise son premier film, *Rives*, un court métrage, en 1992. Il tourne ensuite *Eternelles* et *Seule* qui obtiennent un certain succès critique, mais c'est avec *La Vie rêvée des anges* que Zonca se fait connaître du grand public. Celui-ci apprécie sa compassion, son style minimaliste et l'intérêt qu'il porte aux problèmes quotidiens et parfois tragiques de la vie, surtout celle des plus défavorisés. A la différence du cinéma du look, Zonca préfère la sobriété des images et la vérité des sentiments.

◼ Le film

L'histoire se situe à Lille. Isa, une jeune fille de 20 ans, cherche du travail et se lie d'amitié avec Marie, chez qui elle emménage. Si Isa reste optimiste et souriante malgré les moments difficiles, Marie est une révoltée permanente. Parce qu'elle est pauvre, Marie se rebelle contre la société et contre ceux qui ont le pouvoir. Malgré cette différence, les deux jeunes femmes deviennent amies et décident d'habiter ensemble.

Un jour, les deux amies rencontrent Chriss, un jeune bourgeois séduisant, mais arrogant. Après avoir tenté de voler un blouson dans un magasin, Marie est arrêtée, mais Chriss intervient et paie le blouson pour elle. C'est le début d'une histoire d'amour. Pendant ce temps, Isa, elle, par compassion, a décidé d'aller rendre visite à Sandrine, une jeune fille dans le coma, à l'hôpital. A partir de là, les trajectoires de Marie et d'Isa vont aller dans des directions opposées.

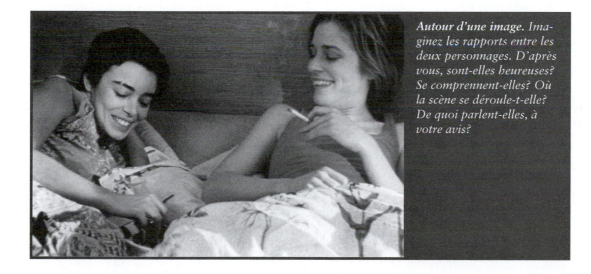

Autour d'une image. Imaginez les rapports entre les deux personnages. D'après vous, sont-elles heureuses? Se comprennent-elles? Où la scène se déroule-t-elle? De quoi parlent-elles, à votre avis?

Répondez aux questions sur Erick Zonca et sur son film, *La Vie rêvée des anges,* en donnant des renseignements tirés des textes à la page précédente.

1. Quelle esthétique est-ce que Zonca refuse? A quel style visuel s'attache-t-il?

   _____

2. Quel est le grand défaut du personnage de Chriss?

   _____

3. Laquelle des deux filles est une rebelle?

   _____

4. Pourquoi Marie accepte-t-elle d'avoir une relation avec Chriss?

   _____

5. A qui Isa va-t-elle rendre visite à l'hôpital?

   _____

Avant de regarder

Les mots justes

En lisant le texte ou à l'aide d'un dictionnaire, trouvez la définition qui correspond à chacun des mots à gauche.

_____1. sans domicile fixe	a. énerver
_____2. crécher	b. souffrir
_____3. faire les trois huit	c. qui habite dans la rue
_____4. gaver	d. travailler en rotation
_____5. galérer	e. habiter

A votre avis

Répondez aux questions en donnant vos opinions personnelles.

1. Quelles images et quelles impressions le titre du film évoque-t-il? D'après vous, quel genre de film allez-vous voir?

2. A votre avis, est-ce que l'amour prime plus que tout? Peut-on s'en tirer dans la vie uniquement en étant heureux dans une relation ou bien le bonheur est-il la conséquence du succès (social, professionnel)?

3. Si vous étiez «dans la galère» (sans argent, sans logement et sans relations stables), que feriez-vous pour vous en sortir?

4. Est-ce qu'il vaut mieux donner aux autres ou garder pour soi? Qu'est-ce qui rend la vie plus facile?

En regardant

Etude des personnages

En regardant le film, notez ce qui vous frappe le plus chez les personnages suivants. Analysez leurs paroles, leurs comportements ou leur caractère en général.

1. Isa: _____
2. Marie: _____
3. Chriss: _____
4. Frédo: _____

Le réalisme, un «look» particulier

Comme les autres genres (romantisme, fantastique, comédie, policier ou science-fiction), le réalisme correspond à un look distinct. En regardant le film, choisissez les deux scènes que vous aimez le plus et montrez comment Zonca les utilise pour construire un film réaliste. Citez autant de détails de la mise en scène que possible. Comment interprétez-vous cette scène? Suivez l'exemple.

	Résumé de la scène	Détails réalistes	Interprétation
Modèle:	début du film: Isa dans le café; elle fabrique des cartes	choix des accessoires (vieux pull trop grand, sac à dos, absence de maquillage et d'attention à sa coiffure, magazine)	En une seule image, on comprend la précarité d'Isa, son manque d'argent (coiffure, pull) et le fait qu'elle n'a ni lieu de travail ni domicile (sac à dos; petit boulot dans un lieu public).
Scène préférée #1			
Scène préférée #2			

Discutons

1. En quoi est-ce que la vie familiale de Marie explique son agressivité? Analysez le personnage de la mère et expliquez ce que Marie déteste chez elle.

2. Dans le journal de Sandrine, Isa découvre que celle-ci avait placé un couteau sous le lit de sa mère. Pourquoi? Comparez l'histoire du couteau à l'histoire de l'épée chez Tristan et Iseut (la légende dit que, lorsqu'ils dormaient, Tristan plaçait son épée entre lui et Iseut, afin que celle-ci serve de barrière à leur désir pour qu'Iseut reste fidèle à son mari). Quelles informations cette scène donne-t-elle sur la vie des adolescentes en général?

3. En quoi le rêve fait-il figure de *modus operandi* chez Isa? En d'autres termes, comment l'imagination permet-elle à Isa de survivre? Donnez des exemples précis.

4. Pour la même raison, en dehors de l'abandon de Chriss, qu'est-ce qui empêche Marie de survivre? Qu'est-ce qui l'empêche d'assumer l'échec de sa relation?

5. Où se situe l'action? En quoi est-ce que la marginalité des personnages et de leurs vies est renforcée par le choix de l'environnement urbain?

Après avoir regardé

Le cinéma intimiste et social

Choisissez le sujet qui vous intéresse le plus parmi les suivants et écrivez une mini-composition d'une page sur ce sujet.

1. Aux Etats-Unis, le genre cinématographique aux aspirations «sociales» le plus répandu est la comédie. A travers l'humour et la satire, les cinéastes américains exposent les failles de leur société et de leur culture. Comment *La Vie rêvée des anges* aborde-t-elle ce même sujet? Ce film de Zonca a-t-il des éléments comiques ou loufoques?

2. La France a une longue tradition de cinéma militant ou ouvrier, de Pialat à Berri, en passant par Laetitia Masson et Robert Guédiguian. Est-ce aussi le cas pour le cinéma américain? Pourquoi ou pourquoi pas? Citez des films américains qui traitent de la condition ouvrière ou de la précarité.

3. Pourquoi la tragédie est-elle toujours plus difficile à traiter au cinéma? Si le cinéma est l'art du spectacle et du mouvement, la tragédie (qui parle si souvent de l'impossibilité de «bouger» émotionnellement comme socialement) est-elle fondamentalement anti-cinématographique? Expliquez votre opinion.

4. Quels sont les avantages du cinéma intimiste, notamment du point de vue économique et technique?

Réaction personnelle

Répondez aux questions en donnant vos opinions sur *La Vie rêvée des anges*.

1. Décrivez ce que vous avez aimé le plus et le moins dans le film. Comparez votre réaction à celles des autres étudiants.

2. Avec quel personnage vous êtes-vous identifié(e) le plus? Et le moins? Expliquez en citant des détails du film.

3. A qui recommanderiez-vous ce film. Pourquoi?

 *Réflexion*

Synthèse

Thèmes de discussion en classe ou de mini-composition selon les instructions de votre professeur

1. Que pensez-vous des décors dans lesquels l'action de ces films se déroule? Quelles différences et quelles similarités y a-t-il dans les deux films? Est-ce que les décors qui sont semblables sont filmés de la même façon dans les deux films? Expliquez votre réponse.

2. Trouvez des héros ou des personnages du cinéma et de la télévision américains qui ressemblent aux personnages principaux des deux films. Comment est-ce que ces héros populaires arrivent à se sortir de leurs problèmes?

Rédaction

Choisissez l'une des questions suivantes et écrivez une rédaction pour y répondre en détail.

1. Les deux films abordent des sujets de société brûlants (les bavures policières, l'errance et la pauvreté). Mais ils se servent aussi de la forme classique de la tragédie (concentration des lieux et des personnages et fin tragique). Pourquoi? Quel est l'intérêt, pour un cinéaste, d'adopter cette forme?

2. Expliquez en quoi le réalisme des deux films est empreint d'artifice et en quoi l'esthétique y joue un rôle important (à travers la beauté des plans et des images).

3. Le film *La Crise* (Coline Serreau, 1992) raconte l'histoire d'un homme qui perd tout en un seul jour: sa femme, ses enfants, son emploi, sa maison. Imaginez que vous vous retrouviez dans cette situation. Que feriez-vous à sa place? (Utilisez **si** + imparfait et le conditionnel.)

Exposé

Choisissez le sujet qui vous intéresse le plus de la liste. Préparez un exposé selon les instructions suivantes et présentez vos idées à la classe.

1. Identifiez l'absence ou la rareté de musique d'accompagnement dans les deux films ou dans l'un d'entre eux. Expliquez comment le cinéma néoréaliste de Kassovitz et de Zonca tente de raconter des histoires brutes, en prise avec le réel, et montrez des clips qui illustrent ceci. Décrivez aussi comment, traditionnellement au cinéma, la musique permet de sublimer le réel en histoire romanesque. Choisissez des exemples célèbres *(Titanic, Star Wars)*.

2. En vous basant sur un de ces films ou sur un autre film similaire que vous avez vu, quels sont, à votre avis, les sujets de société brûlants auxquels la société française fait face en ce début de 21ᵉ siècle? Est-ce que, selon vous, les Etats-Unis font face aux mêmes défis?

Mise en scène

Choisissez l'un des scénarios ci-dessous. Suivez les directions et présentez votre travail à la classe.

1. Imaginez que *La Haine* ou *La Vie rêvée des anges* se termine sur une note moins grave. Envisagez, par exemple, qu'une tierce personne (une assistante sociale, un prêtre, un flic sympa, un parent) intervienne pour résoudre la situation. Ecrivez et/ou jouez la scène.

2. A partir de scènes choisies d'un des deux films, ajoutez une bande sonore (symphonique ou contemporaine) pour rajouter un élément supplémentaire au film ou le transformer. Montrez les scènes nouvellement éditées et expliquez votre choix musical à la classe. De quelle façon la scène s'en trouve-t-elle améliorée?

Les années 90 (II): L'identité en question

En raison de sa capacité de critiquer la normalité des choses, la comédie est un genre privilégié pour traiter les questions liées à l'orientation sexuelle.

Sujets

- L'homosexualité
- La transsexualité
- L'homophobie
- Comédie et engagement politique

Objectifs du chapitre

Dans ce chapitre, vous étudierez les questions identitaires liées à la sexualité. A la fin du chapitre, vous pourrez discuter:

- L'homophobie
- Le PACS
- La transsexualité
- L'identité lesbienne
- L'identité gaie

Pour faire les activités en ligne sur les parties *Introduction, Dossier 1, Dossier 2* et *Réflexion*, rendez-vous au site Web
www.thomsonedu.com/french/septiemeart

1. La loi traite-t-elle les hétérosexuels et les homosexuels de la même manière dans tous les domaines? Donnez des exemples de disparité dans le traitement des «homos» et des «hétéros».

2. Qu'est-ce que le PACS? (Utilisez le Web pour faire votre recherche si nécessaire.)

3. Nommez différentes formes de discrimination.

4. Le film *Le Placard* parle d'un homme qui prétend être homosexuel. Que veut dire l'expression «être dans le placard»?

Dans l'introduction, nous allons débattre du problème de la discrimination sexuelle dans la société et voir comment ce sujet est abordé au cinéma. Après avoir lu le texte, complétez les activités qui suivent.

Introduction

L'orientation sexuelle au cinéma

Au cours des années 90, la lutte contre les différentes formes de discrimination prend une place croissante dans la culture française. Cette lutte, qui concerne en premier lieu les minorités ethniques ou sexuelles, s'inscrit dans un nouveau déchiffrage de l'identité nationale. Les raisons en sont multiples. On peut citer l'importance croissante de l'Union européenne, qui représente l'alliance (politique et sociale) de cultures diverses. On peut également souligner la perte d'influence de l'idée «d'Etat nation». En effet, dans le contexte d'une communauté plus large et plus diversifiée qui transcende les frontières physiques et symboliques du pays, il devient moins facile d'ignorer les voix minoritaires, au profit de la majorité. Ainsi, l'une des conséquences de la construction européenne est l'émergence, en France, d'une culture de la pluralité qui tient lieu à la fois de la diversité externe (l'Europe) et interne (les communautés ethniques, sexuelles, régionales, linguistiques de la France). Dans le cas de la communauté homosexuelle, cependant, la prise de conscience est progressive.

Lorsque François Mitterrand est élu président de la République, il commence à supprimer les discriminations pénales à l'encontre de l'homosexualité qui existaient dans le droit français depuis le gouvernement de Vichy. Comme Freud, les responsables politiques de Vichy estimaient que l'homosexualité était une perversion, une «déviance morale» passible de poursuites judiciaires. Parallèlement, sous le régime nazi, les homosexuels étaient marqués d'un triangle rose et étaient déportés vers les camps de concentration. Ce n'est que dans les années 80, avec l'arrivée des Socialistes au pouvoir, que la tendance homophobe s'inverse et qu'homosexuels et hétérosexuels commencent à être mis sur un plan d'égalité.

Dans les années 90, la visibilité des homosexuels s'accroît dans la vie publique, dans les médias et dans la vie politique. Le débat sur le PACS (Pacte civil de solidarité) est l'occasion d'une réflexion de fond sur le rôle et la composition de la famille dans la société moderne et il pose la question du statut des homosexuels dans la société. Le PACS est un contrat d'union civile qui permet l'union de deux personnes, quel que soit leur sexe. Malgré une forte opposition de la droite qui argue que le PACS annonce la décadence de la société et la mort des valeurs de la République, le PACS est voté par l'Assemblée nationale en 1999. Même s'il n'a pas la même valeur légale qu'un mariage (civil ou religieux), le PACS est un premier pas vers une équité plus grande entre homosexuels et hétérosexuels.

Grâce à la télévision et au cinéma, ainsi qu'à Internet, les voix «gaies» se font de plus en plus entendre dans les médias, ce qui permet une sensibilisation plus grande du public. Certes, il faut souvent faire la distinction entre clichés et informations profitables, mais dans l'ensemble, on fait plus souvent référence à ce qui touche à la communauté gaie. En outre, certaines personnalités publiques, comme Bertrand Delanoë, le maire de Paris, ne cachent plus leur homosexualité, ce qui renforce d'autant plus la présence des gais et des lesbiennes dans la vie publique. Grâce au cinéma, on aborde aussi des sujets graves comme la peur de l'autre et de la différence, l'identité sexuelle et la place de l'homosexualité dans la société. Dans un premier temps, c'est l'homosexualité masculine qui a été au centre des débats (avec des films comme *Les Nuits fauves* ou *Les Roseaux sauvages*), mais on aborde aussi bientôt les problèmes spécifiques aux communautés lesbienne et transsexuelle.

Dans *Ma Vie en rose*, Alain Berliner propose une comédie de mœurs qui aborde deux sujets brûlants: la sexualité infantile et la transsexualité. *Ma Vie en rose* raconte l'histoire d'un petit garçon, Ludovic, qui voudrait être une fille. Il s'habille en fille, préfère jouer à la poupée qu'aux soldats et tombe même amoureux de son petit voisin. Mais ni sa famille ni la communauté ne voient cela d'un bon œil et Ludovic doit bientôt faire face à un choix décisif: Faut-il se conformer aux attentes des autres ou au contraire, faut-il chercher sa propre voie si l'on veut être heureux?

Rien de surprenant à ce que Josiane Balasko choisisse elle aussi une comédie pour traiter du lesbianisme au cinéma. Dans *Gazon maudit,* c'est une mère de famille très classique, latine et catholique de surcroît (Loli), qui tombe amoureuse d'une autre femme (Marijo). Au début, on pense que Loli cherche seulement à tromper son ennui, car Laurent (le mari de Loli) passe son temps à courir les jupons et néglige sa femme. Mais bientôt, Marijo remplace Laurent dans la vie de Loli, et dans cette nouvelle relation, Loli trouve un bonheur et une liberté qu'elle ne connaissait pas dans son mariage. A la fin du film, Loli, Laurent et Marijo trouvent une solution qui permet à tout le monde d'être heureux, et à la famille de perdurer, même si cette famille n'est plus exactement la même que celle, plus classique (le père, la mère et les enfants), que l'on voit au début du film.

Activités de compréhension

Vrai ou faux?

Est-ce que les phrases suivantes sont vraies ou fausses? Si la phrase est fausse, corrigez-la en rajoutant des détails.

1. En 1981, François Mitterrand ~~interdit~~ l'homosexualité. *Faux*

   En 1981, François Mitterrand accepte l'homosexualité.

   _____

2. Pendant les années 40, le triangle rose est un badge de ~~fierté~~. *Faux*

   Pendant les années 40, le triangle rose est un badge de
   déviance morale.

3. Le PACS permet l'union ~~religieuse~~ des homosexuels. *Faux*

   Le PACS permet l'union civile des homosexuels et hétérosexuels.

   _____

4. La notion d'Etat nation est contestée dans les années 90. *Vrai*

   _____

   _____

5. On aborde les problèmes liés à la communauté transsexuelle ~~avant d'aborder~~ les problèmes de la communauté gaie. *Faux*

   On aborde les problèmes liés à la communauté transsexuelle
   aussi bientôt que les problèmes de la communauté gaie.

Discutons

1. Pensez-vous qu'aux Etats-Unis, les communautés gaie et lesbienne bénéficient d'un plus grand soutien de la part de la classe politique et des médias qu'en France? Soutenez votre réponse avec des exemples.
2. L'identité sexuelle est-elle uniquement déterminée par la biologie ou est-elle un choix, à votre avis?
3. Selon vous, la famille est-elle menacée aujourd'hui? Si oui, par quoi? Quels sont les problèmes majeurs auxquels elle doit faire face?
4. Pensez-vous qu'il soit plus facile d'aborder les problèmes de société qui sont particulièrement difficiles par le biais de la comédie? Pourquoi ou pourquoi pas?

Mini-biographie de Josiane Balasko

Josiane Balasko est née en 1950. Elle se fait d'abord un nom comme actrice comique dans la troupe du théâtre du Splendid, une troupe comique dont vont émerger toute une génération d'acteurs comiques (Coluche, Thierry Lhermitte, Miou-Miou, entre autres). Elle joue d'abord dans de nombreuses comédies et apparaît dans l'une des comédies phares de la fin des années 70, *Les Bronzés* de Patrice Leconte. Suivent d'autres succès, comme *Les Bronzés font du ski* (1979), *Les Hommes préfèrent les grosses* (1981), *Le Père Noël est une ordure* (1982) et *Papy fait de la résistance* (1983). Elle commence alors à travailler comme scénariste et réalisatrice tout en continuant à être comédienne. Son plus grand succès, *Gazon maudit*, réinvente le thème éculé du «ménage à trois» et lui donne un lifting moderne.

Le film

Loli est mariée à Laurent, un Don Juan qui passe son temps dans les bras d'autres femmes. Ignorant les infidélités de son mari, elle fait la connaissance de Marijo, un jour où celle-ci tombe en panne avec son van devant la porte de Loli. Si Loli et Marijo deviennent vite amies, Laurent, lui, méprise Marijo et lui fait comprendre qu'elle n'est pas la bienvenue chez eux. Pourtant, alors que Laurent a prétexté un rendez-vous de travail pour aller retrouver l'une de ses conquêtes, Loli invite Marijo à passer la soirée avec elle. Petit à petit, les deux femmes se rapprochent. Si Marijo, qui est lesbienne, se sent immédiatement attirée par la belle Loli, Loli, elle, tombe petit à petit amoureuse de Marijo, qui finit par s'installer chez Loli.

Autour d'une image. Que se passe-t-il dans cette photo? Etudiez la position des trois personnages dans le cadre. Quel est leur rapport? Qu'est-ce que le personnage du milieu essaie de faire? Et les deux autres?

■ Savez-vous?

Répondez aux questions sur Josiane Balasko et sur son film, *Gazon maudit,* en donnant des renseignements tirés des textes à la page précédente.

1. Dans quelle troupe Balasko commence-t-elle sa carrière?

   _____

2. Balasko travaille-t-elle seulement comme comédienne? Expliquez.

   _____

3. Pourquoi Marijo s'installe-t-elle chez Loli?

   _____

4. Comment Laurent réagit-il à la présence de Marijo?

   _____

5. De qui Loli tombe-t-elle amoureuse?

   _____

Avant de regarder

Au choix!

Choisissez la définition correcte.

1. machiste
   - a. généreux
   - b. sexiste
   - c. mécanicien
2. avoir une allure de camionneur
   - a. conduire un camion
   - b. conduire rapidement
   - c. se conduire comme un homme
3. un ménage à trois
   - a. les deux époux et un amant ou une maîtresse
   - b. deux femmes de ménage et un concierge
   - c. deux parents et un enfant
4. être à poil
   - a. être poilu
   - b. être nu
   - c. être un ancien combattant de la Première Guerre mondiale

A votre avis

Répondez aux questions en donnant vos opinions et en parlant de vos expériences personnelles.

1. Il n'est pas toujours facile pour un enfant ou un adolescent d'avouer son homosexualité, que ce soit à ses parents ou à ses camarades de classe. Faites une liste de cinq choses qui sont difficiles à avouer aux autres. Sur une échelle de 1 à 5 (1 étant le plus facile et 5 le plus difficile), classez ces choses.
2. Faut-il toujours être honnête dans une relation, surtout une relation amoureuse, ou peut-on parfois mentir? Pourquoi?
3. Quelles sont les choses les plus importantes pour assurer la longévité d'un mariage ou d'une union entre deux personnes?

En regardant

Etude de personnages

Divisez la classe en quatre groupes. Trois groupes s'identifient avec l'un des trois personnages principaux (Laurent, Loli, Marijo). Pendant la projection, chaque groupe prendra des notes sur le comportement du personnage qui lui est attribué. Après la projection, chacun des trois groupes doit souligner les qualités de son personnage (honnêteté, générosité, romantisme, etc.) et justifier ses actions devant le quatrième groupe, qui joue le rôle du tribunal populaire. Le quatrième groupe doit écouter les arguments des autres groupes et voter pour le personnage qui fait le plus preuve d'honnêteté, celui qui fait le plus preuve de générosité et celui qui fait le plus preuve de romantisme.

Les dialogues

La comédie est un genre où la critique sociale est omniprésente. Conséquemment, les dialogues sont capitaux et ils véhiculent une grande partie du sens. Etudiez les répliques suivantes et dites en quoi elles sont importantes dans la construction de l'intrigue et des personnages.

Relation	Scène	Explication
Modèle: Laurent et Véro	Un vendeur de roses s'approche de Laurent et de Véro. Laurent refuse d'acheter une fleur et dit: «Merci, on a déjà baisé.»	Laurent est un goujat qui n'a aucun respect pour les femmes, surtout la sienne.
Laurent et le barman	Le barman pense que Véro est la femme de Laurent et il le complimente sur la beauté de celle-ci. Laurent répond: «Ma femme, elle est même mieux que ça.»	
Julien et Marijo	Julien voit la silhouette de Marijo dans l'entrée. Il dit: «Maman, c'est un monsieur.»	
Marijo et Laurent	Laurent part pour son rendez-vous amoureux. En attendant, Loli prépare du lapin. Marijo dit: «Qui va à la chasse perd sa place.»	
Laurent et le beau garçon espagnol	Laurent invite l'homme à revenir à la maison qu'il va acheter. L'homme répond: «Je pourrais vous prendre au mot.»	

Après avoir regardé

Analyse de scènes

Dans une comédie comme *Gazon maudit*, la nudité et la vulgarité ne sont jamais gratuites (en général). En vous servant des scènes suivantes, dites pourquoi Balasko se sert de l'une ou de l'autre.

Choisissez le sujet de composition qui vous intéresse le plus. Ecrivez une mini-rédaction d'une seule page pour y répondre en détail.

1. Dans la scène au restaurant, Laurent et Antoine font plusieurs références sexuelles, et notamment au lesbianisme. Notez les stéréotypes qu'ils utilisent. Expliquez également comment Loli et Marijo désactivent le sexisme et l'homophobie des deux hommes.

2. Un matin, après que Marijo a emménagé chez eux, Laurent et Loli se réveillent après avoir passé la nuit ensemble. Voyant cela, Marijo fait une crise de jalousie. Pendant cette scène, Laurent et Loli sont nus. Pourquoi? Comment leur nudité affecte-t-elle le dynamisme de la scène? Comment change-t-elle les rapports des personnages? Pourquoi Marijo est-elle habillée? Cela lui donne-t-il un avantage ou pas?

3. Comment la scène d'amour entre Laurent et Marijo est-elle filmée? Comparez-la à une scène d'amour hollywoodienne typique lorsque le héros couche avec l'héroïne. L'intention de la réalisatrice est-elle identique?

Tout ensemble!

En groupes de trois, imaginez une situation semblable à celle des trois personnages, avec un même problème au centre de la relation. Jouez (en l'adaptant à vos personnages) une scène du film. Libre à vous de changer le sexe des personnages et leurs rapports (mariés, non mariés).

Discutons

1. Décrivez les moments forts du film. S'agit-il des scènes de dispute, de tendresse ou des scènes comiques? Pourquoi? A votre avis, *Gazon maudit* est-il une comédie pure, une tragicomédie, un film d'amour ou autre chose?

2. Vous êtes chargé(e) de faire la promotion de *Gazon maudit* aux Etats-Unis. Quels aspects du film allez-vous mettre en avant? Quel public est-ce que vous pensez cibler en priorité? Souhaiteriez-vous censurer certaines des scènes avant la sortie du film?

3. Un critique accuse le film de n'utiliser que des stéréotypes sur les hommes, les femmes et surtout, les homosexuelles. Comment répondez-vous à cette critique? Donnez plusieurs arguments. Soyez spécifique.

4. La musique joue un rôle particulier dans ce film (celle qu'on écoute—le flamenco et celle dont on parle—le hard-rock). En quoi les genres musicaux évoqués symbolisent-ils une certaine liberté pour les femmes du film?

■ Mini-biographie d'Alain Berliner

Alain Berliner est né en 1963. *Ma Vie en rose* (1997) est son premier film. Réalisateur belge, Berliner a fait ses études à l'Institut national supérieur des arts du spectacle (INSAS) de Bruxelles. Il a d'abord commencé à travailler pour la télévision, notamment pour la chaîne TF1 pour laquelle il a tourné plusieurs films. Berliner s'est aussi intéressé au court métrage et son œuvre *Casino* a même été sélectionnée pour le Festival de Cannes en 1990. Il vient de terminer une comédie musicale au casting important, *Broadway dans la tête*, genre peu fréquent dans le cinéma européen.

■ Le film

Ludovic («Ludo») Fabre est un petit garçon de sept ans qui aime s'habiller en fille. Il passe son temps à rêver qu'un jour, il rencontrera le prince charmant, comme le personnage de la poupée Pamela, dans l'émission qu'il regarde à la télé (Pamela est amoureuse de Ben, comme Barbie de Ken). Ses parents (Hanna et Pierre) viennent d'emménager dans une nouvelle ville, car Pierre a décroché un nouveau travail. Le film débute par une fête organisée par Pierre et Hanna pour pendre la crémaillère *(house warming party)*. Alors que Pierre présente ses enfants, Zoé, Jean et Tom, à tout le monde, Ludo (le petit dernier) décide de se faire «belle»: Il se présente alors habillé «en fille», avec une robe, du maquillage et des boucles d'oreille. Son papa prétexte une farce et tout le monde se met à rire… sauf Ludo, qui ne comprend pas. Ce n'est que le début d'une tension entre les besoins de l'enfant et les attentes de la famille et de la société.

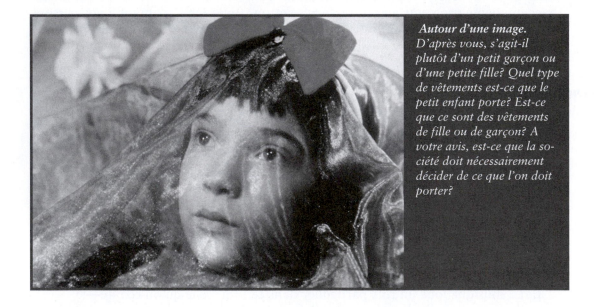

Autour d'une image. D'après vous, s'agit-il plutôt d'un petit garçon ou d'une petite fille? Quel type de vêtements est-ce que le petit enfant porte? Est-ce que ce sont des vêtements de fille ou de garçon? A votre avis, est-ce que la société doit nécessairement décider de ce que l'on doit porter?

Répondez aux questions sur Alain Berliner et sur son film, *Ma Vie en rose,* en donnant des renseignements tirés des textes à la page précédente.

1. Bien que sa filmographie soit courte, Berliner a-t-il une œuvre variée? Expliquez.

   _____

2. Que fait Ludo lors de la pendaison de la crémaillère?

   Ludo se présente habillé en fille.

3. Comment est-ce que ses parents réagissent?

   Son papa prétexte une farce et tout le monde se met à rire.

4. Quelle tension est à la base de l'histoire de ce film?

   Une tension entre les besoins de l'enfant et les attentes de la famille et de la société.

Avant de regarder

Vocabulaire pour le film

En utilisant un dictionnaire, expliquez les phrases soulignées.

1. Danielle est une romantique. Elle ne lit que des romans <u>à l'eau de rose</u>.

   _____

2. Le petit Pierre est un <u>farceur</u>. Il n'arrête pas de faire des bêtises et de mettre ses parents en colère.

   _____

3. Loïc est un rêveur; il est tout le temps <u>dans la lune</u>.

   _____

4. Moi, quand je fais la fête, je <u>m'éclate</u>!

   _____

5. Quand elle a vu la note de téléphone de ses enfants (deux adolescents de 13 et 15 ans), elle est <u>tombée dans les pommes</u>.

   _____

A votre avis

Répondez aux questions ci-dessous et à la page suivante en donnant vos opinions et en parlant de vos expériences personnelles.

1. Le titre fait explicitement référence à une chanson d'Edith Piaf, *La Vie en rose*. Faites une recherche sur Internet et dites de quelle sorte de chanson il s'agit. A quelle sorte de film vous attendez-vous?

2. Selon vous, la vie est-elle un conte de fées? Peut-on dire qu'on joue parfois le rôle de personnages typiques de conte de fées (la bonne fée, le prince, la princesse)? Pourquoi est-ce qu'on attribue aussi parfois ces rôles à d'autres personnes (une jeune fille qui espère un jour trouver un prince par exemple; un jeune homme qui trouve que sa belle-mère est une sorcière)? Pourquoi fait-on référence à ces situations et à ces personnages, qui sont clairement imaginaires, dans la vie de tous les jours?

3. Doit-on élever les garçons différemment des filles? A quels jeux les garçons et les filles jouent-ils d'habitude? Doivent-ils avoir des activités différentes? Expliquez en donnant des exemples.

4. Qu'est-ce qui compte le plus, le bonheur des siens (de sa famille) ou le respect de la communauté (les voisins, les amis, la famille au sens large)? Pourquoi? Si vous deviez sacrifier l'une de ces deux choses (famille ou communauté), comment est-ce que vous vous sentiriez capable de vivre seulement avec une? A quels sacrifices devriez-vous consentir?

En regardant

Analyse de scènes

Le mot «ludique» est un adjectif apparenté au mot «jeu». Comme par hasard, Ludovic a donc un nom qui fait allusion au jeu (Ludo = ludique), à l'idée de «faire semblant». Le film a aussi beaucoup de scènes de «jeu». Pendant la projection, prenez des notes sur deux scènes où l'on joue à quelque chose. Expliquez pourquoi le jeu en question impose une identité (sociale ou sexuelle) à ceux et à celles qui y participent.

Scènes choisies	Brève description de la scène	Explication du rôle du jeu dans la construction de l'identité
1.		
2.		

Regardons de près

Il y a un proverbe qui dit que «l'habit ne fait pas le moine». Pourtant, dans le monde de Ludovic, les enfants comme les adultes accordent beaucoup d'importance aux apparences. Dans ce monde-là, l'habit «fait» réellement le moine. Etudiez les scènes suivantes et expliquez en quoi les vêtements, les objets et les décors jouent un rôle fondamental dans la construction de l'identité sexuelle. Familiarisez-vous avec le tableau ci-dessous avant la projection du film.

Elément	Mise en scène	Explication
Modèle: la fête de Pierre et d'Hanna	Albert, le papa de Jérôme, exige que celui-ci porte un nœud papillon, même si Jérôme trouve ça inconfortable.	Le fait que Jérôme porte un nœud papillon indique son appartenance à une classe bourgeoise, bien pensante, consciente de son apparence et du «qu'en dira-t-on».
Scène 2: première scène avec Ludovic	Ludovic est filmé de dos. La caméra nous fait découvrir la chambre, les détails du décor et l'accoutrement de Ludo.	
Scène: Ludovic à l'école	Les enfants amènent un objet de leur choix; Ludovic amène une poupée.	
Scène 4: la fête d'anniversaire de Christine	Christine est habillée en princesse, Ludovic en mousquetaire. Christine le force à échanger leurs costumes.	

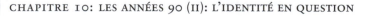

Après avoir regardé

Discutons

1. Comment Granny offre-t-elle à Ludovic l'un des rares exemples d'indépendance du film? Granny est-elle antisociale? Aimeriez-vous l'avoir comme grand-mère? Pourquoi ou pourquoi pas?

2. Jean, le grand frère de Ludovic, refuse de venir à son aide lorsque ce dernier est agressé par les autres garçons dans les vestiaires. Pourquoi? Qu'auriez-vous fait à sa place? Comprenez-vous la réaction de Jean?

3. Ludovic pense qu'il a été victime d'une «erreur scientifique» à la naissance et que tout ça est la faute de Dieu. Expliquez sa théorie. Pensez-vous que cette théorie est totalement farfelue ou bien qu'elle a une certaine logique?

4. Est-ce qu'il est plus facile aujourd'hui de changer d'identité si on le souhaite? Donnez des exemples. Pensez-vous que cela facilite les choses ou les complique?

Débats

Vous êtes un parent d'élève et le petit Ludovic vient de faire scandale en se déguisant en fille dans la pièce de théâtre de l'école. Divisez la classe en deux: les supporters de Ludovic et les détracteurs. Dites pourquoi Ludovic devrait ou ne devrait pas être expulsé de l'école. Votre professeur sera le directeur de l'école et devra, en fonction de vos arguments, décider ou non de l'expulsion de Ludovic.

Thématique

Choisissez le sujet qui vous intéresse le plus et écrivez une mini-composition.

1. *Le rire pour faire face à ses démons.* Souvent, au cinéma, le rire est une façon de faire face à ses peurs pour se moquer des incertitudes et des angoisses de la société. Donnez quelques exemples de comédies qui parlent des angoisses et des incertitudes contemporaines (dans la vie amoureuse, les relations avec les parents, le monde du travail, etc.). Ensuite, expliquez comment ces comédies permettent d'aborder ces sujets difficiles.

2. *La tolérance et ses limites.* Pourquoi une société doit-elle faire preuve de tolérance? Doit-on accepter toutes les différences, toutes les identités ou faut-il imposer certaines limites?

3. *Cinéma ou cinoche?* Dans le cinéma contemporain, donnez des exemples de films politiques et apolitiques. Quels problèmes de société ces films traitent-ils? Le cinéma d'aujourd'hui se sert-il de problèmes de société pour créer des films amusants ou bien est-il amusant parce qu'il parle des problèmes de société de façon indirecte? Vaut-il mieux traiter les grands problèmes avec des films comiques ou des films dramatiques? Expliquez.

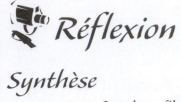 *Réflexion*

Thème de discussion en classe ou de mini-composition selon les instructions de votre professeur

Synthèse

Les deux films traitent du droit à la différence, mais sans jamais adopter un ton moralisant ou offensé. A votre avis, la légèreté comique des deux films est-elle un atout ou une faiblesse? En d'autres termes, pensez-vous que ces films seraient plus efficaces s'ils étaient plus démagogiques?

Rédaction

Votre vie est-elle parfois une mise en scène? Est-ce que vous jouez quelquefois (voire toujours) un rôle? Quel rôle jouez-vous et dans quelle circonstance? Est-il possible d'être toujours «naturel», d'être toujours soi-même? Y a-t-il des moments où cela n'est pas possible? Expliquez.

Exposé

Choisissez le sujet qui vous intéresse le plus de la liste. Préparez un exposé selon les instructions suivantes et présentez vos idées à la classe.

1. Choisissez une scène de film ou de pièce de théâtre dans laquelle le ou la protagoniste se déguise en une personne du sexe opposé. Montrez un clip du film ou de la pièce à la classe pour expliquer comment le réalisateur exploite cette idée. Quelle est son intention? Comment réagissez-vous à la scène? Qu'en pense la classe? Faites un sondage.

2. Dans les films hollywoodiens, le monde de l'enfance est souvent représenté comme le monde de l'innocence. Pourtant, les enfants sont-ils aussi innocents qu'on le dit? A partir d'un ou plusieurs exemples précis (clips ou extraits de films ou de dessins animés), montrez comment et pourquoi les enfants peuvent être aussi des individus froids et calculateurs.

Mise en scène

Divisez la classe en plusieurs groupes. Chaque groupe joue le rôle d'une agence de publicité. Votre objectif est le suivant: Une maison de parfumerie vous a chargés de créer une publicité d'une minute pour leur nouveau parfum, «La vie en rose». Ce parfum est destiné aussi bien aux hommes qu'aux femmes, aux homosexuels qu'aux hétérosexuels. Prenez une caméra vidéo et filmez un clip d'une minute. Choisissez un look, une esthétique et une mise en scène qui puissent séduire tous les publics mentionnés ci-dessus. Montrez votre clip à la classe qui va décider quel clip remportera le contrat.

Le cinéma africain francophone

Une histoire récente liée à la France et à d'autres pays européens, le statut à présent de pays indépendants, et un mélange de langues, de peuples et de cultures créent en Afrique «francophone» une société dynamique qui, dans son cinéma, a décidé de s'exprimer d'une voix originale et d'explorer les thèmes qui lui sont importants.

Sujets

- Le cinéma africain
- Le cinéma de l'immigration
- La langue et l'identité dans le monde francophone
- La prise de parole et d'images à l'époque postcoloniale

Objectifs du chapitre

Dans ce chapitre, vous étudierez les contributions des réalisateurs africains au cinéma. Vous explorerez les questions de langue, d'identité et de représentation dans le cinéma africain en considérant:

- Les traditions changeantes
- Les migrations et l'immigration
- La vie des femmes

A la fin du chapitre, vous pourrez parler de l'importance des dimensions linguistiques, géographiques, historiques, politiques et socioculturelles dans la construction de l'identité francophone.

Pour faire les activités en ligne sur les parties *Introduction, Dossier 1, Dossier 2* et *Réflexion*, rendez-vous au site Web **www.thomsonedu.com/french/septiemeart**

Pour commencer...

1. Quand vous pensez à l'Afrique, quelles images vous viennent à l'esprit? A votre avis, votre conception de l'Afrique est-elle réaliste, pessimiste ou idéaliste? Expliquez votre réponse.

2. Connaissez-vous des réalisateurs ou des films africains? Si oui, lesquels? Faites-en une liste, puis comparez-la avec celles de vos camarades de classe. Que remarquez-vous?

3. Quelles images perpétuées par les films et les médias occidentaux sont des représentations typiques de l'Afrique? Donnez des exemples précis. A votre avis, y a-t-il des images qui y manquent?

Dans l'introduction, nous allons étudier le développement du cinéma africain et du cinéma de l'immigration dans le monde francophone, les conditions et les problèmes de production et les thèmes prédominants à travers les décennies.

Introduction

Le cinéma africain francophone

Dès le départ, il faut admettre que les termes «cinéma africain» et «cinéma francophone» sont problématiques. Commençons par «cinéma africain». Quels critères devrait-on utiliser afin de classer un film comme «africain»? Qu'est-ce que l'adjectif «africain» signifie? Est-ce qu'un film africain doit être tourné en Afrique? Par un réalisateur africain? Par une équipe de production africaine? Quand on parle de l'Afrique, est-ce qu'on parle du continent entier ou bien fait-on la distinction géographique entre l'Afrique du Nord (le Maghreb) et l'Afrique du sud du Sahara?

Considérons également l'expression «cinéma francophone». Quels critères devrait-on utiliser afin de classer un film comme «francophone»? Est-ce que c'est un film produit dans un pays membre de la Francophonie, même si on ne privilégie pas le français dans le film, ou bien est-ce que le français devrait être la langue principale? Comme vous pouvez le voir, quand on parle du cinéma africain francophone, on s'ouvre à un champ de vastes possibilités.

Maintenant, pensez au cinéma de l'immigration. Comment classe-t-on les films produits par des immigrés africains? Le film appartient-il au corpus cinématique du pays d'origine, du pays de destination ou bien des deux? Distingue-t-on entre les générations des parents et celles des enfants de l'immigration? Comment règle-t-on la question de l'identité multinationale et multiculturelle des immigrés? Même si on réussit à cerner une catégorie identitaire précise, qui attribue les étiquettes? Les critiques? Les spectateurs? Les réalisateurs?

Evidemment, il est impossible de répondre à toutes ces questions. Ce sont plutôt des questions à considérer en réfléchissant aux films et aux thèmes de ce chapitre. Ce qui est important, c'est de se rappeler que, dans notre discussion, nous considérerons le cinéma francophone comme un large domaine de configurations géographiques, linguistiques, culturelles et imaginaires.

Pendant l'époque coloniale, le gouvernement français a interdit la production de films par des Africains, leur empêchant l'accès au champ audiovisuel. Ces sanctions n'empêchaient pas les réalisateurs européens et américains de tourner des films en Afrique et les frères Lumière ont été les premiers à le faire. Ils ont tourné de courts films (de petites scènes de moins d'une minute de longueur) à Alger. A la manière de cartes postales animées, ces films montraient des scènes dans les rues d'Alger. D'autres réalisateurs européens et américains, comme Jules Duvivier (*Pépé le Moko*, 1937) et John Huston (*African Queen*, 1951) ont suivi. En général, les films de cette époque utilisaient les scènes africaines comme décors exotiques pour des personnages occidentaux. Remplis de tendances orientalistes et de suggestions racistes, ces films servaient à renforcer la croyance en la supériorité européenne pendant l'époque coloniale.

Malgré les difficultés de production pendant le colonialisme, quelques réalisateurs africains ont commencé à produire des métrages de longueur variable pendant la première partie du 20e siècle. Une présence exceptionnelle à noter est celle du Tunisien Samama Chikly, qui a tourné son premier court métrage, *Zohra*, en 1922, et un moyen métrage, *Ain el ghazel (La Fille de Carthage)*, en 1924. Un autre cinéaste pionnier est Paulin Soumanou Vieyra (né au Bénin), qui a tourné son premier long métrage, *L'Afrique sur Seine*, en 1955. Puisqu'il était interdit aux Africains de tourner des films en Afrique pendant l'époque coloniale, Vieyra a réalisé le film en France.

A l'exception de l'Algérie (1962), la plupart des colonies françaises ont obtenu leur indépendance avant la fin de l'année 1960. Les colonies belges ont suivi, toutes gagnant leur indépendance avant la fin de 1962. Pendant les premières années après l'indépendance, le cinéma africain a commencé à fleurir. Dans le développement de cette jeune industrie cinématographique, 1966 est une année particulièrement importante. En Tunisie, le directeur du cinéma au Ministère de la Culture, Tahar Cheriaa, a créé les Journées cinématographiques de Carthage (JCC), un festival qui reconnaît les films d'Afrique et du Moyen-Orient. On y décerne le premier prix, le Tanit d'or, à *La Noire de…*, le premier long métrage du réalisateur sénégalais Ousmane Sembene. Le film, qui explore la question de l'identité africaine pendant l'époque postcoloniale, raconte l'histoire de Diouanna, une Sénégalaise qui accompagne ses employeurs en France, où elle affronte le racisme et les préjugés. *La Noire de…* a également reçu le Prix Jean Vigo, un prix français prestigieux décerné aux jeunes réalisateurs indépendants et innovateurs, ce qui a augmenté le succès international du film.

En 1967, le cinéma africain a à nouveau retenu l'attention du public international quand le film du réalisateur algérien Mohammed Lakhdar-Hamina, *Le Vent des Aurès,* remporte le Prix de la première œuvre au Festival de Cannes. Le film raconte l'histoire d'une mère qui cherche son fils, un jeune homme qui s'est fait arrêter par l'armée française après avoir aidé à ravitailler les maquisards. L'intrigue du film représente une tendance importante des films africains de l'époque postcoloniale: le processus de raconter des *histoires* africaines afin de revisiter, de repenser et de récrire l'*Histoire* (écrite selon des perspectives occidentales).

Afin de soutenir les efforts des cinéastes pionniers africains, le festival FESPACO (le Festival Panafricain du Cinéma et de la Télévision de Ouagadougou) a été créé en 1969. Dès son origine, le FESPACO a visé à promouvoir le développement du cinéma africain en donnant un forum aux films, aux réalisateurs et aux professionnels des médias. En 1972, on a décerné le premier prix (l'Etalon de Yennega) au réalisateur Oumarou Ganda, du Niger, pour son film *Le Wazzou polygame,* un film qui dénonce la polygamie. En 1973, le réalisateur marocain Souheil Ben Barka a gagné l'Etalon de Yennega pour son film *Les Mille et une Mains,* un portrait de deux familles qui travaillent comme fabricants de tapis. A cette époque, le FESPACO avait lieu tous les deux ans en alternance avec les Journées cinématographiques de Carthage, qui ont lieu en Tunisie.

En 1975, dans l'espoir de soutenir les efforts des cinéastes africains et de promouvoir l'esprit du cinéma engagé en Afrique, la FESPACI (la Fédération Panafricaine des Cinéastes) a créé la Charte du cinéaste africain. Cette charte exprime l'idée que le but capital du cinéma africain devrait viser à enseigner, informer et promouvoir la connaissance des sujets et des problèmes africains. Les idées de cette charte reflètent celles de la FESPACI, une organisation qui cherche à développer la solidarité parmi les réalisateurs africains, à encourager le soutien artistique et économique aux films africains et à améliorer la distribution et la disponibilité des films africains en Afrique et autour du monde.

C'est dans l'esprit de la Charte du cinéaste africain que la réalisatrice sénégalaise Safi Faye a fait son premier long métrage, *Kaddu Beykat (Lettre paysanne),* un film qui examine la pauvreté et le désespoir dans un village sénégalais en 1975. Deux ans plus tard, la réalisatrice algérienne Assia Djebar a produit un film engagé, *La Nouba des femmes du Mont-Chenoua,* qui explore la vie des femmes en Algérie. Revendiquant le pouvoir de la parole et du regard féminins, Faye et Djebar figurent parmi les réalisatrices pionnières dans une profession traditionnellement dominée par les hommes. D'autres réalisatrices importantes d'origine africaine sont Anne-Laure Folly (Togo), Fanta Régina Nacro (Burkina Faso) et Yamina Benguigui (Algérie/France).

Benguigui fait partie d'un mouvement florissant du cinéma de l'immigration. Comme ses contemporains, Bourlem Guerdjou, Mehdi Charef et Rachid Bouchareb, Benguigui est issue de la deuxième génération de l'immigration maghrébine en France. Cinéaste engagée, elle explore les complexités de l'identité dans la communauté des immigrés en révélant les problèmes particuliers auxquels les parents et les enfants de l'immigration font face. Son premier long métrage, *Inch'Allah Dimanche* (2001), a reçu de nombreuses distinctions à l'échelle internationale, y compris des prix aux festivals du film de Toronto, de Marrakech et du Caire. D'autres films importants du cinéma de l'immigration sont *Le Thé au harem d'Archimède* (Charef, 1985), *Poussières de vie* et *Indigènes* (Rachid, 1995 et 2006) et *Zaïna, cavalière de l'Atlas* (Guerdjou, 2005).

Dans le nouveau millénaire, les réalisateurs africains et ceux qui font partie du cinéma de l'immigration continuent à produire des films malgré les difficultés financières de production et de distribution. Sans l'appui financier de grandes maisons de production, les réalisateurs doivent souvent réunir eux-mêmes les fonds pour payer tous les frais de tournage et de production. Quant à la distribution, à la différence des réalisateurs européens et américains, dont les films ont en général du succès commercial avant d'être en compétition aux festivals internationaux de films, les réalisateurs africains ont souvent des difficultés à assurer la distribution de leurs films sans la reconnaissance des critiques internationales. Récemment, *Heremakono* (2002), du réalisateur mauritanien Abderrahmane Sissako, un film qui décrit le malaise d'un jeune homme qui retourne dans son village natal avant d'émigrer en Europe, a reçu le prix Un Certain Regard au Festival de Cannes en 2002 et l'Etalon de Yennega en 2003 au FESPACO. L'année suivante, *Moolaadé* (2004), un film d'Ousmane Sembene qui critique la pratique de l'excision (la mutilation génitale des femmes), a reçu le prix Un Certain Regard à Cannes en 2004. Le deuxième film de la trilogie *L'Héroïsme au quotidien*, *Moolaadé*, comme le premier volet, *Faat Kiné* (2000), explore les rôles changeants des Africaines au 21e siècle.

Pour des réalisateurs comme Sembene et Benguigui, faire du cinéma, ce n'est pas seulement divertir les spectateurs. Revendiquant le pouvoir de la parole et des images, ces réalisateurs racontent les histoires, présentent les perspectives et célèbrent la créativité de groupes traditionnellement sous-représentés sur les écrans du monde. Leurs efforts en tant que cinéastes engagés visent à exposer les injustices, à révéler les problèmes sociaux et à explorer les complexités de l'identité francophone dans le but d'informer le public et d'encourager les discussions.

Activités de comprehension

Au choix!

Choisissez la réponse correcte, puis comparez vos réponses avec celles de votre voisin(e).

1. Pendant l'époque coloniale, la plupart des films tournés en Afrique francophone ont été produits par:

   a. les Européens et les Américains.   b. les Africains.   c. Personne, c'était interdit.

2. Ousmane Sembene a réalisé son premier long métrage *La Noire de…* en:

   a. 1924.   b. 1966.   c. 1975.

3. Les films comme *Le Vent des Aurès*:

   a. perpétuent la politique des colonisateurs.
   b. réexaminent la présence coloniale française en Afrique.

4. Les réalisateurs de la FESPACI expriment l'idée que le but du cinéma africain, c'est:

   a. le divertissement.   b. l'éducation.   c. les gains financiers.

Discutons

1. Le cinéma a-t-il le pouvoir d'appeler les gens à agir ou d'inspirer des changements sociaux? Pourquoi ou pourquoi pas? Donnez des exemples précis.

2. La Charte du cinéaste africain déclare que le cinéma africain doit d'abord viser à enseigner, à informer et à promouvoir la connaissance de sujets et de problèmes africains. A votre avis, est-ce que les cinéastes africains ont l'obligation de s'engager? Pourquoi ou pourquoi pas?

3. Parfois, les films de l'Afrique francophone sont entièrement en français, mais plus souvent, ils présentent le français en tandem avec une ou deux langues africaines. Néanmoins, cette situation linguistique n'est pas particulière à l'Afrique. Est-ce que vous connaissez des personnes qui, à la maison, parlent une langue maternelle différente de la langue qu'elles parlent au travail, à l'université ou avec leurs amis? Comparez vos réponses avec celles de vos camarades. Ensuite, identifiez les avantages et les désavantages d'une telle situation bilingue/multilingue.

4. A votre avis, pourquoi est-ce que la distribution et la disponibilité des films africains sont limitées aux Etats-Unis, en Europe et même en Afrique? Pour des raisons politiques? Economiques? Linguistiques? Culturelles? Expliquez votre réponse.

Dossier 1   Faat Kiné (Ousmane Sembene, 2000)

▪ Mini-biographie d'Ousmane Sembene

On ne peut pas parler du cinéma africain sans mentionner Ousmane Sembene. Né en 1923 à Ziguinchor (dans la région de la Casamance au Sénégal), Sembene est connu comme «le père du cinéma africain». C'est en 1963, à l'âge de 40 ans, que Sembene produit son premier court métrage, le documentaire *L'Empire Sonhrai*, en coordination avec le gouvernement du Mali. Pendant cette même année, il réalise son premier court métrage de fiction, *Borom Saret*, un film qui explore la question de l'identité au Sénégal de la perspective d'un chauffeur de charrette de l'époque postcoloniale. Trois ans plus tard, Sembene produit son premier long métrage, *La Noire de...* Le film, qui souligne le poids du racisme et des préjugés malgré l'espoir de l'époque coloniale, a attiré l'attention du public international.

En 1968, à l'arrivée de son deuxième long métrage, *Mandabi (Le Mandat)*, Sembene, laisse encore une fois son empreinte sur le cinéma africain. Par contraste à *La Noire de...*, dont la langue principale est le français, la langue principale dans *Mandabi* est le wolof. A cette époque, l'emploi des langues africaines dans le domaine du cinéma était considéré comme «expérimental». Néanmoins,

grâce aux efforts de Sembene et de ses contemporains, la technique de la représentation linguistique authentique est aujourd'hui employée par beaucoup de réalisateurs africains contemporains, y compris Djibril Diop Mambety, Cheick Oumar Sissoko, Mweze Ngangura, Soleymane Cissé et Dani Kouyaté.

Pendant sa carrière comme cinéaste engagé, Sembene a réalisé neuf longs métrages, y compris *Xala* (1974), *Ceddo* (1976), *Camp de Thiaroye* (1988), *Guelwaar* (1992), *Faat Kiné* (2000) et *Moolaadé* (2004), dans lesquels il explore les dimensions complexes de la question de l'identité et de la représentation au Sénégal et ailleurs en Afrique. Souvent appelé «la voix des sans voix», Sembene expose l'injustice et l'hypocrisie dans le contexte historique ou contemporain de l'Afrique en révélant ses conflits linguistiques, politiques, économiques, religieux et socioculturels. Malgré les difficultés de financement, de distribution et de production dans le domaine du cinéma africain, Sembene continue de relever le défi et de produire des films qui présentent les réalités et la créativité africaines aux spectateurs du monde entier.

▪ Le film

Dans ce tome de sa trilogie *L'Héroïsme au quotidien*, dans lequel il montre la réalité quotidienne de la vie des Africaines, Sembene raconte l'histoire de Faat Kiné, une mère célibataire qui travaille comme gérante d'une station-service à Dakar. Abandonnée par les pères de ses deux enfants et rejetée par son propre père, Faat Kiné a réussi malgré les difficultés économiques et sociales de sa situation familiale. Indépendante et autonome, Faat Kiné se prépare à envoyer ses deux enfants, Djib et Aby, à l'université. Bien que les enfants respectent le succès et l'audace de leur mère, ils s'inquiètent

de l'absence d'un mari chez elle. Avec l'aide de Mammy (la mère de Faat Kiné), Djib et Aby jouent les entremetteurs afin d'essayer d'assurer le bonheur et la sécurité de leur mère après leur départ pour l'université. Méfiante des croyances et pratiques traditionnelles, Faat Kiné résiste aux efforts de ses enfants pour lui trouver un mari. Elle refuse de se soumettre à l'autorité d'un homme; il lui faut un partenaire, un égal. Trouvera-t-elle un homme convenable ou décidera-t-elle de rester célibataire malgré les souhaits de ses enfants?

Autour d'une image. L'image suivante est extraite d'une scène dans laquelle les différences entre les générations se révèlent dans une dispute entre Faat Kiné et ses enfants Aby et Djib. Regardez bien Faat Kiné. Quels sentiments exprime-t-elle avec son regard et sa pose? Comment ses enfants réagissent-ils? A votre avis, comment est-ce que cette représentation de Faat Kiné exemplifie sa caractérisation comme héroïne au quotidien?

■ Savez-vous?

Répondez aux questions suivantes en vous servant du texte qui précède. Répondez en une seule phrase.

1. Pourquoi considère-t-on *Mandabi* comme un film «expérimental»?

   _____

2. Pourquoi appelle-t-on Sembene «la voix des sans voix»?

   _____

3. Qui est Faat Kiné?

   _____

4. Pourquoi Aby et Djib essaient-ils de trouver un mari pour Faat Kiné?

   _____

5. Pourquoi Faat Kiné résiste-t-elle à l'idée du mariage?

   _____

Avant de regarder

A votre avis

Répondez aux questions en donnant vos opinions et en parlant de vos expériences personnelles.

1. Quelles qualités associez-vous typiquement avec une héroïne? Faites-en une liste.
2. Comment les qualités d'une héroïne se manifestent-elles? Dans ses idées? Dans ses paroles? Dans ses gestes? Expliquez.
3. Qui sont vos héroïnes? Pourquoi les admirez-vous?
4. Pensez à une femme de votre famille. La voyez-vous comme une héroïne? Pourquoi ou pourquoi pas?

Vocabulaire pour le film

Dans *Faat Kiné,* les personnages s'expriment en français, la langue officielle du Sénégal, et en wolof, une des six langues nationales principales du Sénégal. A certains moments, les personnages mélangent les deux langues. Essayez de deviner la signification des mots en wolof qui sont en italique dans les phrases suivantes.

1.   Alpha :   Prête-moi deux millions de francs cfa[1] *rekk, rekk.*

     Faat Kiné: Deux millions de francs cfa *rekk*? Où est-ce que je vais prendre cette énorme somme?

     Que veut dire *rekk*?   a. s'il te plaît   b. seulement

2.   BOP: Et toi qui portais mon enfant, tu n'es jamais venue me voir ni même apporter un plat de riz en prison.

     Faat Kiné: Un bon plat de *ceebu-jèn* bien rouge avec une belle tranche de mérou?

     Que veut dire *ceebu-jèn*?   a. riz au poisson   b. gâteau

3.   Mademba: Pourquoi tu as fait ça?

     Faat Kiné: J'ai répondu à ta femme en lui exprimant mes sentiments «les plus distingués» et c'est tout.

     Mademba: Tu sais qu'elle risquait d'en mourir. Elle est asthmatique.

     Faat Kiné: *Ndeysaan*! [Elle rit.] Ashtmatique?

     Que veut dire *ndeysaan*?   a. Quel dommage!   b. Sans doute!

En regardant

La représentation du temps

Dans *Faat Kiné,* Ousmane Sembene présente les réalités journalières de son personnage principal en privilégiant la représentation de Faat Kiné dans des contextes ordinaires: au travail, en famille et avec ses amis. Afin d'enrichir le portrait de «son héroïne au quotidien», Sembene emploie des *flashbacks* à travers lesquels il montre les rapports entre Faat Kiné et les autres personnages dans le passé. En regardant le film, prêtez attention aux *flashbacks*. Décrivez les actions représentées dans ces scènes. Ensuite, expliquez comment ces actions du passé influencent les actions et les décisions de Faat Kiné au présent. Regardez le tableau à la page 176.

---

[1] Le franc cfa (Communauté Financière Africaine, anciennement Colonies Françaises d'Afrique) est la monnaie de 14 pays en Afrique occidentale et en Afrique centrale, y compris le Sénégal, le Mali, la Côte d'Ivoire, le Cameroun, le Burkina Faso et la République du Congo.

Rapports	Actions du passé	Résultats au présent
Modèle: ses rapports avec le père d'Aby (Professeur Gaye)	Célibataire et enceinte, Faat Kiné pleure après avoir été renvoyée de son lycée. Le père de l'enfant, son professeur, ne fait rien ni pour améliorer la situation, ni pour soutenir la jeune femme et son enfant.	Son rapport avec Professeur Gaye est tendu. Père absent, il ne contribue pas aux frais scolaires d'Aby. C'est Faat Kiné qui s'en occupe toute seule.
ses rapports avec ses parents		
ses rapports avec le père de Djib (BOP)		
ses rapports avec ses deux enfants		

Le choix de la langue

Nous avons déjà remarqué que les personnages de *Faat Kiné* s'expriment à certains moments en français et à d'autres moments en wolof. En regardant le film, prêtez attention aux choix linguistiques de Faat Kiné. Avec qui parle-t-elle en français? Avec qui parle-t-elle en wolof? Avec qui utilise-t-elle les deux langues? Faites des hypothèses qui expliquent ses choix linguistiques. Y a-t-il des critères contextuels ou des rapports particuliers qui déterminent ses choix linguistiques habituels ou est-ce un choix arbitraire? Expliquez.

Conversations de Faat Kiné	Choix de langue	Hypothèse
Modèle: avec ses enfants, Aby et Djib	(français) (wolof)	Faat Kiné utilise les deux langues avec ses enfants. La plupart du temps, ils se parlent en français, la langue officielle du Sénégal, mais de temps en temps, ils se parlent en wolof, leur langue maternelle. Ils privilégient le wolof surtout pendant des moments tendus (comme par exemple dans la scène où Faat Kiné se fâche contre Aby et l'insulte).
avec son employé, Sagna	français wolof	
avec Jean	français wolof	
avec Adèle (sa domestique)	français wolof	
avec Mammy	français wolof	
avec ses amies, Mada et Aby	français wolof	
avec Professeur Gaye (le père d'Aby) et BOP (le père de Djib)	français wolof	

Après avoir regardé

Discutons

En tant que cinéaste engagé, Ousmane Sembene révèle les conflits culturels et les problèmes sociaux du Sénégal contemporain grâce à sa représentation filmique de la vie quotidienne de Faat Kiné. En groupes de 3 ou 4 personnes, choisissez deux des thèmes suivants et expliquez comment Sembene nous montre ce conflit ou problème.

1. les conflits religieux
2. les traditions changeantes
3. les conflits linguistiques
4. les droits des femmes
5. le système polygame
6. les rapports entre le Sénégal et la France

Portraits des femmes

En nous montrant l'univers quotidien de Faat Kiné, Ousmane Sembene présente également les femmes importantes dans la vie de son héroïne. Choisissez un des personnages suivants et faites-en sa description. Comment est-ce que sa personnalité est révélée? Dans ses actions? Dans ses paroles? Dans ses rapports avec les autres personnages? Est-ce qu'elle ressemble à une femme que vous connaissez? En quoi? Est-ce que vous la considérez également comme une «héroïne au quotidien»? Pourquoi ou pourquoi pas?

Mammy

_____

_____

Aby (la fille)

_____

_____

Adèle (la domestique)

_____

_____

Mada (l'amie qui est femme d'affaires)

_____

_____

Aby (l'amie qui vient de se marier)

_____

_____

Mini-biographie de Yamina Benguigui

Une des premières réalisatrices et productrices françaises d'origine algérienne, Yamina Benguigui est connue pour ses représentations imperturbables de la vie des immigrés maghrébins en France. Née à Lille de parents algériens en 1957, Benguigui a vécu les difficultés de grandir en France en tant qu'enfant d'immigrés. Pendant sa jeunesse, Benguigui s'est trouvée partagée entre son héritage familial, qu'elle connaissait à peine, et son désir de trouver sa place dans une société qui ne l'accueillait pas bien. Son expérience en tant qu'enfant d'immigrés l'a marquée et a influencé son œuvre cinématographique.

Dans sa première œuvre, une trilogie documentaire intitulée *Femmes d'Islam* (1994), Benguigui donne la parole aux musulmanes et les montre dans leur contexte quotidien en France, en Asie et en Afrique. Un appel à l'engagement, ses films encouragent les femmes à prendre la parole et à revendiquer leurs droits dans la culture islamique.

Dans sa trilogie documentaire *Mémoires d'immigrés* (1997), Benguigui continue son travail comme cinéaste engagée en se consacrant à préserver les expériences et les souvenirs des immigrés maghrébins.

Chaque volet de *Mémoires d'immigrés* met l'accent sur des figures familiales distinctes—le père, la mère et les enfants de l'immigration—ce qui sert à distinguer les sexes et les générations et à souligner les problèmes particuliers des différents groupes. *Inch'Allah Dimanche* est le premier long métrage de Benguigui. Inspiré par ses trilogies documentaires, le film explore les complexités de la vie des immigrés, surtout celles des femmes et des mères, dans un cadre historique.

Quant à l'ensemble de son œuvre cinématographique, Benguigui a produit d'autres documentaires, y compris *Le Jardin parfumé* (2000) et *Le Plafond de verre, les Défricheurs* (2006) et elle a des projets pour un deuxième long métrage, *Le Paradis? C'est complet!* Privilégiant les groupes sous-représentés au grand écran, Benguigui ne travaille pas seulement en tant que réalisatrice, mais aussi comme journaliste, historienne et activiste. Résolue et engagée, Benguigui continue à faire des films qui explorent les complexités de l'identité en traitant les problèmes sociaux qui touchent les Maghrébins, les musulmans et les femmes minoritaires en France et dans le monde.

Le film

Situé dans un village du nord de la France pendant les années 70, *Inch'Allah Dimanche* retrace l'histoire d'une femme soumise, mais pourtant résolue à renégocier sa place dans l'ordre patriarcal. Inspiré par l'histoire et les souvenirs des Algériennes qui sont venues rejoindre leurs maris après le passage d'une loi en 1974 (qui a permis aux travailleurs immigrés d'emmener leurs familles en France), le film replace l'expérience des immigrées algériennes dans un cadre historique. Néanmoins, dans *Inch'Allah Dimanche*, au lieu de rassembler les témoignages documentaires de multiples femmes comme elle l'avait fait dans ses documentaires *Femmes d'Islam* et *Mémoires d'immigrés,* Benguigui privilégie l'histoire fictive d'une femme en particulier. C'est l'histoire de Zouina, une jeune mère algérienne qui part en France pour rejoindre son mari Ahmed, un homme qu'elle connaît à peine. Accompagnée de sa belle-mère et de ses trois enfants, Zouina quitte sa famille, ses amies et son pays pour retrouver son mari. Une fois arrivée, Zouina a beaucoup de difficultés à s'habituer à son nouveau pays ainsi qu'à sa nouvelle situation familiale. Sa belle-mère, qui la harcèle et la critique constamment, menace d'amener une deuxième femme au domicile pour son fils. Pour sa part, Ahmed ne fait rien pour décourager la méchanceté de sa mère. Préoccupé par l'honneur de sa femme et de sa famille, il limite la liberté et la mobilité de Zouina. Dépaysée et isolée, Zouina refuse de se rendre à l'autorité de son mari et de sa belle-mère. Peu à peu, elle profite de moments fugaces pour se rebeller en essayant de revendiquer sa liberté et son bonheur. Comment est-ce que sa famille réagira? Est-ce que Zouina trouvera la liberté et le bonheur en France ou est-ce qu'elle restera prisonnière dans sa maison, victime des exigences de son mari et de sa belle-mère?

Autour d'une image. Dans *Inch'Allah Dimanche,* Yamina Benguigui montre l'univers de Zouina, une immigrée algérienne qui part en France avec ses enfants et sa belle-mère pour rejoindre son mari. Regardez cette photo, en particulier le visage, le regard et la pose de Zouina. Quels sentiments exprime-t-elle avec ses yeux, avec son visage et avec sa posture? Quel est le sentiment qui domine?

FILM MOVEMENT
www.filmmovement.com

■ Savez-vous?

Répondez aux questions suivantes en vous servant du texte qui précède. Donnez des réponses courtes (1 phrase maximum).

1. Pourquoi Yamina Benguigui explore-t-elle la vie des immigrés maghrébins dans ses films?

   Elle a vécu les difficultés de grandir en France en tant qu'enfant d'immigrés.

2. Quels sont les thèmes principaux des films de Yamina Benguigui?

   _____

3. Pourquoi Zouina ne s'entend-elle pas bien avec sa belle-mère?

   Sa belle-mère la harcèle et la critique constamment.

4. Pourquoi Zouina ne s'entend-elle pas bien avec son mari, Ahmed?

   Son mari limite sa liberté et sa mobilité.

Avant de regarder

A votre avis

Répondez aux questions en donnant vos opinions et en parlant de vos expériences personnelles.

1. Quels problèmes les nouveaux immigrés affrontent-ils? Décrivez les problèmes que vous associez à chaque catégorie ci-dessous:
   a. le champ culturel
   b. le champ linguistique
   c. le champ social
   d. le champ économique
   e. le champ politique

2. A votre avis, ces problèmes sont-ils différents pour les hommes et les femmes? Pour les adultes et les enfants? En quoi?

Hypothèses

Inch'Allah, une phrase arabe qui vient de l'Islam, veut dire «qu'Allah le veuille bien» ou «selon la volonté d'Allah» et exprime un sentiment d'espoir en l'avenir. Réfléchissez au titre du film *Inch'Allah Dimanche.* A votre avis, pourquoi Yamina Benguigui a-t-elle choisi ce titre? Faites des hypothèses en considérant les critères ci-dessous:

1. Quelles langues utilise-t-on dans le film? Pourquoi les choix linguistiques sont-ils importants?

2. En France, quelle est la signification du dimanche? Qu'est-ce qu'on fait typiquement le dimanche? Qu'est-ce qu'on ne fait pas?

3. Réfléchissez à la phrase *Inch'Allah.* Comment peut-on interpréter sa présence dans le titre du film?

En regardant

Le regard

Au début du film, Zouina est silencieuse. Puisqu'elle parle à peine, elle exprime ses émotions par son regard. Observez le regard de Zouina dans les scènes ci-dessous. Quels sentiments communique-t-elle avec ses yeux et son visage?

Scène	Sentiment communiqué
Modèle: en attendant l'arrivée d'Ahmed	désespoir, incertitude; son regard morne contraste avec les sourires de ses enfants et de sa belle-mère
dans la voiture, en route vers la maison familiale	
pendant la première visite de Nicole	
dans les champs pendant sa première fuite	
quand Ahmed revient après la première fuite	
quand elle se maquille	
en parlant, dans la dernière scène	

La prise de la parole

Peu à peu, Zouina revendique le pouvoir de la parole. Identifiez les scènes importantes quand Zouina parle. A qui parle-t-elle? Dans quelle(s) langue(s)? Qu'exprime-t-elle?

Scène	Langue	Conversation
Modèle: dans le jardin avec ses enfants	français	exprime la tristesse parce que la famille ne connaît pas d'autres familles algériennes avec qui fêter l'Aïd
au cimetière, après s'être perdue pendant sa première fuite		
a. avec Ahmed, avant d'aller au magasin b. la première fois au magasin		
avec Nicole, dans la rue		
avec Malika, l'Algérienne		
dans la dernière scène: le retour à la maison familiale		

Après avoir regardé

Discutons

1. Malgré son isolement, Zouina communique avec les gens de la communauté avoisinante. Travaillez en groupes de 3 ou 4 et réfléchissez à ses rapports avec ses voisins. D'abord, parlez des rapports entre Zouina et les Français de Saint-Quentin. Est-ce que c'est facile pour Zouina de faire la connaissance de ses voisins? Pourquoi ou pourquoi pas? Au début, comment les Français traitent-ils Zouina? Comment réagit-elle? Est-ce que leurs rapports changent pendant le film? Si oui, en quoi? Sinon, pourquoi pas? Dans votre discussion, considérez les personnages suivants:

   les Donze   les employés de l'épicerie
   Nicole   le conducteur de bus
   Mme Manant   le vendeur d'aspirateurs

2. Maintenant, analysez les rapports entre Zouina et les membres de la communauté d'immigrés. Est-ce que c'est facile pour elle de faire la connaissance d'autres immigrés dans la communauté? Pourquoi ou pourquoi pas? Discutez des rapports de Zouina avec les autres membres de la communauté d'immigrés à Saint-Quentin. Comment la traitent-ils? Comment réagit-elle? Est-ce que leurs rapports changent pendant le film? Si oui, en quoi? Sinon, pourquoi pas? Dans votre discussion, considérez les personnages suivants:

   Ahmed   ses enfants
   sa belle-mère   Malika et ses enfants

Thématique

Choisissez un des sujets de composition ci-dessous. Ecrivez une mini-rédaction dans laquelle vous donnez une réponse détaillée.

1. *Les rôles des femmes dans le système patriarcal.* Dans *Inch'Allah Dimanche,* Yamina Benguigui nous montre les complexités des rapports entre les femmes qui font partie de la communauté des immigrées maghrébines en France. Réfléchissez aux rapports entre Zouina et les autres Algériennes qu'elle connaît à Saint-Quentin, nommément sa belle-mère et Malika, la voisine qu'elle connaît à peine. Est-ce que Zouina partage une certaine complicité avec ces autres femmes ou bien est-ce que ces autres femmes contribuent plutôt à perpétuer le système patriarcal? Expliquez et identifiez des scènes particulières qui soutiennent votre opinion.

2. *Les gestes rebelles, la prise de la parole.* Une fois arrivée en France, Zouina commence peu à peu à retrouver sa voix et à revendiquer son autonomie. Identifiez les moments où elle commence à se rebeller contre l'autorité de son mari, contre celle de sa belle-mère et contre celle de ses voisins français et où elle commence à choisir un chemin autonome qui fait preuve de l'évolution de son personnage.

Réflexion

Synthèse

1. Dans *Faat Kiné*, Ousmane Sembene raconte l'histoire d'une mère célibataire sénégalaise à la fin du 20ᵉ siècle tandis que dans *Inch'Allah Dimanche*, Yamina Benguigui présente l'expérience d'une Algérienne qui immigre en France pendant les années 70. En quoi les protagonistes des deux films sont-elles semblables? En quoi sont-elles différentes? A votre avis, les réalisateurs donnent-ils des représentations réalistes des femmes? Pouquoi ou pourquoi pas?

2. A votre avis, est-ce que Faat Kiné et Zouina sont des héroïnes? Pourquoi ou pourquoi pas?

Rédaction

Quels commentaires est-ce qu'Ousmane Sembene et Yamina Benguigui offrent en ce qui concerne les rôles changeants des Africaines en Afrique comme en Europe, dans le passé et au présent? Comment est-ce qu'ils encouragent les spectateurs à reconsidérer les rôles des Africaines, surtout dans les domaines sociaux et économiques?

Exposé

Présentez l'exercice suivant en classe. Expliquez les problèmes auxquels les protagonistes de *Faat Kiné* et *Inch'Allah Dimanche* font face dans leur vie quotidienne. Quels problèmes sont particuliers aux contextes culturels africains? Lesquels sont particuliers à la situation des immigrées? Lesquels sont des problèmes que les femmes doivent affronter partout dans le monde entier?

Mise en scène

Imaginez la suite de *Faat Kiné* ou d'*Inch'Allah Dimanche*. En petits groupes de 3 ou 4, écrivez une scène qui montre ce qui se passera le lendemain (après la dernière scène du film). Attribuez les rôles des personnages principaux aux membres du groupe et jouez la scène en classe.

La nouvelle décennie:
La part du rêve

Chapitre
12

Le cinéma du début du 21ᵉ siècle est un cinéma hybride, souvent commercial, parfois expérimental, à la fois tourné vers le passé et la nostalgie, mais aussi vers l'avenir et le renouveau.

Sujets

- Le cinéma «rétro»
- Archétypes et mémoire collective
- Le pluriculturalisme
- L'Europe

Objectifs du chapitre

Dans ce chapitre, vous étudierez les possibilités que le cinéma offre quant à la construction d'une vision cohérente du futur. Vous vous pencherez sur plusieurs tendances majeures du cinéma français contemporain:

- La tendance rétro
- La tendance progressive
- La tendance anachroniste

A la fin du chapitre, vous pourrez discuter l'importance du multiculturalisme dans la construction de l'identité française aujourd'hui.

Pour faire les activités en ligne sur les parties *Introduction, Dossier 1, Dossier 2* et *Réflexion*, rendez-vous au site Web
www.thomsonedu.com/french/septiemeart

Pour commencer...

1. Quels sont quelques exemples du style «rétro» que vous pouvez citer dans différents domaines de la vie courante (la mode, les voitures, les parfums, les feuilletons télévisés, la publicité)? Qu'est-ce que le mot «rétro» évoque pour vous? Quelle époque du passé préférez-vous? Pourquoi?

2. Un archétype est soit une simplification soit une discrimination. A quel archétype (racial, social, culturel) pensez-vous appartenir? D'après-vous, s'agit-il d'un archétype positif?

3. L'Europe, comme les Etats-Unis, est une société pluriculturelle. Mais dans ces sociétés, est-ce que toutes les cultures sont égales? Donnez des exemples.

4. Quand on vous dit «Europe», à quoi pensez-vous? Qu'est-ce que c'est, l'Europe? Y avez-vous déjà voyagé? Qu'avez-vous vu ou appris là-bas?

> Dans l'introduction, nous parlerons du rôle du cinéma dans la construction d'une identité nationale et de la tentation de revenir «au bon vieux temps». Lisez le texte et répondez aux questions qui suivent.

Introduction

Le cinéma d'aujourd'hui—rêve ou produit?

En ce début de millénaire, la société française se trouve à un carrefour. Doit-elle résolument se tourner vers l'avenir ou chercher les clés de son destin dans les périodes importantes de son passé (que ce soit la Révolution de 1789, l'Empire, la colonisation, les deux guerres mondiales ou la décolonisation)? Eu égard aux tensions et aux angoisses qu'elle traverse, on peut dire que la France essaie de faire les deux en même temps. D'une part, elle tente de garder le regard fixé sur un avenir nouveau, ancré dans la construction européenne et d'autre part, elle s'efforce de faire le point sur 2000 ans d'histoire et d'évolution de son identité nationale. Dans les deux cas, ce qui motive les Français, c'est l'envie de savoir: savoir qui ils sont, où ils vont, d'où ils viennent, etc., car savoir où l'on va est souvent lié au fait de savoir d'où l'on vient. Par conséquent, de nombreux artistes et cinéastes se penchent sur la double question du devenir et du passé de la France. Certains abordent le sujet dans l'optique d'une réflexion sur la crise sociale, d'autres tentent de ramener les grands sujets de société à un certain intimisme, voire à un minimalisme, comme si dans le grand brassage du 20ᵉ siècle, l'individu s'était égaré et qu'il importait de lui redonner parole. D'autres encore se penchent sur les évolutions de la sexualité contemporaine, de l'orientation sexuelle aux bouleversements de la structure familiale (des familles monoparentales aux familles recomposées).

Le passage au 21ᵉ siècle marque aussi le passage d'une société moderne, qui se demandait ce qu'elle pouvait savoir du monde, à une société postmoderne qui préfère, elle, examiner les «possibilités» qu'offre ce monde. Cette évolution n'est ni simple ni facile et les chapitres précédents rendent compte de certains des problèmes rencontrés en chemin (chômage, insécurité, remise en question du centralisme, éparpillement des identités, etc.).

Mais ce qui importe ici, c'est que tous les discours ne sont pas égaux devant la nouvelle donne. D'un côté, la classe politique peine à apporter des réponses claires à un monde toujours plus complexe et insaisissable. On peut penser que les différentes théories politiques (que ce soit le capitalisme, le communisme ou la théocratie) sont souvent dépassées par la mondialisation de l'économie et de la culture, un phénomène qui dépasse les frontières et met à mal leur autorité. D'un autre côté, la littérature et le cinéma, eux, ne sont pas tenus à cette même obligation de respecter les frontières nationales et ils existent plutôt dans un échange constant d'idées et de styles, entre individus de cultures et de nationalités différentes.

Ainsi, la littérature et le cinéma français contemporains ne vont pas hésiter à emprunter à d'autres traditions, à d'autres époques, sans trop s'inquiéter de l'anachronisme ou de l'authenticité. Au lieu de cela, chaque sujet, chaque thème devient un objet légitime pour l'œuvre qu'on est en train d'écrire ou de filmer. On s'intéresse aujourd'hui à toutes les périodes de l'histoire, du Moyen Age (*Jeanne d'Arc* de Luc Besson) à la Grande Guerre (*Un Long Dimanche de fiançailles* de Jeunet); on pratique tous les genres, du film d'horreur (*Le Pacte des loups* de Christophe Gans) au film policier (*Les Rivières pourpres* de Mathieu Kassovitz), en passant par le drame social (*La Vie rêvée des anges* d'Erick Zonca), la comédie (*Tanguy* d'Etienne Chatiliez) et la comédie musicale (*8 femmes* de François Ozon). Tout semble possible, même si la logique commerciale s'impose de plus en plus à l'œuvre d'art et même si chaque film ou livre qui sort a une durée de vie de plus en plus courte et se voit obligé d'avoir immédiatement du succès, au risque de disparaître des librairies ou des cinémas en l'espace de quelques semaines.

Mais en dépit de la difficulté croissante qu'ont les œuvres mineures ou celles qui ont du mal à s'imposer à un grand public, on assiste à une émancipation grandissante des artistes dans leur choix de sujets et d'esthétiques. Comme on emprunte à tout, à tous les styles, à toutes les époques, rien n'est plus vraiment tabou. Ozon expose les vicissitudes sexuelles de la France bourgeoise dans *8 femmes;* Gérard Jugnot traite de l'antisémitisme pendant la Deuxième Guerre mondiale; Francis Veber aborde le sujet de l'homophobie. Mais, en même temps, tous ces auteurs sont conscients qu'ils doivent produire des œuvres populaires, des films à succès. En conséquence, la charge politique de l'œuvre d'art s'en trouve affaiblie. Certes, aujourd'hui, les artistes, en général, et les cinéastes, en particulier, peuvent tout dire, tout critiquer. Mais ils ont aussi des comptes à rendre à leurs studios et aux actionnaires de ces studios, et pour ces derniers, la principale motivation est le succès commercial et financier du film. Le sens du film et sa richesse esthétique et visuelle sont secondaires.

Activités de compréhension

Au choix!

Choisissez la réponse correcte et comparez vos réponses avec celles de votre voisin(e).

1. *Jeanne d'Arc* est un film qui se déroule:
   a. pendant la Révolution.
   b. après la Grande Guerre.
   c. pendant le Moyen Age.

2. *La Vie rêvée des anges* est un film:
   a. drôle.
   b. effrayant.
   c. sérieux.

3. *Le Pacte des loups* est:
   a. un documentaire sur les animaux sauvages.
   b. un film d'horreur.
   c. une comédie musicale.

4. Les films d'aujourd'hui doivent obligatoirement:
   a. séduire les intellectuels.
   b. avoir tout de suite un grand succès.
   c. parler de n'importe quoi.

Discutons

1. Pensez-vous que les films américains d'aujourd'hui donnent une image exacte du passé et de l'histoire de l'Amérique? Quels sont les épisodes importants de l'histoire américaine qui ont été portés à l'écran? Avez-vous une meilleure connaissance de votre propre histoire grâce au cinéma?

2. Le cinéma peut-il servir d'inspiration dans la vie personnelle? Pouvez-vous citer un film qui a joué un rôle important dans votre vie? Lequel et pourquoi?

3. Est-ce que vous pensez que le cinéma est trop commercial? Si c'est le cas, dites pourquoi. Sinon, expliquez en quoi le cinéma commercial est supérieur au cinéma d'art et essai. Le cinéma doit-il toujours divertir?

4. Croyez-vous que le cinéma est un média du passé et que la télévision ou Internet répondent plus à vos besoins? Qu'est-ce qui vous intéresse le plus? Devant quel média passez-vous le plus de temps? Expliquez pourquoi.

Dossier 1 Le Fabuleux Destin d'Amélie Poulain
(Jean-Pierre Jeunet, 2001)

■ Mini-biographie de Jean-Pierre Jeunet

Jean-Pierre Jeunet commence sa carrière en réalisant des courts métrages avec son ami Marc Caro. Leur premier grand succès date de 1991. Il s'agit de *Delicatessen,* une comédie fantastique loufoque qui raconte l'histoire d'un monde post-apocalyptique où un boucher fait face à la pénurie de viande en assassinant les locataires d'un immeuble et en les transformant en saucisses et côtelettes. Dans ce film, Caro et Jeunet offrent au public un univers proche du conte de fées et du néoréalisme d'après-guerre, fait de plans très travaillés et d'images surprenantes. En 1995, *La Cité des enfants perdus* continue dans la même veine, et deux ans plus tard, Jeunet tente l'aventure hollywoodienne avec la réalisation d'*Alien, la résurrection,* le quatrième épisode de la série *Alien.* Grâce au succès du film et à ses retombées financières, Jeunet s'attaque ensuite à un projet qui lui tient à cœur: *Amélie Poulain.* En 2004, il adapte le roman de Sébastien Japrisot, *Un Long Dimanche de fiançailles,* avec son actrice fétiche, Audrey Tautou. Le film connaît un succès phénoménal. Deux ans plus tard, c'est la sortie de *L'Histoire de Pi,* un film adapté du best-seller de Yann Martel, qui relate l'aventure en mer d'un jeune Indien nommé Piscine Molitor Patel (Pi). Le navire sur lequel il est embarqué fait naufrage et Pi se retrouve seul sur un radeau en compagnie d'un tigre et d'autres animaux sauvages.

■ Le film

Lorsque *Le Fabuleux Destin d'Amélie Poulain* sort en 2001, le succès extraordinaire du film prend tout le monde par surprise. Le film reçoit même quatre Césars au Festival de Cannes en 2002 (Césars du meilleur film, du meilleur réalisateur, de la meilleure musique et du meilleur décor). Jeunet est pourtant bien placé pour capturer l'imagination des Français. Ses comédies fantastiques *(Delicatessen, La Cité des enfants perdus)* connaissent un succès certain et offrent au public des films engagés mais toujours politiquement consensuels, agréables à voir et qui permettent, le temps d'un film, d'échapper à une réalité souvent trop déprimante. Dans un sens, Amélie Poulain est l'archétype des personnages de Jeunet, à la fois cynique (comme l'époque contemporaine) et naïve (comme les personnages des contes de fées—car tous les films de Jeunet sont avant tout des contes de fées).

L'histoire d'*Amélie Poulain* est l'histoire d'une jeune fille qui est serveuse dans un bar-tabac à Montmartre, dans un Paris contemporain, mais qui ressemble au Paris des années 50. Amélie est rêveuse et poétique; elle croit à l'amour et essaie de faciliter les passions des autres. Mais elle, Amélie, a peur de tomber amoureuse. Son enfance a été solitaire et Amélie préfère passer son temps à rêver à des vies idéales qu'à les vivre. Puis un jour, elle rencontre Nino Quincampoix, qui est vendeur dans un sex-shop. Cependant, Amélie hésite; elle a peur que la réalité ne soit pas à la hauteur de l'illusion. Heureusement, ses amis veillent et décident d'intervenir. Amélie rejoindra-t-elle son prince charmant?

Autour d'une image. On dit qu'une image vaut 1000 mots. Expliquez comment ce gros plan d'Amélie traduit les intentions de Jeunet dans ce film, non seulement quant au personnage, mais aussi en ce qui concerne le thème principal du film. En particulier, penchez-vous sur le sourire du personnage, et sur l'objet simple (la cuillère) qu'elle tient à la main. Comment et pourquoi ce plan sert-il à humaniser Amélie et à la rendre aimable? Quels aspects de la personnalité d'Amélie sont mis en avant? D'après vous, pourquoi est-ce que le plaisir et le désir sont les moteurs de l'intrigue? Après avoir vu le film, dites quels sont les plaisirs d'Amélie et ceux des autres personnages. Donnez autant de détails que possible.

Répondez aux questions suivantes en vous servant du texte qui précède. Donnez des réponses courtes (1 phrase maximum).

1. Pourquoi le public français apprécie-t-il les films de Jeunet?

_____

_____

2. Où Amélie travaille-t-elle?

_____

_____

3. Quel est le but d'Amélie dans la vie?

_____

_____

4. Qui est Nino?

_____

_____

Avant de regarder

Vocabulaire pour le film

En utilisant un dictionnaire, expliquez les phrases soulignées.

1. Luc est <u>cardiaque</u>. Il ne peut ni faire du sport, ni fumer, ni boire, ni même danser. Sa vie n'est pas très gaie.

_____

_____

2. Mounir est un <u>collectionneur</u> acharné. Tout petit, il collectionnait les timbres et les papillons; aujourd'hui, il collectionne les voitures de luxe.

_____

_____

A votre avis

Répondez aux questions en donnant vos opinions et en parlant de vos expériences personnelles.

1. Certains pensent qu'il est plus facile de vivre une vie imaginaire et de se réfugier dans ses fantasmes que de vivre dans la réalité. Ainsi, chaque fois que l'on va au cinéma ou que l'on regarde un feuilleton télévisé, on entre dans le monde du rêve, et ce monde est souvent plus agréable que le monde réel. Et vous, préférez-vous le monde de vos rêves ou le monde de la réalité? Pourquoi?

2. Est-ce que vous avez déjà eu le coup de foudre pour quelqu'un? Pensez-vous que le coup de foudre est un mythe romantique?

3. Si vous pouviez faire quelque chose d'important pour quelqu'un dans sa vie personnelle ou professionnelle, que feriez-vous et qui choisiriez-vous? Expliquez pourquoi.

En regardant

Etude des personnages

Divisez la classe en six groupes. Votre professeur attribuera un des personnages suivants à chaque groupe: Amélie, M. Dufayel, Colignon, Georgette, Nino et Lucien. Pendant la projection du film, votre groupe prendra des notes sur le personnage qui vous a été attribué. Faites surtout attention aux qualités humaines et aux actions de ce personnage. Après la projection, un membre de votre groupe présentera votre personnage à la classe. La classe décidera qui est le personnage le plus sympathique parmi les six, et pourquoi.

Un conte de fées

Nous avons tous lu des contes de fées quand nous étions enfants. De nombreux romans et films s'en inspirent d'ailleurs toujours, de *Harry Potter* à *Pinocchio*. L'histoire du conte est souvent la même et elle raconte le passage de l'enfance ou de l'adolescence à l'âge adulte. Ce sont souvent les mêmes archétypes qui reviennent, de la méchante sorcière ou du mauvais roi à la jeune princesse ingénue, en passant par le beau et vaillant prince. Dans le conte:

1. il existe une situation injuste ou arbitraire
2. le héros ou l'héroïne part en quête d'une solution
3. tout finit bien: les méchants sont punis et les gentils sont récompensés

Dites de quelle manière les scènes suivantes sont archétypales et en quoi elles contribuent à faire *d'Amélie* un conte de fées. Familiarisez-vous avec le tableau suivant avant de regarder le film.

Relation	Scène	Explication
Modèle: le méchant qui est puni: Amélie (enfant) et son voisin	Le voisin d'Amélie lui raconte que son appareil photo provoque des accidents. Amélie est d'abord traumatisée, puis ayant compris la supercherie, elle se venge en brouillant la retransmission télévisée du match de foot de son voisin.	Le voisin commet un acte méchant. Amélie (l'héroïne) corrige ce déséquilibre et punit l'homme en le privant de son match de foot Cette scène résume la fonction moralisatrice du conte de fées.
les miettes de pain dans la forêt: Nino et ses albums	Nino collectionne des photos abandonnées dans les photomatons. Amélie trouve l'album de Nino.	
l'éloignement des parents: le voyage du nain de jardin de M. Poulain (le père)	Amélie vole le nain de jardin de son père et le confie à Philomène. Le père commence à recevoir des clichés du nain de jardin venus du monde entier.	
le prisonnier (la prisonnière) de la tour: l'homme de verre (M. Dufayel)	M. Dufayel est forcé de vivre dans son appartement. Il passe son temps à peindre le même tableau.	
la traversée du bois: Amélie à la foire	Amélie est dans le train fantôme; elle y rencontre Nino.	

Regardons de près

Dans les cases vides du tableau suivant, notez des scènes du film qui contiennent un effet rétro. Comment Jeunet recrée-t-il un Paris qui n'existe plus?

Technique	Scène	Effet sur le spectateur
la manipulation digitale de l'image (par ordinateur)	Dans plusieurs scènes tournées à Pigalle, le réalisateur efface (numériquement) les graffitis sur les murs.	Le Paris du film est propre, brillant; c'est le Paris idéal des brochures publicitaires.
les couleurs et l'éclairage		
le décor (absence de graffitis, de pollution, de bruit, etc.)		
les cadrages panoramiques		
la narration en voix-off		
les accessoires des acteurs		

Après avoir regardé

Réaction personnelle

Répondez aux questions en donnant vos opinions sur le film. Vous pouvez répondre à l'oral ou à l'écrit selon les instructions de votre professeur.

1. Qu'est-ce que vous avez aimé et qu'est-ce que vous n'avez pas aimé dans *Amélie*?
2. A votre avis, à quel public est-ce que ce film plairait? A qui est-ce que ce film ne plairait pas? Expliquez.
3. Est-ce que ce film vous semble complètement irréaliste? Citez des scènes qui sont trop farfelues pour être vraies.

Jouer aux héros

Dans ses fantasmes, Amélie s'imagine principalement en trois héros (réels ou non):

1. Zorro
2. Lady Di
3. Mère Teresa

Divisez la classe en trois groupes. Chaque groupe va soutenir qu'Amélie est plus proche d'un des trois héros ci-dessus et que celui-ci ou celle-ci correspond le mieux à sa personnalité réelle. Après le débat, décidez quel groupe a le mieux argumenté sa thèse et a cité le plus de détails du film. Etes-vous personnellement d'accord avec la thèse que votre groupe a essayée de prouver? Expliquez.

Mini-biographie de Cédric Klapisch

Cédric Klapisch est né en 1961. Il a fait des études de cinéma à Paris III et aux Etats-Unis (NYU). Il débute sa carrière en 1984 et commence à faire parler de lui en 1992 avec *Riens du tout,* un film au casting important qui raconte l'histoire d'un patron d'entreprise en conflit avec son personnel. En 1995, c'est la sortie du *Péril jeune,* qui fait un joli score au box-office (600 000 entrées en France). C'est l'occasion pour Klapisch de commencer à tourner avec certains de ses acteurs favoris (Romain Duris et Vincent Elbaz), qui joueront à nouveau dans les films ultérieurs du réalisateur. En 1996, c'est la consécration avec la sortie attenante de deux films: *Chacun cherche son chat* (700 000 entrées en France) et *Un Air de famille* (2 500 000 entrées). Dans tous ses films, Klapisch essaie de trouver un juste équilibre entre l'intime et le monde, entre la réflexion et l'action, entre la légèreté et le sérieux. C'est peut-être son plus grand succès, *L'Auberge espagnole* (plus de 3 000 000 d'entrées) qui réunit le mieux toutes ces qualités. Le film est tourné en HD (vidéo haute définition), très rapidement et sans frais importants. Pourtant, le film capture bien le jeu qui existe entre les choses les plus ordinaires et les plus quotidiennes (un an de la vie d'un jeune homme) et les grands événements de l'actualité (la construction européenne). *Les Poupées russes* (sorti en 2005) est la suite de *L'Auberge espagnole.*

Le film

Xavier, le protagoniste narrateur de *L'Auberge espagnole,* doit prendre un poste au Ministère des finances, mais il doit d'abord apprendre l'espagnol. Pour cela, il doit abandonner sa petite amie à Paris car il a décidé de partir étudier un an en Espagne, à Barcelone. Là-bas, il emménage dans un appartement avec plusieurs colocataires de différents pays européens (Espagne, Angleterre, Italie, Danemark, Allemagne). Pendant un an, Xavier va non seulement découvrir l'Espagne, ses coutumes et sa langue, mais il va aussi apprendre qui il est. Mais à la fin du film, que va-t-il advenir de sa relation? Xavier va-t-il retrouver sa copine? L'amour est-il plus fort que tout? Et lorsqu'on part à l'étranger, peut-on jamais revenir chez soi?

Autour d'une image.
Qu'est-ce qui se passe dans cette image? Quel est le sentiment ou l'émotion qui domine? Comment est-ce que la composition de l'image nous aide aussi à comprendre la dynamique entre les divers personnages?

Répondez aux questions suivantes en vous servant du texte qui précède. Donnez des réponses courtes (1 phrase maximum).

1. Quel sorte d'équilibre Klapisch essaie-t-il de trouver dans ses films?

   _____

2. Où est-ce que Xavier souhaite travailler?

   _____

3. Où doit-il faire un séjour linguistique?

   _____

4. Qui doit-il laisser en France?

   _____

5. Combien de nationalités sont représentées dans l'appartement?

   _____

Avant de regarder

Les mots justes

Complétez les phrases suivantes avec un mot de la liste.

bordel   colocataires   échange   étrangères   galère   maternelle   secondaire

1. Je cherche à habiter en ville, mais pour ça, il faut que je trouve au moins trois _____ pour partager les frais.

2. J'ai beau consulter le catalogue de l'université, je n'y comprends rien. C'est un vrai _____ .

3. Pour s'inscrire à la fac, il faut aller au secrétariat central, s'arrêter chez le conseiller pédagogique, passer chez plusieurs professeurs, discuter avec la doyenne, récupérer le dossier d'accueil au centre étudiant et je ne sais quoi encore! Quelle _____!

4. Pendant ma troisième année d'université, je vais faire un _____ dans une université belge, à Bruxelles.

5. Loïc est français. Sa langue _____, c'est le français, mais comme il habite dans le sud de la France, sa langue _____, c'est l'occitan (on dit aussi «langue régionale»). Et puis il parle aussi deux langues _____: l'anglais et l'espagnol.

A votre avis

Répondez aux questions en donnant vos opinions et en parlant de vos expériences personnelles.

1. Est-ce que vous avez déjà fait un séjour à l'étranger? Pendant combien de temps? Avez-vous changé pendant ce voyage? Si oui, de quelle façon? De quelle manière est-ce que vos idées, votre style vestimentaire, vos habitudes alimentaires, votre vision du monde ont évolué?

2. Pourquoi est-ce qu'il est difficile de raconter son voyage à ceux qui ne l'ont pas fait? Quand on revient de vacances (à l'étranger ou non) ou de longs séjours (six mois, un an), qu'est-ce qu'on raconte à sa famille et à ses amis? Est-ce qu'on peut vraiment rendre compte de tout ce qu'on a vécu? Pourquoi ou pourquoi pas?

En regardant

Etude des personnages: Les colocataires

Complétez le tableau suivant avec des informations sur les colocataires. Avec quel personnage est-ce que vous vous identifiez le plus? Pourquoi?

Nom du personnage	Nationalité	Détails sur sa psychologie	Personnage stéréotypé ou réaliste?
Xavier			stéréotypé ___ réaliste ___
Lars			stéréotypé ___ réaliste ___
Tobias			stéréotypé ___ réaliste ___
Wendy			stéréotypé ___ réaliste ___
Soledad			stéréotypé ___ réaliste ___
Isabelle			stéréotypé ___ réaliste ___
Alessandro			stéréotypé ___ réaliste ___

Le cinéma de la multiplicité

A travers la relation parfois chaotique entre les colocataires de l'appartement, Klapisch essaie d'offrir au public une réflexion sur les défis de la construction européenne. L'appartement devient une sorte de microcosme qui permet de rendre compte du côté chaotique et divers de l'Union européenne. Comment tout cela est-il rendu à l'écran? Essayez de repérer les techniques de mise en scène qui soulignent cette discontinuité, cette diversité de façon visuelle.

Elément	Mise en scène	Explication
Modèle: le générique en *split screen* et images fragmentées	Les divers acteurs et personnages apparaissent les uns après les autres ou côte à côte, avec un petit drapeau qui indique leurs nationalités.	L'apparition successive ou simultanée de tous les personnages permet de rendre compte qu'il s'agit d'un ensemble polyphonique (à plusieurs voix). La fragmentation de chaque visage symbolise la fragmentation des identités individuelles mais aussi, paradoxalement, la cohésion de l'ensemble.
Scène 2: Xavier qui remplit son dossier Erasmus		
Scène 3: le petit déjeuner avec Jean-Michel qui explique l'architecture du cerveau		
Scène 4: l'entretien de Xavier avec les autres colocataires		
Scène 5: le frigidaire et le téléphone		
Scène 6: l'arrivée d'Alistair, le copain de Wendy		

Après avoir regardé

Discutons

1. Expliquez pourquoi Xavier est nu dans son bureau au début du film. Ensuite, dites pourquoi il porte un jean à la fin? Qu'est-ce qui s'est passé entre les deux scènes?

2. Quel rôle est-ce que la musique joue dans ce film? Plus exactement, quel rythme, quelle émotion apporte-t-elle aux images?

3. Que pensez-vous du choix de la vidéo HD (haute définition) dans ce film? En quoi le choix de la pellicule influence-t-il l'esthétique du film? Est-ce que le film serait différent s'il avait été tourné avec une pellicule normale? D'après vous, quels artistes se servent souvent de pellicules HD. Pourquoi?

4. La mère de Xavier est décrite comme une «bab» (baba cool) qui ne mange que des produits organiques et qui déteste l'alimentation «fast food». Est-ce que c'est le cas du père de Xavier? D'après vous, à quel stéréotype correspond celui-ci?

5. Quelle sorte de couple est-ce que Jean-Michel et Anne-Sophie forment? Les qualifieriez-vous de traditionnels ou de non-conventionnels? Décrivez le comportement de l'un et de l'autre.

Thématique

Choisissez le sujet de composition qui vous intéresse le plus ci-dessous. Ecrivez une mini-rédaction d'une seule page pour y répondre en détail.

1. *L'Auberge espagnole.* Une auberge espagnole est une auberge où tout le monde dort, mais où chacun amène quelque chose à manger. Klapisch utilise cette métaphore pour dire que l'Europe est une maison commune à plusieurs communautés, mais que chaque communauté y amène des valeurs différentes. Pensez-vous que cette métaphore est, de façon générale, une métaphore viable pour votre société? Donnez des exemples (pour ou contre).

2. *Le bilinguisme: enjeu de la société moderne.* Dans ce film, Xavier apprend non seulement l'espagnol, mais il se voit même obligé de pratiquer le catalan et, pour des raisons pratiques, il parle parfois anglais avec ses colocataires. A l'image du film, pensez-vous que la société moderne doit être impérativement bilingue (voire plurilingue) ou qu'au contraire il faut une langue unique pour assurer la cohésion sociale? Vous pouvez diviser la classe en deux groupes: pour et contre le bilinguisme, selon les instructions de votre professeur.

3. *Le cinéma d'apprentissage.* Dans une certaine mesure, ce film est un film d'apprentissage: apprentissage d'une langue, d'une culture (ou de plusieurs cultures), mais aussi apprentissage de la vie amoureuse, apprentissage d'une ville et enfin apprentissage d'un métier. En quoi le cinéma est-il particulièrement efficace lorsqu'il raconte ce genre d'histoire? Et, au contraire, pourquoi le cinéma est-il forcément insuffisant pour raconter ce genre d'histoire?

Réflexion

Synthèse

Thème de discussion en classe ou de mini-composition selon les instructions de votre professeur

Les deux films traitent du passage d'une jeune personne à l'âge adulte. Dans chaque cas, ce passage s'accompagne d'une série de choix et de décisions parfois complexes ou difficiles. Selon vous, lequel des deux films rend le plus exactement l'émergence de la maturité chez un(e) jeune adulte? Auquel des deux protagonistes vous identifiez-vous le plus?

Rédaction

Ces deux films parlent de jeunes qui sont sur le point de devenir adultes. Quelles sont les choses qui effraient le plus les protagonistes? S'agit-il d'éléments liés à la vie personnelle, professionnelle, sentimentale ou à autre chose? Mentionnez autant de détails thématiques et stylistiques que possible. Dans votre rédaction, citez un des deux films (ou les deux) ou encore, si vous le préférez, un troisième film français de votre choix qui parle du passage de l'adolescence à l'âge adulte.

Exposé

Amélie et *L'Auberge espagnole* sont des films résolument apolitiques. On n'y fait ni référence aux grands débats politiques du jour ni aux partis politiques qui font pourtant la une des journaux hexagonaux. Quels sujets de société sont absents de ces deux films? La guerre, les émeutes urbaines, la pauvreté, les épidémies, autre chose? Trouvez un film dont le thème est similaire à celui des deux films mais qui incorpore des sujets plus politiques. Montrez-en un extrait d'une ou deux minutes à la classe et indiquez ses aspects politiques à vos camarades. N'oubliez pas de montrer comment le personnage réagit devant ces problèmes.

Mise en scène

Choisissez l'un des scénarios de la liste suivante et présentez votre travail à la classe.

1. *Biographie*. Divisez la classe en deux groupes. Chaque groupe est chargé de filmer la biographie (imaginaire) de quelqu'un que votre groupe aura inventé. Vous avez le choix entre une esthétique rétro et une esthétique moderne plus réaliste. En vous inspirant du film de Jeunet ou de celui de Klapisch, prenez une caméra vidéo et filmez un court métrage de quelques minutes. Après avoir visionné les deux courts métrages, faites la critique (positive) de chaque film.

2. *Bifurcations*. Réécrivez la fin d'*Amélie* et/ou celle de *L'Auberge espagnole*. Imaginez une fin différente, mais qui respecte l'intention initiale du réalisateur. Ensuite, filmez la scène et montrez le résultat final à la classe.

Photo Credits

16: top right, André Paulve Film/Films du Palais Royal/Photofest; bottom right, André Paulve Film/Films du Palais Royal/Photofest; bottom left, Photofest Digital Archive

17: top left, André Paulve Film/Films du Palais Royal/Photofest; top right, André Paulve Film/Films du Palais Royal/Photofest; bottom left, Photofest Digital Archive; bottom right, Photofest Digital Archive

Chapter 1

27: bottom center, Paris Claude/Corbis Sygma; **31:** bottom center, Méliès/The Kobal Collection

Chapter 2

42: bottom left, Buñuel-Dali/The Kobal Collection; **46:** bottom left, John Springer Collection/Corbis

Chapter 3

59: bottom left, Photos12.com/Polaris; **63:** bottom left, Boyer Raymond/Sunset Boulevard/Corbis Sygma

Chapter 4

75: top left, Sunset Boulevard/Corbis Sygma; **79:** bottom left, Lopert/Photofest

Chapter 5

90: bottom left, Impéria/Photofest; **94:** bottom left, John Springer/Corbis

Chapter 6

105: bottom left, Photos12.com/Polaris; **111:** top left, Films A2/Ciné Tamaris/The Kobal Collection

Chapter 7

119: bottom left, Films Galaxie/Greenwich/The Kobal Collection; **123:** bottom left, Gaumont/20th Century Fox/The Kobal Collection

Chapter 8

133: bottom left, Nouvelles Editions/MK2/Stella/Nef/The Kobal Collection; **138:** bottom left, Leroy/Corbis Sygma

Chapter 9

147: bottom left, Lazennec/Canal +/La Sept/The Kobal Collection/Guy Ferrandis; **151:** bottom left, Les Productions Bagheera/The Kobal Collection

Chapter 10

160: bottom left, The Kobal Collection; **164:** bottom left, Haut et Court/WFE/Freeway The Kobal Collection/Jean-Claude Lother

Chapter 11

174: top left, Filmi Domireew, New Yorker Films/The Kobal Collection; **179:** top left, FILM MOVEMENT, www.filmmovement.com

Chapter 12

188: bottom left, UGC/Studio Canal+/The Kobal Collection; **192:** bottom left, Fox Searchlight Pictures/Photofest